W0071411

DAVID HÖNER

Kochen ist Politik

Warum ich in den Dschungel
gehen musste, um Rezepte
für den Frieden zu finden

WESTEND

Mehr über unsere Autoren und Bücher:
www.westendverlag.de
Mehr zu den Projekten der Cuisine sans frontières:
www.cuisinesansfrontieres.ch

Die Deutsche Nationalbibliothek verzeichnet diese Publikation in
der Deutschen Nationalbibliografie; detaillierte bibliografische Daten
sind im Internet über http://dnb.d-nb.de abrufbar.

ISBN 978-3-86489-264-6
© Westend Verlag GmbH, Frankfurt/Main 2019
Umschlaggestaltung: Buchgut, Berlin
Satz: Publikations Atelier, Dreieich
Druck und Bindung: CPI – Clausen & Bosse, Leck
Printed in Germany

Inhalt

Für Iris Disse

1 Wo das weiße Pulver wächst

Strumpfhosen mit Herzen ... Wer den Ton angibt ... Da gibt es nichts zu sehen ... Leere blaue Plastikfässer ... Sie wird mir wohl sterben ... Da lag er dann ... Gott aus den Händen gefallen.

Die Dame ist eine amerikanische Dame. Sie heißt Kristie Kenney. Klingt ein bisschen nach Hillbilly, oder? Jetzt, im Februar 2003, ist sie auf jeden Fall die Botschafterin der Vereinigten Staaten von Amerika in Ecuador. Was auch in Amerika liegt. Und weil gerade Valentinstag ist, trägt sie zum hellgrauen Deux-Pièces schwarze Strumpfhosen mit Dutzenden von daumennagelgroßen Herzchen, kleinen Valentinsherzen zur Pflege der Freundschaft. Sonst nichts Auffälliges. Schlank, mittelgroß, ein teurer Kurzhaarschnitt, blond. Dezenter Schmuck, die gepflegten Fingernägel farblich abgestimmt auf die Strumpfherzen und den Lippenstift. Hellgraue Augen, die nicht mitlächeln, wenn Kristie Kenney die Mundwinkel zum professionellen »Pleased to meet you« anhebt. Wir dürfen uns setzen. Und die Kamera aufstellen.

Wir, das sind Iris Disse und ich im Auftrag einer politischen Nachrichtensendung des Schweizer Fernsehens. Es geht um die Kokainbekämpfung in Kolumbien, die Auswirkungen des militärischen Hilfsprogrammes der USA, des »Plan Colombia«, und den Krieg gegen die Drogen, der gerade rasant Anlauf nimmt und das Übel, den Drogenhandel, an der Wurzel, dem Kokainanbau, anpackt. So sitzen wir hier im Jahre 2003 und fragen nach den im US-Auftrag agierenden Söldnern der DynCorps, die den Dschungel im kolumbianischen Putumayo und entlang der ecuadorianischen Grenze mit einem chemischen Kampfstoff namens »Agent Green« besprühen. Sie druckst herum, verharmlost und vernebelt die Informationslage. Etwa 20 Minuten dauert das Gespräch. Wir werden hinausbegleitet von großen ernsten Männern. Und stehen wieder draußen vor der schwerbewachten US-Botschaft im Herzen Quitos.

»Happy Valentine.«

Ein paar Tage später sind wir im Grenzgebiet unterwegs. Genauer: am Rio San Miguel, der die ecuadorianische Provinz Sucumbíos von dem kolumbianischen Departement Putumayo trennt. Ein brauner Dschungelfluss im Regenwald. In den Dörfern und Marktflecken scheppern morgens um elf kolumbianische Cumbias und die Corridas der mexikanischen »Tigres del norte« aus großen lauten Boxen:

»Soy el jefe de jefes señores
me respetan a todos niveles
y mi nombre y mi fotografia
nunca van a mirar en papeles
por que a mi el periodista me quiere
y si no mi amistad se la pierde.«

»Ich bin der Boss der Bosse, Gentlemen
Sie respektieren mich auf allen Ebenen
Und meinen Namen und mein Foto
werden sie nie in Zeitungen sehen
Weil der Reporter mich liebt
Und wenn nicht, ist meine Freundschaft verloren.«

Besser nicht hinhören. Die Musik der Schmuggler, der Narcos, die hier den Ton angeben. Wir werden begleitet von Soldaten der Dschungelbrigaden, die uns, die Gewehre im Anschlag, wie Hirtenhunde umkreisen. Als offizielles Reporterteam werden wir nicht aus den Augen gelassen. Man hat uns herumgefahren, wir haben mit Grenzbewohnern gesprochen, Polizisten und Soldaten interviewt, mit Bauern geredet, mit Ärzten, mit Missionaren. Wir sind auf der Suche nach jemandem, der uns auf die andere Seite des Flusses begleitet. Aber wer hier den Fluss überquert, nimmt keine Journalisten mit.

Das Putumayo war einige Monate zuvor noch fest in den Händen der FARC, der kolumbianischen Guerilla. Álvaro Uribe, ein Vertreter der kolumbianischen Oberschicht, Sohn eines Großgrundbesitzers aus der Provinz Antioquia, sitzt seit einem Jahr im Präsidentenpalast in Bogotá. Er hat der Guerilla ihr baldiges Ende angedroht. Mit Hilfe der Armee und paramilitärischer Verbände will er den Rebellen den Garaus machen. Die »Paras« der »Autodefensas Unidas de Colombia«, die mit Álvaro Uribe kooperieren, sind ihrerseits tief in den Drogenhandel verstrickt. So tanzen nun die verschiedenen Interessengruppen im Putumayo einen blutigen Reigen um den Drogenmarkt. Da steht auch die Guerilla nicht zurück, irgendwer muss ja das Geld besorgen, um Waffen, Gummistiefel und die tägliche Portion Reis zu kaufen, irgendwoher muss es kommen. Der Krieg gegen die Drogen, finanziert von den Steuerzahlern der USA, schwemmt zusätzliche Millionen ins Land. Sicher nicht in die Taschen der Campesinos, die das Kokain produzieren, das ihnen für wenig Geld von den Zwischenhändlern der verschiedenen Gruppen abgekauft wird.

Wir stehen auf dem Vorplatz eines bescheidenen Hauses. Hühner laufen herum, picken an den Maiskolben, die zum Trocknen auf dem betonierten Boden unter der Veranda liegen. Verwaschene Kinderkleider hängen an einem Draht, ein Hund liegt im Schatten. Greifbare Armut. Wir sind einem Hinweis gefolgt, jemand hat uns gesagt, der Bauer habe ein Kanu und könne uns unbemerkt hinüberbringen. Seine Frau ist abweisend: Er ist nicht da. Wenn es denn sein muss, können Sie warten. Dann lässt sie uns stehen. Willkommen sind wir nicht. Wir setzen uns auf herumliegende Holzstrünke.

Warten. Nach einer guten Weile kommt er, ein Mann in den Drei-
ßigern. Santiago ist hager, hat tiefe Furchen im Gesicht. Niemand
bittet uns ins Haus, wir hocken draußen auf den Strünken. Warum wir denn da hin wollten? Da gibt es nichts zu sehen. Doch die
Aussicht auf ein paar Dollar hält ihn davon ab, uns einfach weg-
zuschicken. Ja, natürlich würde er Leute kennen, es seien schließlich Nachbarn, man würde ihnen helfen, etwas zu essen bringen
manchmal. Nein, über Nacht bliebe er nicht, zu gefährlich. Aber
er kenne eine Frau, die mit dem Sohn alleine den Hof führe. Der
Mann sei tot, vor kurzem umgekommen. Es gehe ihr schlecht. Ob
wir ihr etwas geben würden? Man könne am frühen Morgen hin-
fahren und vor Einbruch der Dunkelheit wieder zurück sein. Seine
Frau ist nicht begeistert, will nicht, dass er mit uns geht. Die Aussicht auf ein kleines Geschäft lässt sie jedoch einwilligen. Am Ende
werden wir uns einig. Morgen also, um fünf Uhr bei ihm.

In der Nacht vor diesem Ausflug denken wir nach. Schließlich
haben Iris und ich einen 13jährigen Sohn zu Hause. Soll nur einer von uns beiden auf die andere Seite des Flusses? Aber wir sind
ein Team, der Auftrag aus der Schweiz ist uns wichtig. Als politische Journalisten haben wir bisher nicht gearbeitet. Kriegskorres-
pondenten sind wir so oder so nicht, wollen es auch nicht werden.
Aber diese Doku, ja: Wir wollen die Ungerechtigkeit in dieser Welt
aufzeigen, wollen aufrütteln. Etwas tun. Einiges Material haben wir
bereits, es fehlt die Stimme aus dem Putumayo. Die Stimme derer
aus dem Anbaugebiet des Kokains.

In der Morgendämmerung erwacht der Dschungel mit Tausenden von Stimmen. Ein in die Tiefe gestaffelter Geräuschteppich,
das Schreien von Affen weit weg, ganz nah das Sirren und Brummen der Insekten, melodische Vogelstimmen begrüßen den Tag.
Santiago hat mit unserem Geld eingekauft. Geschenke für die Frau,
Reis, Öl, Waschpulver, Salz, Gummistiefel. Auch wir tragen Gummistiefel, viel Gepäck haben wir nicht: die Kamera, etwas Trinkwasser und Schreibzeug. Das Kanu ist nur etwa vier Meter lang,
schmale Balken, um sich hinzusetzen. In den morgendlich dunklen

Regenwald gleiten wir auf einem kleinen Nebenfluss. Mit tuckerndem Außenbordmotor. Die Fahrrinne ist eng, man duckt sich unter gestürzten Bäumen, weicht hin und her zwischen herabhängenden Ästen. Wo sich das Wasser weitet, weitet es sich zum Sumpf. Nach einer halben Stunde habe ich keine Orientierung mehr. Niemand spricht. Iris und ich tauschen Blicke. Es ist gut, nicht allein zu sein. Es wird wärmer, die Uferböschung dampft, Sonnenstrahlen zeichnen Streifen in die von Myriaden von Insekten bevölkerte Luft. Niemand spricht. Nach geschätzten anderthalb Stunden sind wir am Ziel. Santiago befestigt das Kanu an einer Anlegestelle, die nur durch ein paar in den Lehm gehauene Stufen in der hohen Uferböschung zu erkennen ist. Er steigt aus dem schwankenden Kanu, nimmt den Sack mit den Mitbringseln und steigt die Stufen hinauf. Er will schauen, ob jemand da ist, bevor er uns ruft.

Das Haus, in dem Miriam und ihre Kinder wohnen, ist nicht klein. Aus Baumstämmen und Bambus erbaut, steht es auf hohen Pfählen am Rand eines gerodeten, unbefestigten Hofes. Unter dem Haus kratzen ein paar Hühner in Küchenabfall und vor allem im Staub, liegen leere blaue Plastikfässer und allerlei landwirtschaftliches Werkzeug, Hacken, Spaten, Rechen. Dort sind auch zwei Esel angebunden, sie stehen schläfrig im Schatten. Die Besitzerin der Finca empfängt uns auf der Veranda. Sie trägt ein wenige Monate altes Baby in einem Schultertuch. Neben ihr der älteste Sohn im verwaschenen löchrigen T-Shirt, gerade mal 16 Jahre alt, doch mit dem Gesicht eines erwachsenen Mannes: Javier. Im Hintergrund wuseln im Halbdunkel zwei scheue Mädchen herum, auch ein Mann sitzt da. »Mein Bruder«, sagt Miriam. Er ist einarmig, begrüßt uns nicht. Fremden kann man nicht trauen.

Die Hausherrin schickt uns mit dem Sohn hinaus ins Feld. Dorthin, wo vor drei Monaten Flugzeuge eine Welkschneise in den Dschungel gespritzt haben. Braune, verfaulte Pflanzen, die nur teilweise als Cocasträucher auszumachen sind, über die Länge und Breite von zwei Fußballfeldern. Gerade noch erkennbar sind auch zwei verrottete Maisfelder, tote Yucca- und Bananenstauden. Hohe entlaubte Dschungelbäume säumen das besprühte Gebiet. Es riecht muffig, nach feuchtem Moder, brackigen Pfützen. Moskitos gibt es keine. Weggesprüht.

Sie hätten nicht so viel Land, die Lebensmittel seien nur zum eigenen Gebrauch angepflanzt worden. Das Coca, er zuckt mit den Achseln, das Coca zum Verkauf. Er zeigt uns ein Treibhausbeet am Rande des zerstörten Bodens. Dort sprießen bereits wieder Schößlinge des Cocastrauchs. In diesem Boden wachse nichts mehr – außer der zähen Drogenpflanze. Ich frage mich, ob der Konsument in Europa weiß, was er sich da für ein Gift in die Nase zieht. Von Bio-Kokain keine Rede. Man habe jetzt neue Flächen im Dschungel gerodet, neue Bananen und Yucca eingepflanzt. Die Gewächse aber würden kränkeln und der Mais eingehen, bevor er wadenhoch gewachsen sei. Ob er wisse, was man da gesprüht habe, fragen wir Javier. Nein, er weiß es nicht. Ob hier nun die klebrige Mischung von Glyphosaten, die unter dem Namen »Roundup Ultra« vom Militär verwendet wird oder ob der als Biowaffe geächtete Welkpilz »Agent Green« eingesetzt wurde, ist unbekannt. »Agent Green« nachzuweisen, ist kompliziert, das geht nur in teuren Labors. Umweltaktivisten bekommen dort keinen Rabatt.

Jetzt stapfen wir über schwer begehbaren, holprigen oder sumpfigen Boden, mitten durch ein unzerstörtes Cocafeld, das bereits zum Teil abgeerntet ist. Die schlanken Stauden treiben fleißig neue Sprossen. »Davon leben wir«, meint Javier. Er weiß, was wir wissen wollen. Als er mit uns über schlammige schmale Fußwege zurück zum Haus geht, erklärt er den Ablauf: »Ich und meine Schwestern zupfen die Blätter ab und bringen sie auf den Hof. Dann legen wir sie auf Tüchern in die Sonne. Die Blätter müssen angetrocknet sein, um in unserer Werkstatt verarbeitet zu werden. Die zerhackten Cocablätter werden mit Zement vermischt und mit Schwefelsäure und Benzin verkocht. So entsteht die Paste, die ich, wie früher mein Vater, auf den fünf Stunden entfernten Markt bringe. Dort verkaufe ich es an die Ankäufer.« Er weiß natürlich, dass das alles illegal und gefährlich ist. Trotz klingt aus seiner Stimme: »Wenn ich beide Esel mit getrocknetem Mais beladen würde, den ich gar nicht habe, weil wir selbst etwas zu essen brauchen, verdienen wir kein Zehntel dessen, was uns ein Kilo Cocapaste bringt. So kann ich auf dem Esel sitzen und bin am gleichen Tag wieder zurück. Wir sind arm. Keiner will uns unsere Arbeit bezahlen.«

Wir kommen zu einer nach warmem Teer riechenden Straße voller Risse und Schlaglöcher. Als wir dort stehenbleiben und uns umsehen wollen, winkt uns Javier weiter. »An der Straße ist es gefährlich, wer weiß, wer kommt.« »Wer benutzt denn die Straße?« »Die Petroleros … und die Paras.« Jetzt sehen wir die rostbraunen dicken Rohre, die sich neben der Straße ins Endlose winden. Javier geht auf den Pfad zurück. Wir mit ihm. »Woher hast du eigentlich die Zutaten für die Paste?« »Bring ich mit den Eseln vom Markt. Es braucht nicht viel und es kostet nichts. Manchmal bringen es Leute auf den Hof. Die Ankäufer geben es mir mit.« »Wer sind denn die Ankäufer?« Er zuckt die Schultern. »Da gibt es einige, es sind nicht immer die Gleichen. Es ist nicht kompliziert, es gibt immer Ankäufer.« »Und die Polizei?« »Ich habe noch nie einen Polizisten auf dem Markt gesehen.« »Können wir dich begleiten?« »Lieber nicht, man mag dort keine Fremden.«

Wir sitzen auf der Veranda, trinken Wasser. Miriam mit dem Baby, das leise quengelt. Sie gibt ihm einen Fetzen Stoff, in Zuckerwasser getaucht, damit es daran nuckelt. »Wir haben nichts. Morgen geht der Junge wieder auf den Markt. Ich habe immer Angst um ihn, aber ich kann hier nicht weg. Schau, die Kleine«, sie hebt das winzige magere Kleinkind etwas an, »ach … sie wird mir wohl sterben. Ich habe keine Milch, wegen der Angst. Und wir haben nichts zu essen, nur die Sachen, die bei uns wachsen … Ihr habt es ja gesehen, gesund sind sie nicht, unsere Sachen, das ist doch alles vergiftet. Dann kommen sie wieder und fliegen mit ihren kleinen Spritzflugzeugen. Aber du musst nicht denken, sie kommen allein, sie kommen mit Helikoptern, weil sie Angst haben, dass die Guerilla sie abschießt. Die Helikopter kreisen immer um sie herum und feuern auf jeden, der draußen ist. Aber wir sind im Haus und verstecken uns. Wenn man mit dem Gift bespritzt wird, ist alles klebrig, und es gibt Ausschläge auf der Haut, Atembeschwerden, Fieber. Man müsste sich mit viel Wasser und guter Seife waschen. Aber wie, wenn nichts da ist. Im Fluss schwimmt das Zeug auch herum. Es treibt auf der Oberfläche.« »Wisst ihr, wann die Flugzeuge kommen?« » Manchmal kommt jemand und sagt: Morgen kommen sie, bleibt im Haus.« »Und wer ist dieser Jemand?« »Ich weiß es nicht, jemand eben … am Markt wissen sie es auch.«

Miriam spricht, ohne große Gefühle zu zeigen. Sie ist hager, doch man erkennt noch die untersetzte, kräftige Landfrauengestalt. Das Baumwollkleid mit seinen bunten Blumen ist ihr zu groß geworden. Die schwarzen langen Haare hat sie zurückgebunden. Sie will erzählen. Wir sollen alles wissen, die Welt soll es wissen, wenn die Welt es weiß, wird vielleicht jemand kommen und alles wird gut.

»Die Finca war früher sehr schön. Wir hatten sogar zwei Kühe … Milch genug … manchmal sogar ein Schwein. Die Tiere sind dann alle hier gewesen. Wir haben sie gut gefüttert. Manchmal sogar Heu gekauft. Coca haben wir erst angebaut, als man uns die Setzlinge gebracht hat. Gutes Geld hat man uns versprochen. Wahr ist es ja, das Coca zahlt sich aus. Es ist die einzige Einkommensquelle. Schule? … Wer soll denn hier unterrichten … und wo? Früher gab es sogar einen Schulbus, jetzt nicht mehr. Keiner will hier herumfahren … und ich würde die Kinder gar nicht mitgeben … Wer weiß, was passiert. Nein, seit die Guerilla weg ist, ist alles noch schlimmer geworden. Die sind auf den Hof gekommen, waren freundlich, haben bezahlt für ein gebratenes Huhn, haben gefragt, ob sie Wasser aus dem Brunnen schöpfen dürfen. Ich hatte nie Probleme mit den Guerilleros. Aber sie sind weg. Die Schwarzhemden haben sie vertrieben, so wie sie uns vertreiben wollen.« Ihr kommen Tränen. »Ich bin noch jung, noch keine vierzig, ich habe die Kinder. Ach, mein Großer!« Sie nimmt Javiers Hand, der schweigend neben ihr sitzt. »Meinen Mann haben sie mir erschossen … gleich hier auf dem Platz … Männer sind gekommen, ich weiß nicht mal, wie viele … vor zwei Wochen, am frühen Morgen. Er hörte jemanden sprechen, ging die Treppe hinunter. Ich hörte nur, wie es knallte. Ich habe keine Ahnung, wer es war. Oder warum. Da lag er dann. Wir haben ihn begraben … da hinten …« Sie zeigt mit dem Kinn zum Waldrand.

»Wieso geht ihr nicht weg?«

»Wohin denn? Hier ist mein Zuhause, hier gehört mir und den Kindern das bisschen Land. Meine Schwester wohnt nicht weit von hier. Die haben auch nichts. Ist schon lange her, seit ich sie gesehen habe. Wer weiß, wie's ihr geht? Ich verlasse das Haus nicht, gerade gehe ich mal auf die Felder, auf das bisschen Land, was noch nicht kaputt ist. Aber wenn ich nur ein paar Schritte weg bin vom Haus, schnürt es mir die Kehle zu. Nichts ist mehr, wie es war.«

»Trefft ihr eure Nachbarn?«

»Ach Gott, nein. Ich weiß noch nicht mal, ob sie noch da sind. Jeder hat seine eigenen Sorgen. Und wem soll man heute noch vertrauen? Keiner will sein Haus allein lassen. Einigen ist es passiert, dass die Paras schon drin saßen, als sie vom Markt gekommen sind. Sie vertreiben dich von deinem eigenen Boden, werfen dich aus deinem Haus … packt eure Sachen, haut ab. Wir sind jetzt hier … Oder man kommt vom Markt und findet eine rauchende Ruine. Ich denke oft, dass man uns nicht mehr haben will. Für sie ist es besser, wenn hier kein Christenmensch mehr lebt. Dann können sie mit dem gestohlenen Land tun, was sie wollen. So viel Coca anbauen, wie sie wollen. Oder Öl fördern. Ist doch egal. Die Cocasträucher der Mörder sind nicht besprüht worden. Das geht doch nicht mit rechten Dingen zu.«

Santiago ist plötzlich wieder da. Wir haben ihn gar nicht mehr gesehen. Er war mit dem Kanu weggefahren. Jetzt will er sofort aufbrechen. Zum Abschied kommen die Töchter, Mädchen von zehn und dreizehn Jahren, immer noch scheu, ohne ein Wort geben sie uns artig die Hand. Javier gibt sich cool: »Wir bleiben hier, bis es wieder besser wird. Kommt wieder mal vorbei.«

Miriam umarmt uns, ich kann ihre knochigen Schultern spüren, ihre Hände um mich gelegt, sagt sie: »Gott beschütze euch, danke, dass ihr gekommen seid, denkt an uns, vergesst uns nicht.«

Sie schauen uns von der Uferböschung aus nach. Im goldenen Schein der Sonne, die sich zu neigen beginnt. Hinter ihnen der Wald und die gefährliche Einsamkeit.

Wir waren sträflich leichtsinnig. Niemand wusste, wo wir waren. Selbst wir nicht. Santiago selbst war mit einem Vertrauensvorschuss unsererseits ausgezeichnet worden. Dabei hätte er Mitglied irgendeiner Gruppe sein und uns in die Bredouille manövrieren können. Heute würde ich mich nicht mehr auf so etwas einlassen. Die reale Gefahr, in die wir uns begaben, haben wir zwar gefühlt, aber nicht respektiert. Wir wussten theoretisch, wie grausam und unberechenbar der kolumbianische Krieg ist, aber zwischen Wissen und Erfahren liegen Welten. Ohne weiteres denkbar, dass auf der Straße ein Pick-up mit Paramilitärs, den Schwarzhemden eben, aufgetaucht wäre, wo wir als die perfekten Entführungsopfer herumspazierten. Genauso gut hätte sich zu dem Zeitpunkt eine bewaffnete Gruppe aufmachen können, um Miriam und ihre Familie vom Hof zu vertreiben. Dann wären wir Zeugen der Verbrechen geworden, die an diesen Bauernfamilien verübt werden. Mir fallen dazu zwei Szenarien ein. Entweder wir wären, dank unserer weißen Haut und dank unserer Ignoranz, ein Grund für die Bewaffneten gewesen, ihre Aktion vorerst abzublasen – oder man hätte uns im Fluss versenkt. Mit aufgeschlitzten Bäuchen, damit die Leichen versinken, nicht zu weit treiben und die Fische sie schnell auffressen.

Erst im Nachhinein ist mir klar geworden, in welcher Welt wir Miriam und ihrer Familie begegnet sind. Das Bild der verlorenen, Gott aus den Händen gefallenen Menschen im Licht der untergehenden Sonne begann mich zu verfolgen. Wir lieferten unsere Vier-Minuten-Reportage in Zürich ab. Nachdem die Bilder den Filter der Redaktion passiert hatten, war nicht viel übriggeblieben. Eine Dutzendgeschichte, die vielleicht einigen Zuschauern ein »O weh, die armen Leute« entlockt hat. Wenn überhaupt.

Iris hat eine längere Doku zusammengeschnitten. Sie wurde über verschiedene Sender in ganz Lateinamerika gezeigt. Ebenso konnte sie ein Radiofeature zum Thema in Berlin platzieren. Passiert ist nichts. Der Schweizerische Bundesrat hat deswegen nicht getagt, kein geläuterter Ölmanager hat uns benachrichtigt, dass er seinen Vorstand gebeten habe, den Anwohnern der Pipeline im Putumayo eine monatliche Apanage von 300 Dollar auszusetzen. Kein Saulus-Paulus-Paramilitär hat, aufgerüttelt durch unseren Beitrag, öffentlich erklärt, er werde in Zukunft jedes Verbrechen gegen die Menschlichkeit der Politiker und Militärs im Putumayo vor den interamerikanischen Menschenrechtsgerichtshof in Costa Rica bringen. Nichts dergleichen. Aber Iris und ich hatten eine Erfahrung gemacht, die uns nicht ruhen ließ.

Miriam und ihre Kinder waren Geburtshelfer der Cuisine sans frontières. Analysen der kolumbianischen Misere – samt Schuldzuweisungen – gibt es ohne Ende. Nur helfen sie nichts. Nach erlebtem Augenschein vor Ort kamen mir die Herzchen auf den Strümpfen der US-Botschafterin zynisch vor. Die ewigen platten Feststellungen von »Ich kann auch nichts dafür« bis zu »Was soll ich denn machen?« sind keine guten Ratgeber. Ich bin der Meinung, dass jede und jeder »etwas« tun kann. Wie der Beitrag zu einer besseren Welt aussehen kann, ist individuell verschieden und jedem selbst überlassen. Ich habe zwei Jahre nach dieser kolumbianischen Erfahrung die Cuisine gegründet.

2 Die Crux mit der Gemeinnützigkeit

Die »Speiseanstalt« ... Gute Idee, ich bin dabei ... Gemeinnützigkeit. Das Hobby der Gutmenschen ... Das Eigene und das Fremde in einem Topf.

2004 waren wir nach elf Jahren aus Ecuador zurückgekommen. Wir, das waren Iris, meine Frau, und Wind, unser Sohn. Ecuador durchlebte seinerzeit eine seiner instabilsten Phasen, Präsidenten wurden gestürzt, die Korruption hatte ihre Krakenarme weit ausgestreckt, es ging neoliberal bergauf, die Armen wurden immer ärmer und die Reichen immer reicher. Besserung war nicht in Sicht.

Ich hatte drei Jahre lang, für jeweils eine Sommersaison, als »Gastarbeiter« in einem Zirkus in der Schweiz gearbeitet. Als Koch. Immer wichtiger wurden dann für mich die journalistischen Arbeiten. Ich veröffentlichte sie in der Schweiz und Deutschland. Es zog mich zurück in die alte Heimat. In Biel am schönen See – Weißwein, gebackener Hecht und kleinstädtische Sozialdemokratie – mietete ich eine Wohnung. Der Junge, gerade mal 13 Jahre alt, ging in die Schule und kämpfte mit der schweizerischen Strenge, Iris, sie ist Schauspielerin und Regisseurin, inszenierte schon bald erfolgreich freies Theater und produzierte Hörspiele und Dokumentarfilme für Radio und Fernsehen. Ich arbeitete mal da, mal dort, aber so richtig kam nichts in Schwung. Bei einem Spaziergang über die von Nebel verhangenen Geleise des Güterbahnhofs Biel fiel mir ein freistehendes Haus auf. »Speiseanstalt« stand da in

Zement gegossenen Buchstaben an der Fassade. Es war die Kantine der Eisenbahner, die nur tagsüber genutzt wurde. Der Name inspirierte mich. Mit dem Kantinenpächter handelte ich einen Deal aus. Ich wollte in dieser Anstalt für Speisen einen monatlichen Zyklus mit einer Gästetafel, lokalen Spezialitäten, Lesung eigener Texte mit Musik veranstalten. Gegen Geld. Schließlich suchte ich ja nach einer Möglichkeit, meinen Beitrag zum Familienbudget zu leisten.

An einem kalten Novemberabend war es soweit. Mit einer frühwinterlichen jurassischen Spezialität. Der November ist traditionelle Schweineschlachtzeit. Und die Störbrenner ziehen von Weinbauer zu Weinbauer. Die Treberwurst ist eine geräucherte Rohwurst vom Schwein. Sie wird während der Destillation von ausgepressten, nachgegorenen Weintrauben zu Tresterschnaps im Brennkessel gegart. Sehr speziell. Wir standen vor der Speiseanstalt, tranken Schnaps und schauten einander durch die dichten weißen Dampfwolken an. Es roch nach Wurst und Alkohol, man plauderte, lernte sich kennen. Es passte alles zusammen. Dazu gab es Lauchgemüse und Kartoffeln, Chasselas aus den Rebbergen über Ligerz, etwas Jazz und ein paar gelesene Geschichten. Zum Dessert irgendetwas mit Schlagsahne und Vanille. Genau weiß ich das nicht mehr.

Schon 2003 hatte ich eine kleine Sammlung von Essays rund um das Thema Essen und Trinken veröffentlicht. Darin beschrieb ich eine fiktive Organisation, die mit unkonventionellen gastronomischen und gastgeberischen Dienstleistungen dazu beiträgt, Konfliktsituationen zu entschärfen. Die gemeinsame Mahlzeit als kleinster Nenner mit friedensfördernder Wirkung. Eine dieser Geschichten stellte ich an jenem Novemberabend in Biel vor. Monique Zumbrunn, Gast dieser denk- und merkwürdigen Veranstaltung in der Speiseanstalt und alte Wohngemeinschaftsfreundin aus Zürich, kam beim Abschied zu mir: »Diese Organisation, die du da beschreibst … das finde ich eine gute Idee. Wenn du tatsächlich daran denken solltest, so etwas aufzuziehen, lass es mich wissen. Ich bin dabei.« Die Wurst und der Schnaps standen in dieser

Nacht Pate zu einer Reise, die im Bieler Nebel begann. Einer Reise, die bis heute andauert.

Ein Jahr zuvor war mein Vater gestorben. Der Altpfarrer und Humanist war mir in den letzten Jahren immer mehr zum spirituellen Vorbild geworden. Nicht selten hatte ich ihn um seine Meinung, seinen Rat gebeten, bevor er in geistiger Umnachtung versank. Sein Tod kam nicht unerwartet. Doch ich spürte den Verlust. Die nicht mehr vorhandene Gegenwart des Vaters ließ mich ratlos zurück.

Eines frühen Abends, einige Tage nach der Beisetzung in einem Urnengrab, fuhr ich mit dem Motorrad zum Friedhof. Die Hagebutten leuchteten schwach aus den entblätterten Rosenbüschen, die frühe Dämmerung stahl die verbliebenen Herbstfarben aus Bäumen und Friedhofsblumen. Es war ein seltsam unromantischer Abschied, ich blieb nur ein paar Minuten vor dem Grab stehen. Beim eisernen Gartentor zwischen Friedhof und Parkplatz ging mir die Frage durch den Kopf: »Was mach ich denn jetzt?« »Das Richtige«, kam als Antwort aus dem eigenen Kopf, auf den ich, ohne stehenzubleiben, den Helm setzte.

Bei der Fahrt über die nasse Landstraße zurück nach Zürich blieben diese beiden Worte in mir hängen. Erst zu Hause kam die zweite Frage nach: »Und was soll denn jetzt das Richtige sein?«

Die Treberwurst war gegessen und Moniques Angebot stand auch zwölf Stunden nach dem »Speiseanstalt«-Abend noch im Raum. Und plötzlich beantwortete sich ganz unspektakulär die Frage nach dem »Richtigen«, die ich seit jenem Friedhofsbesuch mit mir herumtrug. Ich rief Monique in Zürich an.

»Gemeinnützigkeit ist das Hobby der Gutmenschen.«

Falsch, falsch, dreimal falsch. Dem ist nicht so. Wir können der Gemeinnützigkeit nicht ausweichen. Solange wir nicht grob gegen die Regeln der Gemeinschaft in der, von der, für die wir leben, verstoßen, ist so ziemlich alles, was wir tun, gemeinnützig. Mal mit positiven, mal mit negativen Vorzeichen. Der Bereitschaftspolizist, der dem Steinewerfer den Gummiknüppel über die schwarze

Sturmhaube zieht, ist ein wahres Wunder an Gemeinnützigkeit, der Steinewerfer glaubt, auch er sei es, und beide tanzen den Gemeinnützigkeitstango auf Straßen und Plätzen und in Wäldern, an denen Atommüll vorbeigekarrt wird. Pablo Escobar, der kolumbianische Kokainkönig, hat Armenviertel renoviert und Schulen gesponsert, Meyer Lansky, der Buchhalter der amerikanischen Mobster, unterstützte mit riesigen Spenden den Aufbau Israels, Adolf Hitler hat die Autobahn gebaut, Großbanken finanzieren philanthropische Fonds. Ihr könnt mir alle gestohlen bleiben mit eurer Gemeinnützigkeit. Wer zuviel darüber nachdenkt, tut gut daran, mit Voltaires Candide den Garten zu bestellen.

Die Cuisine-sans-frontières-Idee beruht auf einer einfachen Überlegung: In Krisensituationen ist eine Gemeinschaft darauf angewiesen, miteinander zu kommunizieren und Lösungen zu erarbeiten, die der jeweiligen Situation gerecht werden. Dazu muss als Erstes ein geschützter Ort geschaffen werden, an dem solche Gespräche ohne Zeitdruck stattfinden können. So ein Ort ist in unseren mehr oder weniger friedlichen Breitengraden oft eine gastronomische Einrichtung, in der ein neutraler Wirt seine Gastfreundschaft zeigt. Er bietet Speise und Getränke an, sorgt für die Hausordnung und lebt von seiner Tätigkeit. Die Gastronomie ist der größte Arbeitgeber der Welt. Essen und Trinken ist dabei nur ein Teilbereich einer Branche, die sich mit sämtlichen Aspekten des sozialen Zusammenlebens beschäftigt. Vor allem aber sind die gastronomischen Einrichtungen Begegnungsstätten.

Das Gastgebertum begleitet uns von der Wiege bis zur Bahre. Traditionen werden gepflegt, Hochzeiten gefeiert, Verstorbene verabschiedet, Versammlungen abgehalten. Man trifft sich – mal verabredet, mal zufällig – mit Menschen, die die gleiche Luft atmen wie man selbst.

Bestimmte Ereignisse wie kriegerische Konflikte, Umweltkatastrophen, wirtschaftliche Armut können von den Betroffenen nur gemeinsam gelöst werden. Voraussetzung dafür ist der offene Austausch von Gedanken, Sorgen, Freuden, Hoffnungen und Wünschen. Nicht immer ist man einer Meinung. Aus dem gleichen Topf zu schöpfen, aus derselben Flasche zu trinken, eine Mahlzeit an einem Tisch zu teilen, schafft das Kollektiv. Die Gestaltung dieses Miteinanders liegt beim Gastgeber. In Krisengebieten gibt es die Gastgeberrolle nicht – es gibt keine Orte mehr, an denen Tischgespräche stattfinden. Da sieht die Cuisine ihre Aufgabe: als Gastgeber zu Tisch zu bitten, um Konflikte zu lösen und Gemeinschaft zu fördern.

Mittlerweile war ich akkreditierter Arbeitsloser, bekam monatlich gerade genug »Stütze« zum Überleben. Ich schrieb Dutzende von Bewerbungen – doch für einen 50jährigen Küchenchef war der Arbeitsmarkt nicht eingerichtet. Freier Journalismus ist auch ein hartes Brot. Wie's so geht mit den Arbeitslosen: Sie werden gefördert, damit sie der Misere wieder entrinnen können. Ein Kurs wurde, gratis und franko, zum Thema Selbstständigkeit angeboten. Den besuchte ich. Der Kursleiter, dem ich das Modell unserer Hilfsorganisation vorstellte, machte mir in ein paar Minuten klar, dass das kein Weg zurück in den Arbeitsprozess war. Zum Glück fand er aber den Plan, Restaurants mit Kulturbetrieb in Krisenregionen einzurichten, interessant und zerbrach sich mit mir den Kopf, wie sich so etwas clever einrichten ließe. Ich sollte erst einmal einen Verein zu Verwirklichung der Cuisine-Idee einrichten. Statuten, Ziele, Projektpläne skizzieren, über Geld und Personal nachdenken. Dieser Verein, der, mit mir als Präsident, ohne Gewinnabsicht arbeiten sollte, müsse sich an den gesetzlichen Vorgaben orientieren, welche zu befolgen seien, um Gemeinnützigkeit bescheinigt zu bekommen. Damit sei er steuerbefreit und in der Lage, Unterstützungsgelder zu akquirieren, Mitglieder zu werben und die angedachten Hilfsprojekte zu planen. Die eingegangenen Gelder könnten von den Spendern ihrerseits von der Steuer abgesetzt werden.

Ich arbeitete mich durch die Vorschriften, las Regeln und Leitbilder ähnlicher Organisationen, entwarf Statuten, mögliche Projekte und Personalpläne. Dann legte ich dem Mann alles schriftlich vor und er setzte den Rotstift an.

Am Ende waren es keine zehn Seiten, aber mit ihnen konnte man loslegen. Jetzt kam der springende Punkt: Ich sollte nun auch ein Unternehmen gründen. Eine Gesellschaft mit beschränkter Haftung mit anonymen Gesellschaftern. Diese flotte kleine GmbH sollte die ganz normale, unternehmerisch geführte Cash Cow für mein persönliches Einkommen werden. Damit ich dort juristisch nicht in Erscheinung treten müsse, könne ich einen guten Freund, meine Frau, einen Treuhänder oder sonstwen als Geschäftsführer einsetzen. Weil dann nämlich diese GmbH die Arbeiten ausführte, die sie vom gemeinnützigen Verein bekäme. Weil der Verein nicht operativ tätig sei. Er vergebe Aufträge, für die ganz normal Rechnungen gestellt würden. Einfach, nicht wahr? Und völlig legal.

So saßen wir schließlich in Moniques Küche. Im Ofen schmurgelte die Lammkeule und wir tranken auf das Netzwerk, in dem wir uns und unsere guten Taten fangen wollten. Wir waren zu dritt, das genügt für eine Vereinsgründung. Monique, mein Freund Charles und ich. Geschäftig breitete ich die erarbeiten Unterlagen auf dem Küchentisch aus. Doch ich hatte nicht mit Moniques Rechtschaffenheit gerechnet. Mein Plan sei ein betrügerischer Versuch, die erbettelten Spendengelder in die eigene Tasche zu wirtschaften, ob legal oder illegal, sei ihr scheißegal, bei sowas würde sie nicht mitmachen. Punkt. Auch Charles, eher vertraut mit den Gepflogenheiten des Kapitalismus, stellte den Kopf schräg. Etwas lusch sei es schon. Sie hatten gut reden. Beide hatten sie ganz normale, gutbezahlte Jobs – ich war der Einzige ohne Einkommen. Zudem war mir nur zu bewusst, dass die zu erwartende Aufgabe nicht »nebenbei« zu erledigen war. Mein Kind sei es, das sie hier mit auf die Welt bringen würden, meinten die Freunde, aber dass ich damit auch irgendwie meinen Lebensunterhalt verdienen wolle, stand nicht im Plan. Selbstlos und edel sollte sie sein, die Gemeinnützigkeit. Ich gab klein bei. Keine GmbH, nur der Verein sollte werden. Damit war wieder gut Wetter am Küchentisch.

Heute weiß ich, dass das GmbH-Modell und ähnliche Konstrukte oft und bedenkenlos im Entwicklungsdienst eingesetzt werden. Haben wir uns in diesem Küchentischmoment selbst ein Bein gestellt? Ich glaube nicht. Was entstand, war ein kleines, unabhängiges, idealistisch geprägtes Piratenunternehmen, das frei war von allen Einschränkungen. Die moralische Korruption in vielen Hilfswerken ist unübersehbar. Entweder wird ein ideologisches oder ein wirtschaftliches Paket verkauft. Lobbyarbeit ist Pflicht, Arroganz der Macht Gewohnheit. Wer zahlt, befiehlt. Trotz geschliffener Rechtfertigungsrhetorik dienen die überteuerten Programme der Entwicklungszusammenarbeit meist politischen und wirtschaftlichen Zielen. Das Geschwafel vom Einbezug der lokalen Bevölkerung kann ich nicht mehr hören. Ob Bildungsindustrie oder Gesundheitsreform, die »Betroffenen« sollen das tun, was wir wollen. Die Löhne unserer Experten in den großen staatlichen Diensten sind hoch und begleitet von allerlei Privilegien. Riesige Summen werden eingesetzt und meist gewinnträchtig angelegt. Es bedanken sich Banken. Eingesetzte Steuergelder werden umgehend zurück in die Taschen privater Unternehmen jongliert. Selbst die großen Nothilfeaktionen bei Erdbeben oder Überschwemmungen sind letztendlich Einkommensquellen des Westens. Die Helfer drängeln sich in logobedruckten Schutzwesten in den Ruinen, um ihren Wert zu erhöhen. Eine Handvoll Lawinenhunde und Hundeführer in Fukushima kosteten ein paar Millionen Schweizerfranken und haben außer Spesen nichts gebracht. Aber die Boulevardpresse lobte die fabelhafte Leistung von Barri und Rex über den grünen Klee. Korruption in den sogenannten Entwicklungsländern wird geradezu systematisch gefördert. Mit à fonds perdu vergebenen Zuschüssen an Ministerien und Politiker. So kann man einen Staudamm verkaufen.

Ein Mitarbeiter der Gesellschaft für internationale Zusammenarbeit, der staatlichen deutschen GIZ, sagte mir, ohne mit der Wimper zu zucken: »Wir fördern keine Projekte, die nicht auf ökonomischen Gewinn ausgerichtet sind.« Eine Vorgabe, nämlich 0,7 Prozent des Bruttoinlandsproduktes der industrialisierten Länder der Entwicklungszusammenarbeit zur Verfügung zu stellen, wurde von den Vereinten Nation bereits 1972 definiert. Das wäre sehr viel Geld – das aber nicht zur Verfügung steht. Die meisten Geberländer erreichen noch nicht mal die 0,5-Prozent-Grenze. Werden die 0,7 Prozent ausnahmsweise von einem der Krösusstaaten ausgegeben, trommelt er sich in allen Medien auf die Brust. Übrigens werden auch die Milliarden, die wir dafür einsetzen, Flüchtlingen den Weg zu versperren oder sie umgehend mit dem nächsten Flieger wieder in die Wüste zu schicken, als Entwicklungszusammenarbeit abgerechnet. Sind ja eh alles Wirtschaftsflüchtlinge, sollen doch gefälligst für zwei Dollar am Tag zu Hause im Kongo in den Seltenen Erden kratzen. Versuche von philanthropischen, meist privaten Hilfswerken werden nicht gerne gesehen. Schließlich ist das Geschäft mit der Hilfe in festen Händen. Darum werden den Schiffen, die Ertrinkende aus dem Mittelmeer zu retten versuchen – was ja auch von der Marine übernommen werden könnte –, laufend Steine in den Weg gelegt, Prozesse gemacht, schützende Häfen verweigert, und man beschimpft die Helfer hämisch als Gutmenschen, die offenbar nicht kapiert haben, dass Humanität ein schlechter Ratgeber ist.

0,7 Prozent! Von wegen!

Diese Tirade zur eigenen Psychohygiene könnte ich seitenlang weiterführen. Aber es gibt auch das Gegengewicht. Es gibt Hunderttausende von Einzelpersonen und Tausende von kleinen und mittleren und auch ein paar wenigen großen Nichtregierungsorganisationen, NGOs, die uneigennützig anstrengende Dinge tun, um ihrer Verantwortung für das Ganze gerecht zu werden.

Da ist der Schreiner, der auf eigene Kosten seine alte, aber intakte Bandsäge einem Betrieb in Tunesien zukommen lässt. Der in seinen Ferien hinfährt, das Teil einrichtet und den Arbeitern zeigt, wie man es bedient. Die Laborantin, die fünf Patenkinder in Tansania hat, der Arzt, der drei Monate im Jahr im bolivianischen Potosí eine ambulante kostenlose Zahnarztpraxis führt. Tony el Suizo, der aus ausgedientem Eisenschrott Hunderte Brücken in abgelegenen Gebieten gebaut hat. Bruno Manser, der seinen Einsatz für die Ureinwohner in Malaysia mit dem Leben bezahlt hat. Die tapferen jungen Leute von der PBI, der Peace Brigades International, die in den gefährlichsten Gebieten der Welt Aktivisten persönlich begleiten, um zu verhindern, dass sie ermordet werden. Missionare der Befreiungstheologie, die unablässig für soziale Gerechtigkeit streiten. Der Fußballtrainer, der im Slum von Nairobi einen Fußballklub aufbaut. Der Ex-Soldat, der Minen sucht, findet und entschärft, der Elektriker, der Solarstrompaneele aufbaut, wo es keinen Strom gibt, die Dübendorfer Dame, die in afrikanischen Slums Brauchwasserspülungen in öffentlichen Klos installiert. Und so weiter und sofort.

Ich habe viele solcher Helfer getroffen. Sie reisen in der Holzklasse, schlafen in Absteigen und Hängematten, essen mit den Armen in den Armenküchen und tun, was ein Mensch tun muss. Hingehen statt hinsehen. Man trifft sie dort, wo man die mit Diplom und Schutzbrief ausgestatteten Entwicklungshelfer nicht antrifft. Die haben Angst, entführt zu werden, Angst, als Repräsentanten der Unterdrücker erkannt zu werden. Selbstlose Helfer, die kein Trara machen und kein Logo auf der Schutzweste tragen, sind tatsächlich für anderes als für sich selbst unterwegs. Sie haben keine Versicherung und keine Altersvorsorge – und sie tragen ihre Betroffenheit nicht offen zur Schau. Weil es ihnen wichtiger ist, Verantwortung wahrzunehmen. Unabhängig von Politik und Wirtschaft. Etwas ist ihnen allen gemeinsam: dass sie selten oder nie mit öffentlichen Geldern funktionieren. Sie beuten sich selbst aus.

Gute Menschen.

Die Wahrheit liegt natürlich in der Mitte. Es ist nichts dagegen zu sagen, wenn jemand für seine Arbeit einen adäquaten Lohn bekommt. In einem kapitalistisch-neoliberalen System ist es auch wichtig, gewinnorientierte Aufbauarbeit zu leisten. Nur ist hier, wie auf vielen anderen Ebenen der sozialen Standards, eine ungesunde Schräglage entstanden. Entwicklungszusammenarbeit ist eingebunden in den globalen Handel und handelt dementsprechend. Die einzelnen Dienste stehen in Konkurrenz zueinander. Koordinationsfehler richten zum Teil verheerenden Schaden an. Tatsächlich weiß man oft nicht, wohin mit dem Geld. Auflagen ideologischer und politischer Art verstellen den Blick auf die Situationen vor Ort. Es sind die ganz einfachen Dinge, die schlussendlich im lokalen Zusammenhang etwas erreichen. Der berühmte Spruch von Konfuzius: »Gib einem Mann einen Fisch und du ernährst ihn für einen Tag. Lehre einen Mann zu fischen und du ernährst ihn für sein Leben«, ist zwar nett gesagt, stimmt aber nicht. Der Mann, der da fischen lernen soll, lebt bereits an einem Gewässer und braucht keine Sprücheklopfer, die ihm was vom Fisch erzählen. Was er braucht, ist, dass man ihm seinen Fisch nicht vor der Nase wegfischt und zu Fischstäbchen verarbeitet, die man dann in Europa im Supermarkt verkauft. Oder einfach wegschmeißt.

Zurzeit ist nicht nur der sechsbeinige Torfklopfer vom Untergang bedroht. Ganze Kulturen sind am Absterben. Traditionelles Wissen geht unwiederbringlich verloren. Wissen, auf das zu verzichten wir uns nicht leisten können. Stämme verschwinden, die seit Hunderten von Generationen im Einklang mit der Natur nach ihrer eigenen Kosmovision leben, ohne ihren Boden, von dem sie leben, ständiger Gewinnoptimierung zu opfern. Dieser verrückte Glauben, dass die westliche Wertegesellschaft die Weisheit mit Löffeln gefressen hätte und nur wir wüssten, wo es langzugehen hat, ist Blödsinn. Es ist geradezu schaurig wichtig geworden, jetzt genau hinzuhören. Global denken. Lernen anstatt lehren. Sich kennenlernen, ohne künstliche Bedürfnisse zu schaffen. Wenn am Schluss das Eigene und das Fremde in einen Topf geworfen werden, kann etwas Neues entstehen. Dazu eignen sich Kartoffelsuppenrezepte aus aller Welt.

Schlussendlich haben wir den Verein gegründet. Und uns wurde Gemeinnützigkeit zugesprochen. Monique nahm mir die administrative Arbeit tatsächlich ab. Sie, Charles und ich bildeten den Vorstand. Ich ging Klinken putzen, um Verwandte, Freunde und Bekannte mit ins Boot zu holen. Das Anliegen der Cuisine war und ist bis heute auf den ersten Blick einfach. Gemeinsames Essen und

Trinken schaffen eine Vertrauensbasis, aus der sich ein Miteinander ergibt. Dieses Miteinander ist wiederum die Basis, um Konflikte und Meinungsverschiedenheiten anzupacken. Lösungen werden sichtbar und können konkret in Angriff genommen werden. Da ich von unserem Anliegen überzeugt war, es immer noch bin, fiel es mir leicht, Gesprächspartner für die Cuisine-Idee zu gewinnen. Neben Freunden und Verwandten gab es nicht wenige Gastronomen, denen das Konzept einleuchtete. Wir organisierten Aktionswochen in Restaurants, Bars, druckten Flugblätter und stellten neben Kantinenkassen kleine rosa Sparschweinchen mit Kochmützen auf. Wir trafen auf Leute, die bereit waren zu helfen, gewannen Mitglieder für den Verein. Geld kam in die Kasse. Es fanden sich Mitstreiter, die ohne Bezahlung Zeit investierten. Los gehts! Aber das erste gastronomische Projekt am Grenzfluss zwischen Ecuador und Kolumbien, am Río San Miguel, kam über die Planungsphase nicht hinaus. Schnell stellte sich heraus, dass ich mir viel zu blauäugig ein schwieriges Kriegsgebiet ausgesucht hatte. Es war einfach zu gefährlich.

3 Besuch in Anderswo

Das ist dein Kind ... Dann fahr halt mal hin ... Süßer Tee aus dem Samowar ... Nach dem Störfall ... London, Paris, Berlin ... Ein Mahnmal des Untergangs.

Und dann kam die Reise nach Tschernobyl.

Die Cuisine existierte als Verein seit knapp einem Jahr. Ein erstes Projekt in Kolumbien war schneller gescheitert, als es anfangen konnte. Doch wir hatten einige Aktionen unternommen, um Geld zu sammeln. In der Kasse lagen ein paar tausend Franken. Wir mussten jetzt irgendwo beweisen, dass unser Konzept funktionierte. Die großen Hilfswerke, mit denen wir gerne kooperiert hätten, nahmen uns nicht ernst. Ich erinnere mich an das Gespräch mit einer Vertreterin von »Brot für die Welt« in Luzern. Als ich die Frage: »... und gibt es denn bereits ein einziges solches Restaurant, das von euch gebaut wurde?« verneinen musste, klappte sie ihren Notizblock zu.

Alle fanden unsere Idee hübsch. Aber so richtig wagemutige Unterstützer, vor allem auch finanziell, hatten wir nicht. So waren wir weitgehend auf uns selbst gestellt. Zwar hätte ich, wenn mir jeder mit seinem guten Ratschlag einen Franken schenkte, genügend Geld gehabt, um etwas damit anzufangen. Aber eben hätte, würde, könnte ... der Konjunktiv hatte Konjunktur. Niemand hatte wirklich Zeit oder war bereit, sich in unsichere Abenteuer zu stürzen.

»Das ist dein Kind«, hörte ich oft, »du musst es selber großziehen.«
Schlussendlich war es ein Werbefachmann, der mir riet, einen gegebenen Anlass zu nutzen. Tschernobyl sei gerade mal wieder in aller Munde. 20 Jahre, nicht gerade ein Jubiläum, aber zumindest gut
versenkt im Gedächtnis der Menschen. Noch sei im radioaktiven
Katastrophengebiet nichts in Ordnung. Falls ich dort etwas erreichen würde, könne man weitersehen.

Auch 20 Jahre nach der Katastrophe gab es in der Schweiz immer
noch umfangreiche Hilfsaktionen zugunsten der damals geschädigten Familien. Und der Verein »Tschernobylkinder« ermöglicht
heute noch Kindern und Jugendlichen aus den verstrahlten Gebieten einen Besuch in der Schweiz. Sommerliche Ferienlager. Mit
diesem Verein und seinen ehrenamtlichen Helfern nahm ich Kontakt auf und trug ihnen die Idee der Cuisine vor. »Warum nicht«,
meinten sie und gaben mir die Adresse eines Arztes in der Bauerngemeinde Lipniki. Dort sollte ich mich umsehen. Sie würden
mich ankündigen. Ich begann meine Reise zu planen, suchte via
Schweizer Botschaft einen Dolmetscher, packte den Wintermantel
ein und flog nach Kiew.

Eine Reise ins Unbekannte. Niemand holte mich vom Flugplatz
ab. Mit den Schultern zuckte der Vertreter der DEZA, der schweizerischen staatlichen Hilfsorganisation. »Dann fahr halt mal hin.« DEZA,
Direktion für Entwicklung und Zusammenarbeit, ein fast sowjetisch
klingender Name. Man befasste sich in jenen Tagen vor allem mit
Gefängnisreformen in der Ukraine. Immerhin nahm man sich eine
halbe Stunde Zeit für mich. Ich habe die Leute nie wiedergesehen.
Mit den Schultern zuckte auch Maksim, der ernste, bleiche junge
Mann. Mein Dolmetscher. Ich traf ihn nachmittags in einem schicken Kaffeehaus der Kiewer Innenstadt. Als ich ihm erklärte, was ich
vorhatte, reagierte er verhalten. »Fahren wir hin.« Der Doktor hatte
sich telefonisch bereit erklärt, mich für ein paar Tage aufzunehmen.
Nein, mitbringen müsse ich nichts. Kartoffeln hätten sie immer.

Maksim und ich gingen zum Bahnhof, einem großen Gebäude
mit Hallen, Übergängen, Verkaufsständen und Zeitungskiosken,

wo ich alleine verlorengegangen wäre. Maksim war kein begabter Redner. Aber er lotste mich durch all die winterfest gekleideten Menschen, stand am richtigen Schalter an und besorgte die Fahrkarten für den nächsten Tag. Am Abend brachte er mich in ein günstiges Hotel, das riesengroß war – aber offenbar kein Restaurant hatte. Mein Zimmer war ein sechs Quadratmeter großes sozialistisches, verwohntes Elend mit ehemals roten, jetzt rosa vergilbten Vorhängen, staubig und überheizt. Das Fenster ließ sich nicht öffnen. Am späteren Abend klingelte das Telefon und eine Frauenstimme fragte, ob ich »ficki – ficki« bräuchte. Bloß nicht. Ich las, Lesen hilft. Dann schlief ich ein.

Maksim holt mich noch im Morgendunkel ab. Die U-Bahn zum Bahnhof ist überfüllt, sodass ich ständig jemandem im Weg stehe. Maksim führt mich vorsichtig am Arm. Offenbar folgen die dichten Menschenströme in der U-Bahn und auf den Rolltreppen in schlecht beleuchteten unterirdischen Gängen geheimen Regeln. Ganz Kiew ist unterwegs. Mir fallen die vielen jungen, gutaussehenden Frauen auf, dicke gesteppte Jacken, Pelzmützen, gekonntes Make-up, die Beine stecken in Wollstrümpfen und die Füße in kniehohen Stiefeln. Doch keine lächelt. Apropos Pelzmützen. Ich scheine der einzige Barhäuptige hier zu sein. Arbeiter in festen Jacken mit breiten Schultern, Kappen und – natürlich – Pelzmützen. Im U-Bahnabteil stehen alle sardinendicht, die Luft zum Schneiden. Mein kleiner Koffer verkeilt sich zwischen Menschenbeinen. Am Bahnhof kauft Maksim für mich eine Pelzmütze, grau, flauschig, künstlich. »Für die Ohren.« Sie stehe mir gut, grinst er. Dann Treppen hoch, bevor wir die Halle durchqueren, die voll ist wie zuvor die U-Bahn. An nicht erkletterbaren Wänden Gemälde und Reliefs aus großen vergangenen Zeiten.

Maksims Fürsorge rührt mich, ich fühle mich in guten Händen. Rechtzeitig kommen wir auf dem Bahnsteig an, wo der lange Zug graubraun ruht. Nein, nicht einfach einsteigen, sitzen und abfahren. Es gibt reservierte Plätze. Und nur dort wird gesessen. Die müssen wir jetzt suchen. Nach dem Einsteigen klettern wir über in den Gängen gelagertes Reisegut. Am Platz dann ist es warm, eng und gemütlich. Die Jacke, die Mütze, die Handschuhe, der Pullover, alles wird ausgezogen und neben den Taschen, Koffern und Rucksäcken rundum gestaut. Es beginnt bereits zu ruckeln, zu quietschen und Eisen bollert gegen Eisen, als sich der Zug aus dem Bahnhof schiebt und die Fenster hell werden. Eine beleibte Frau in Uniform streckt den Kopf ins Abteil, in dem wir uns zu sechst eingenistet haben. Sie spricht, Maksim nickt und ein paar Minuten später erhalten wir sehr dunklen, sehr süßen Tee aus dem Samowar. Der Zug schwankt hin und her, rattert, schleift, klappert und draußen liegt Schnee. Es ist angenehm, Tee zu schlürfen, während die Mitbewohner des Eisenbahnabteils plaudern, ein Nickerchen halten oder die Zeitung lesen. Es ist trotz der hellen Fensterscheiben ein wenig zwielichtig, draußen ist nichts, Staub und Schmutz bremsen den Blick in eine große helle Weite.

Die Bahnstation liegt mitten im Nirgendwo und es ist so kalt, wie ich es mir gedacht habe. Um die 30 Minusgrade. Die Härchen in der Nase gefrieren beim Einatmen, ich brauche den Schutz der Handflächen. Wir werden abgeholt vom Arzt von Lipniki, der uns hier erwartet. Mit einem alten roten Lada. Über die Straßen fegt ein eisiger Wind, der Schnee pulvert alles zu, kaum erkennt man Straßenmitte oder Straßenrand. Zudem dämmert es, es wird grau und grauer. Man sieht nur eine schwarzweiße Landschaft, sonst nichts. »Wir werden eine Panne haben und erfrieren«, denke ich, »wir werden still im Auto sitzen und den Eisblumen zuschauen, die über die Fenster wachsen und am Ende über unsere Augen.« Das Auto fährt, heizt, so gut es kann und schlingert manchmal, aber Michail, der Landarzt, hat seinen Lada im Griff. »Wir werden also doch nicht erfrieren.« Ich bin beruhigt, stecke die Hände in meine Wintermanteltaschen, lasse die immer dunkler werdende Landschaft wie auf einer Kinoleinwand für eine Stunde an mir vorbeigleiten. Bis wir ankommen.

Rostige Zäune, Gebäude mit gesprungenen Fenstern. Lipniki liegt 60 Kilometer weit weg vom Reaktor. Eigentlich waren alle Menschen damals nach dem Störfall evakuiert worden. Doch wurde Lipniki zumindest nicht untergepflügt wie andere nahegelegene Dörfer. Michail hat sie mir gezeigt, eine dieser Grabstätten, wo nur noch die große Linde steht, der damalige Dorfmittelpunkt. Der Rest ist flach, keine Grundmauer ist übriggeblieben. Hohe braune Grashalme wiegen sich im Wind über der gefrorenen Schneedecke. Wildschweinspuren. Lipniki besitzt noch immer großangelegte Landwirtschaftsflächen, die in kleinstem Maßstab wieder bebaut werden. Mit Hopfen zum Beispiel. Den könne man verkaufen. Kartoffeln, Rote Beete und Roggen zur Selbstversorgung. Sicher sei das alles verstrahlt. Aber wer messe das schon. Das ursprünglich blühende Kolchosedorf mit 3000 Arbeitern ist bis auf wenige 100 Einwohner verlassen. Und die geben sich alle Mühe. Die Kolchoseverwaltung ist tipptopp gepflegt, auch wenn die Büros mit den Schreibmaschinen und den Bakelittelefonen unbesetzt sind. Das Theater mit 200 Plätzen mit sowjetroten Vorhängen, Sitzbezügen und Garderobenhaken ist leer und intakt, fast hört man den Kolchosechor fröhliche Bauernlieder singen. Allerdings weit weg, im Rauschen vergangener Zeiten. Das ehemalige Gästehaus des landwirtschaftlichen Großbetriebs steht leer, in den Zimmern, im unbenutzten Restaurant, in der Großküche und im Festsaal hängen Eiszapfen von den geborstenen Decken. Auch die Lagerräume sind leer, die Kühlschränke abgeschaltet. Doch der kleine, geheizte Laden nebenan funktioniert. Batterien, Wodka, Kohl und Kartoffeln, warme Stiefel und Schaufeln, eingelegte Gurken, Brot, Sardinen und Wurst, Spielsachen aus Plastik, Einmachgläser und Wolle zum Stricken werden angeboten. Und osteuropäische Mittelfreundlichkeit.

Draußen treffen wir den Kolchoseverwalter. Er ist schon leicht angefröhlicht, strahlt morgendlich heitere Betrunkenheit aus und hat ein Stahlgebiss, das wie Silber funkelt. Die Sonne scheint davon unbeeindruckt, das Thermometer zeigt 18 Minusgrade an. Alles ist Schnee, ist Eis, ist Licht, ein eisiges Wintermärchen. Der Verwalter führt uns in seiner Gemeinde herum. Wir betreten die russische

Vergangenheit, die vornukleare. Geduckte schwergliedrige Bauernhäuser, blau bemalt, mit dampfenden Misthaufen, vor Schlitten gespannten Panjepferdchen, deren Atem Wolken in die Luft malt. Bauern in dicken Steppjacken mit hohen Filzstiefeln, die diese Schlitten führen, auf denen sich Birkenstämme zum Heizen stapeln. Einige sind zurückgekommen aus den Kiewer Vorstädten, weil sie hier zu Hause sind. Pfeifen auf die Radioaktivität. Sie haben ihre alten Häuser wieder bezogen, pflanzen wieder an. »Man kann hier leben«, sagt Michail, »auch wenn das Leben sich verkürzt.« Sogar Kinder würden wieder auf die Welt kommen. Obwohl es vor allem die Älteren seien, die nach Hause zurückkommen. Ein Motorrad mit Seitenwagen knattert vorbei. Mit den darauf aufgebundenen Strohballen sieht das Gefährt aus wie ein struppiges Tier. Kaum sieht man den Fahrer. Vielleicht fährt in Lipniki Gogols Nase Motorrad.

Eine Viertelstunde Gehdistanz zur Moderne. Zu verlassenen Silos sowjetischer Interkontinentalraketen. London, Paris, Berlin und Madrid auf dem Flugplan. »Wir waren mächtig«, sagt der Verwalter, grinst und nimmt sich noch eine Zigarette von mir.

Wir sind untergebracht in einer leer stehenden Offizierswohnung. Filmkulisse von Doktor Schiwago mit Ankleidezimmer, Bett und Lehnstuhl, heißem Wasser in der Dusche, keine Küche. Der Raketenmann aß im Casino.

Wenige Tage später ergibt sich die Gelegenheit zu einer Reise in die dunkle Vergangenheit. Etwa 15 Busse stehen am Vormittag in diesem grauen Vorort von Kiew auf der Straße. Zweifarbig, Beige und Grün. Dieses matte Beige kenne ich aus öffentlichen Bedürfnisanstalten, das genauso matte, zu Blau tendierende Grün aus Kinderheimen oder Strafanstalten. Abwaschbar. Obwohl keiner der Busse, die im April 2006 hier aufgereiht sind, gewaschen ist. Im Gegenteil, sie sind vom Straßendreck gezeichnet. Eine helle Sonne am weißblauen Himmel hat vergessen, dass sie Wärme spenden soll, an den Straßenrändern liegt noch Schnee, aus dem hellbraune Halme ragen, die Straße selbst ist ein nasses, schwarz glitzerndes Laufband mit Salzschneematsch und Pfützen. Die Motoren laufen, stoßen dünne, stinkende neblige Dieselschwaden aus. Und alles voller Menschen, warm gekleidet mit Kunstfaserpelzkappen, olivgrünen Parkas, Kopftüchern, derbem Schuhwerk. Sie tragen Taschen und Rucksäcke mit sich. Es sind ganze Familien, Großväter in alten Militärhosen, Großmütter mit Stiefeln und langen Röcken, Eltern mit Kindern in farbigen Plastikjacken. Lässig geordnete Schlangen bilden sich vor den Bussen. Schlangestehen ist Gewohnheit, man spürt die jahrzehntelange Erfahrung der Leute. Es ist 20 Jahre her, seit in 150 Kilometern Entfernung der Reaktor vier in die Luft geflogen ist. Im Atomkraftwerk Tschernobyl, der Musteranlage zur Stromversorgung der sowjetischen Ukraine.

Die Oblast Kiew hat zu einer besonderen Reise eingeladen. Wer damals in der Stadt Pripyat lebte und wegen der Katastrophe evakuiert wurde, hat die Gelegenheit, für einmal in die alte Heimat zurückzukehren, die alte Wohnung seinen Kindern, Enkeln zu zeigen, die damals innerhalb weniger Stunden verlassen werden musste. Am 27. April 1986 standen 2 000 Busse vor der Stadt. 50 000 Menschen mussten raus aus ihren Heimstätten. Mit Sack und Pack und ohne lange zu fackeln. Sofort!

Damals eine logistische Meisterleistung der sowjetischen Verwaltung. Jetzt, bald eine Generation später, stehen 20 Busse da. Nur ein Bruchteil der ehemaligen Bewohner will sich den Ort ansehen, an dem sich das atomare Menetekel bestätigte. Vielleicht 400 Menschen nehmen die Gelegenheit wahr. Weil weder Vater noch Schwestern von Maksim, selbst Zeuge des damaligen Untergangs, Lust hatten auf diese Reise, sind Plätze zu haben. Er hat uns angemeldet – im Namen seiner Familie. So steigen wir mit ein, setzen uns auf die rissigen Plastiksitze. Niemand stört sich an uns, keiner fragt, warum wir mitfahren. So setzt sich die Buskolonne gegen neun Uhr morgens in Bewegung, stößt schwarze Abgaswolken aus, während wir durch die postkommunistischen Vorstädte fahren. Enorme Plattenbauten, in zahlreichen Sommern und Wintern verwittert. Rostfleckig, schwarzschlierig. Auf vielen Balkonen hängt bunte Wäsche in der fahlen Sonne.

Das Städtchen Tschernobyl ist vor allem eine Militärgarnison. Hier sind die Wächter der radioaktiven Zone untergebracht. Kleidung und Fahrzeuge, der Horizont, die Bäume und die Häuser sind wie unsere Busse tarnfarben. Auch hier wieder bunte Wäsche, aufgehängt vor graubraungrünem Hintergrund. Wir fahren durch und kommen nach einer knappen halben Stunde auf einer breiten Prachtstraße mit rissigem Betonbelag in der Geisterstadt Pripyat an. Es ist kurz vor 12 Uhr mittags. Verlassene Plattenbauten mit blinden Fenstern, ein Lunapark mit rostigem Riesenrad, seit 20 Jahren steht es still. Verlassene Schul- und Krankenzimmer. Eine Bibliothek, das wasserlose Schwimmbad, die Fresken des werktätigen Fortschritts am zentralen Platz. Großzügige Parks, Bäume, Laub, verdorrtes Gras, verwitterte Gehsteige. Kein Künstler hätte so ein Mahnmal des Untergangs schaffen können.

20 Jahre Sommer, Frühling, Herbst und Winter, Sonne, Schneestürme und sommerliche Platzregen, laue Sommerwinde und bleierne Stille ohne Menschen. Alles steigt aus, es wird kaum gesprochen, kein Reiseführer weist einen Weg. Die anderen Fahrgäste streben unbekannten Zielen zu, wir gehen mit Maksim in seine alte Wohnung, aus der er als Kind entfernt wurde. An einem Tag mit blauem Himmel, wie er sagt. Seither war er nicht mehr da. Auch heute ist der Himmel blassblau.

Das Klavier gibt es noch. Wenn man eine Taste anschlägt gibt es keinen Klang, es klackt nur. Der Staub liegt fingerdick über allem. Wir gehen in den Park und setzen uns auf Sitzplätze aus Beton, andere sind jetzt auch hier, Vesperpakete werden ausgepackt. Gekochte Eier, geräucherter Speck und Brot. Kinder spielen. Menschen sprechen. Wie ein geisterhaftes Echo in einem Hohlraum, als wäre die ganze Stadt in ein Loch gefallen.

Dann werden die Busse wieder bestiegen und man fährt zum Atomkraftwerk, zum Sarkophag, zur bronzenen Gedenkplatte, zum steinernen Denkmal der Feuerwehrmänner der ersten Stunde. Offiziell gab es 28 Tote unter ihnen. Sie wurden in Betonsärgen bestattet. Wir stehen hilflos vor den Reaktorgebäuden. Zwar produziert das AKW seit der Jahrtausendwende keinen Strom mehr. Doch es arbeiten hier immer noch Menschen, Ruinenerhaltung, Schadensbegrenzung. Der Sarkophag ist ein überdimensionierter Betonklotz. Weiter nichts. Kamine ohne Rauch mit rot-weißen Markierungen. Auf dem Weg zurück nach Kiew werden bei nassglänzenden Straßensperren die Fahrzeuge mit Hochdruck abgespritzt. Von Soldaten. So einfach ist es nämlich mit der Radioaktivität. Abwaschen. Im Bus hebt sich die Stimmung, es wird lauter, es wird gelacht, Wodkaflaschen kreisen. Bis man spät am Abend wieder dort ist, wo die surrealistische Reise ihren Anfang genommen hat.

Ich bin dreimal nach Lipniki gereist. Beim zweiten Besuch inspizierten wir, zusammen mit einem Architekten und einem Bauingenieur, das Gästehaus am Dorfplatz. Das Ergebnis war ernüchternd. Eine Reparatur ist kaum denkbar, die Bausubstanz ist nachhaltig beschädigt. Alternativen gibt es nicht. Am besten erhalten sind die Strukturen in den ehemaligen Verwaltungsgebäuden. Wieder dieses Eintauchen in rote Säle. Hammer und Sichel sind omnipräsent, Leninbüsten Pflicht. Wir werden zu einem Abendessen eingeladen, um mit den Funktionären unser Cuisine-Projekt durchzugehen. Es sind wie immer die Frauen, die sich vorbereitet haben. Die Idee, dem sozialen Leben hier mit einem Restaurant neues Leben einzuhauchen, stößt auf Begeisterung. Vieles ist noch vorhanden, Küchen, Geschirr, Tische und Stühle. Es braucht eigentlich nur Logistik. Kochen braucht in dieser Runde niemand zu lernen. Der Tisch biegt sich fast unter lokalen Leckereien, eingelegten Pilzen, Zwiebeln und Gurken, Blinis und Hackfleischbällchen, geräuchertem Fisch, Speck, gekochtem Schinken, Borschtsch, kunstvoll gefüllten Eiern, Hühnerbrüsten, mit Sauerrahm gefüllt, Kartoffelsalate, Apfelkrapfen, Hefekuchen mit Nüssen, gekochten Karotten mit Senfsamen, dunklem Brot … Die Speisen sind üppig, die Trinksprüche lang, der Abend auch.

Als wir spät durch die kalte Nacht zurück zu unserer Raketenoffizierswohnung stapfen, sehen wir etwas Neues. Ein mit lila und weißen Neonröhren beleuchtetes kleines Betonhäuschen ist zu einer Bar umfunktioniert worden. Internationale Popmusik, Buletten, Bier und Schnaps locken Männer und Frauen jeden Alters an. Als wir den Gastraum betreten, ist es einmal mehr unwirklich, die Neonröhren erzielen außerirdische Lichteffekte auf den Gesichtern, es ist kalt und warm zugleich, auf Kopfhöhe Menschentemperatur, die Füße im eisigen Durchzug. Wir werden herzlich begrüßt und schnell wieder mit Trinksprüchen und Wodka traktiert. Erst weit nach Mitternacht kehren wir in die gut geheizte Wohnung zurück. Alles fühlt sich sehr russisch an.

Bei meinem dritten Besuch erwartete mich eine Überraschung. Die organisierten Frauen hatten sich mittlerweile schlau gemacht und Erkundigungen eingezogen, wie das Unternehmen administrativ aufgezogen werden sollte. Aber das größte Hindernis dabei seien wir. »Wenn wir das Ganze offiziell machen, und das müssen wir, wenn ihr mit dabei seid, wird sich die staatliche Verwaltung einmischen. Das bedeutet einen enormen Aufwand an Bürokratischem. Dazu kommt, dass wir von öffentlichen Gremien nicht unterstützt werden. Sie werden uns mit Steuern und Gebühren so lange plagen, bis sie das Geld und die Arbeit, die wir mit eurer Hilfe in das Projekt stecken, verloren haben. Und irgendwelche Beamte werden sich die Hände reiben über ihre mit gestohlenem Geld gefüllten Taschen.« Auch Michail, dem wir inzwischen ein geländegängiges Sanitätsfahrzeug aus ehemaligen Schweizer Armeebeständen organisiert hatten, winkte ab. »Nein, ich würde so einen Wagen zwar dringend benötigen. Aber wer zahlt mir den Unterhalt? Und bis ich das Ding aus dem Zoll habe, bin ich mausarm geworden.« Mit dem Staat wollen sie alle nichts zu tun haben.

Aber die osteuropäische Mittelfreundlichkeit ist einer warmen Herzlichkeit gewichen. Es wird viel gelacht. »Es war gut, dass du da warst, wir machen das jetzt selbst. Du hast unser Selbstvertrauen neu geweckt.« In der Zwischenzeit war die Bar erweitert worden und die Frauen planten, einen kleinen Speisesaal mit einer einfachen Küche in einer benachbarten Scheune einzurichten. Mit natürlich roten Vorhängen.

Michail brachte mich zum Bahnhof, Es war Frühling geworden, die Landschaft präsentierte sich in sattem Grün, Weidekätzchen, Birkenblattsprossen, aufschießendes Gras. Als wir am Kriegsdenkmal, ringende und sterbende Soldaten aus schwarzem Stein, vorbeifahren, sagte er: »Du hast einen Akupunkturpunkt getroffen, es hat sich etwas geöffnet. Wie gut!«

So gesehen bestätigte Michail, dass das Cuisine-Konzept funktionierte. Seine Worte gaben uns in Zürich neue Kraft. Und im Herbst 2007 kehrten wir zurück nach Kolumbien. Der zweite Versuch eines Einsatzes im Bürgerkriegsgebiet.

4 San Josecito oder die Abwesenheit des Friedens

All die vielen Toten ...Sé dónde es que te necesita ...Ein Koch? Was will er hier? ... Ziegel, Balken, Zement ... Toms Zitronenkuchen ... Ein Zirkus ... Zwei Gewehrläufe im Regen.

Gloria Cuartas hatte als Bürgermeisterin der kolumbianischen Stadt Apartadó 1995 bis 1997 einen einsamen Kampf ausgefochten. Die Müllabfuhr der Stadt machte Tag für Tag vor der Morgendämmerung Touren durch die Straßen der Stadt, um die Leichen der nächtlichen Gemetzel zwischen Paramilitärs und der Guerilla einzusammeln. »Es geht nicht an, dass Kinder auf dem Schulweg mit diesen grässlichen Bildern konfrontiert werden.« Gloria war in den dunkelsten Stunden des Bürgerkriegs Repräsentantin einer sozialen und menschlichen Politik. Sie verhandelte mit Mördern, Rauschgifthändlern und korrupten Geschäftsleuten, organisierte Friedensgespräche zwischen Kriegsgurgeln und marxistischen Guerilleros. Und sie klagte gegen die Verantwortlichen für die vielen Toten. Die Verbindungen zwischen Armee und bewaffneten Banden offenzulegen, gehörte ganz wesentlich zu ihrer politischen Arbeit.

Apartadó liegt im Departement Antioquia, dessen Hauptstadt Medellín fest in der Hand des Drogenkartells von Pablo Escobar war. Rinderzüchter und Großgrundbesitzer, unter anderen der Vater des späteren kolumbianischen Präsidenten Álvaro Uribe, gründeten dort die Autodefensas de Colombia, die AUC, eine tief in Drogenhandel verstrickte paramilitärische Organisation. Die Region ist einer der Brennpunkte der Kämpfe in Kolumbien. Das hügelige Umland mit seinen verstreut liegenden Weilern und Dörfern gilt als Hochburg der Guerilla, wichtige Schmuggelrouten für Drogen und Waffen führen durch schwer zugängliche Gebiete. Ziel ist der Golf von Urabá am karibischen Meer, an der von undurchdringlichem Dschungel verstellten Grenze zu Panama. Die Unión Patriótica, eine politische Bewegung, die sich aus den Reihen entmilitarisierter Guerillas formierte, versuchte einen sozial verträglichen Weg zum Frieden zu finden. Sie organisierte landwirtschaftliche Kommunen, bäuerliche Gewerkschaften und stellte Kandidaten für öffentliche Ämter zur Wahl. Doch ihre Leute wurden im ganzen Land zu Tausenden ermordet. So auch in der Stadt Apartadó. Glorias Amtszeit dauerte gerade mal drei Jahre. In diesen drei Jahren wurden 17 Mitarbeiter des Bürgermeisteramtes getötet. Morddrohungen gegen sie gehörten zum Alltag. Es war nur eine Frage der Zeit, bis sich eine dieser Drohungen erfüllte. Sie musste fliehen.

Gloria Cuartas lernte ich bei einer Veranstaltung in Portugal kennen. In Tamara, einer ursprünglich aus Deutschland kommenden Gemeinschaft, die sich mit »experimentellen gesellschaftlichen Veränderungen« befasst. Jedes Jahr werden dort Sommercamps durchgeführt, wo sich alternative Aktivisten zu Themen wie Umwelt, Menschenrechten, sozialen Gemeinschaften, freier Liebe und Permakultur treffen. Ich war auf der Suche nach Partnern für mein Cuisine-Projekt, nach möglichen Allianzen. Wir wurden einander vorgestellt. Keine zehn Sätze hatten wir gewechselt, als sie meine Hand nahm, mir in die Augen schaute und sagte: »Sé dónde es que te necesita.« (»Ich weiß, wo man dich braucht.«)

Ein paar Wochen später landete ich auf dem Flugplatz von Apartadó. Mein Ziel war eine kleine Friedensgemeinschaft, 20 Kilometer von der Stadt entfernt. Das Dorf San José. Das Dorf, ein Zentrum für Bauern aus den umliegenden Weilern, war in die Strudel des bewaffneten Konflikts gezogen worden. Eine organisierte Lager- und Sammelstelle – ein Projekt der Unión Patriótica – für Mais, Kakao und andere Erzeugnisse, die für den Transport zum Markt in Apartadó vorgesehen waren, wurde den Bauern zum Verhängnis. Der Verwalter und seine Familie, die neben der Lagerhalle lebten, waren keine Politiker, sondern handfeste Vertreter der ökonomischen Interessen der Bauern. Eine Gruppe Paramilitärs überfiel das Dorf, trieb die Einwohner auf dem Fußballplatz vor der großen Scheune zusammen, zerrte die Mitglieder der Unión Patriótica aus ihrer Behausung und richtete sie auf grausamste Weise öffentlich hin. So war vor den Dorfbewohnern ein Exempel statuiert worden.

Das genossenschaftliche Unternehmen erholte sich nicht von diesem Schlag. Zwei Jahre später folterten und ermordeten unbekannte Täter außerhalb des Dorfes drei Männer, zwei Frauen und vier Kinder. Das Massaker galt zwei Bauern, die sich gegen die dauernde Bedrohung durch Paramilitärs, Guerilla und Armee zur Wehr gesetzt hatten. Auf dem Behördenweg, ohne Kalaschnikows und Erpressung. Nach diesen schrecklichen Ereignissen beschloss die Armee, in San José einen Stützpunkt der Dschungelbrigaden einzurichten – gegen den Widerstand der Bewohner, welche zu Recht befürchteten, die Präsenz der Militärs würde die Kämpfe zwischen Armee und Guerilla ins Dorf tragen. Das bestätigte sich auch. Monat für Monat kam es zu Angriffen und Beschießungen.

Viel später stellte sich heraus, dass das Massaker von Armeeangehörigen angerichtet worden war.

Ein Teil der Einwohner verließ das Dorf und gründete einen kurzen Fußmarsch entfernt auf dem Land einer verlassenen Finca eine Friedensgemeinschaft. Sie nannten ihren neuen Ort San Josecito.

Beim Dorfeingang stellten die Bauern eine große Tafel auf:

»Wir, die Einwohner von San Josecito:

… arbeiten gemeinsam und freiwillig an den Projekten der Gemeinde.

… sagen nein zu Ungerechtigkeit und Straffreiheit.

… nehmen weder direkt noch indirekt am Konflikt teil.

… dulden keine Waffen und keine Bewaffneten in der Gemeinde.

… geben keine Informationen an die Akteure des Konflikts.«

Mit einfachsten Materialien, mit Wellblech, Brettern und Kanthölzern errichtete die Friedensgemeinschaft einige Behausungen. Die etwa 20 bescheidenen Häuser liegen an der Biegung eines Flusses, eingerahmt von bewaldeten Hügeln. Strom gibt es keinen, Wasser aus dem Fluss. Das alte Dorf, San José, liegt in Hörweite und jeder hört die nächtlichen Schüsse und Explosionen, wenn die Guerilla wieder einmal den Stützpunkt angreifen.

Die Friedensgemeinschaft wählte einen Dorfvorstand. Etwas Neues konnte beginnen.

Man weiß anfangs nicht so recht, was man mit mir anfangen soll. Ein Koch? Was will er hier? Ein Scherz? Wir haben es doch schon schwer genug. Der Jesuitenpadre, der die Gemeinde seit Jahren begleitet, versteht als Erster, was eine Gemeinschaftsküche und ein »Comedor« für einen Einfluss auf das Dorfleben haben könnten. Er unterstützt mich in meiner Idee. Ich spreche mit Amanda, einer Witwe, die kocht, wenn es Mingas, gemeinsame Arbeiten, gibt. Sie ist Feuer und Flamme für eine Küche. Doch es vergehen drei Tage und die Ergebnisse sind wacklig. Ich begreife langsam, dass das Misstrauen nichts mit meiner Person zu tun hat, auch nicht mit dem Vorhaben selbst. Zu viele Dinge haben sich die Leute hier bereits erhofft, zu viele Wünsche und Träume sind begraben. Und mit ihnen Freunde und Bekannte, Brüder und Ehefrauen. Zu fremd bin ich ihnen, als dass sie mir glauben. Da kommt einer und geht wieder, ja, wenn er bleiben würde! Pläne sind Schall und Rauch. »Ich komme in drei Monaten wieder. Dann bauen wir.« »Ja, wenn wir dann noch leben.« Ein zynischer Scherz! Ja, ich weiß um die Ansagen der Paras. Sie drohen unaufhörlich damit, die paar Häuser abzufackeln, dem Dorfrat die Kehle durchzuschneiden. Ich höre die erschütternden Geschichten, warum Amanda Witwe ist, warum Emilio, der Vorsitzende des Dorfrates, sich nur in Begleitung von Mitgliedern der Peace Brigades International nach Apartadó traut. Dass auf der Straße von San José nach Apartadó in den letzten Jahren Dutzende Leute getötet worden sind. Aus dem Bus gezwungen, am Straßenrand in den Kopf geschossen. Jeder einzige Bewohner des Dorfes hat hier Angehörige verloren. Ein schlechter Film, ein bösartiges Theaterstück. Ein schleichender, unwirklicher Horror. Nachts habe ich Angst, wenn man Schüsse hört oder plötzlich Leuchtraketen über San José in den Himmel steigen. Dann ist die Angst plötzlich da, lauert. Einmal hört man tagsüber von Weitem einen Helikopter und auf einen Schlag verstecken sich alle. Nur ich kapiere es nicht. Was soll an einem Helikopter schon Schlimmes sein? Als ich wieder abreise, habe ich ein flaues Gefühl im Bauch. Ist mir denn wirklich klar, was ich hier tun will?

Drei Monate später – zum Jahrestag des Massakers – sind Tom Gfeller und ich da. Mit Geld und Zeit. 183 Särge aus Pappe, schwarz bemalt und mit einem weißen Kreuz obendrauf, liegen auf der Dorfwiese. 183: Das ist die Zahl der Opfer des Krieges aus den kleinen Fincas, den Weilern, aus San José, aus der Gemeinschaft San Josecito. Jeder Sarg trägt einen Namen. Padre Giraldo liest eine nächtliche Totenmesse.

Am nächsten Morgen werden die schwarzen Kisten von San Josecito nach Apartadó getragen. Ein langer bedrückender Fußmarsch an der Schotterstraße entlang, auf der die zu Kleintransportern umgebauten Willy Jeeps und der täglich einmal verkehrende verbeulte, aber bunte Bus die Verbindung nach Apartadó aufrechterhalten. Alle paar 100 Meter erinnern schlichte Holzkreuze an die Tatorte. Daten und Namen der Verstorbenen. Eine Straße des Todes.

Wir nehmen an dem Marsch teil. Mit uns andere Ausländer, von den Peace Brigades und aus Tamara. Zahlreiche Unterstützer der Friedensinitiative sind aus dem ganzen Land angereist. Gloria Cuartas ist mit dabei. Sie ist die einzige quasi öffentliche Person. An Straßenkreuzungen und Brücken sichern schwerbewaffnete Soldaten mit finsteren Gesichtern den Straßenrand. Die Einwohner San Josecitos werden ständig beschuldigt, der Guerilla Unterschlupf zu gewähren. Zu Unrecht. Man behandelt sie als Feinde. Angekommen beim Bürgermeisteramt der Stadt, legen die Teilnehmer des Marsches die Särge und Blumenkränze auf dem Vorplatz ab. Die Passanten schauen weg.

Amanda freut sich, mich zu sehen. »Das hätte ich nicht gedacht, nein, wirklich nicht!« Dann geht es vorwärts. Emilio zeigt uns die alte Schulküche in San José. So eine hätten wir gerne. Ja, das lässt sich machen. Wir kaufen die Baumaterialien, Ziegel, Balken, Zement, Wasserrohre, Nägel, Schrauben, Fenster. Mittlerweile hat es Elektrizität im Dorf. Der Kühlschrank wird aufgestellt, ein Herd, Abwaschbecken und Arbeitsflächen werden gebaut, Töpfe und Schüsseln in fliegenvergitterten Schränken verstaut. Ein Maurer und ein Schreiner aus dem Dorf leiten die Bautrupps. Wir wohnen im Haus, das vom Dorf für die internationalen Helfer und Gäste gebaut wurde. Wie die Aktivisten aus der portugiesischen Gemeinschaft. Sie sind seit zwei Jahren in San Josecito tätig, zuständig für eine ambulante Krankenstation und die Ausbildung der Frauen des Dorfes im Umgang mit Medikamenten, für erste Hilfe und Krankenpflege. Die Männer und Frauen der Peace Brigade sind da, um Emilio oder einen anderen Beauftragten der Friedensgemeinschaft bei deren schwierigen Gängen zu begleiten. Sie alle haben ein Satellitentelefon bei sich. Ich freunde mich mit einem italienischen Arzt an, der eine Abwasseranlage baut. Es ist klar: Die Anwesenheit der Helfer aus dem Ausland ist für das Dorf ein Schutz. Wir haben Verbindungen, Botschaften und Freunde in aller Welt. Wenn uns etwas passiert, kommt die Polizei, gibt es Untersuchungen. Wir sind Zeugen, mit denen man rechnen muss. Der Bauer und seine Familie aus den Hügeln sind für die Kriegsparteien unwichtig. Sein Überleben oder sein Untergang haben keine Bedeutung. Die beständig lauernde Angst wird durch uns gedämpft. Im Haus kochen wir für uns, hören den tropischen Regengüssen und den grunzenden Schweinen zu, spielen abends Karten oder lesen. In San José bleibt es ruhig. Wir gehen dort manchmal auf ein Bier in die Billardbar. Muskulöse Soldaten in olivfarbenen Unterhemden spielen am Pooltisch. Sie sind neugierig und freundlich. In der Comunidad ist Alkohol verboten.

Acht Wochen später stehen die Küche und der Comedor. Kinder sind unsere ersten Gäste. Im Dorf leben viele Waisen, die in fremden Familien aufwachsen. Großäugige, stille, magere Kinder. Weil die Erwachsenen tagsüber auf den Feldern arbeiten, sind sie, außer zum Schulunterricht am Morgen, sich selbst überlassen. Mittagessen gibt es keines. Ein Rest Reis vom Vortag oder ein Maiskolben vielleicht. Was halt da ist. Ein Mittagstisch für diese Kinder ist unsere erste gastgeberische Einrichtung. Und bald schon wird der Comedor auch am Nachmittag ein Aufenthaltsort für sie. Sie haben einen Platz zum Spielen. Die Älteren passen auf die Jüngeren auf. Die Erwachsenen kommen am späten Nachmittag, trinken Tee oder Kaffee, essen ein Stück von Toms Zitronenkuchen. Anfangs hätten wir gerne mit den Lebensmitteln aus der Produktion der Fincas von San Josecito gekocht. Schnell zeigte es sich, dass das nicht machbar ist. Es gibt zu wenig. So wird unsere kleine Dorfkneipe tatsächlich zum Ort der Begegnung. Wir backen Kuchen, kochen für die Kinder, und als Tom und ich nach Weihnachten 2007 abreisen, steht das nächste Team der Cuisine für den Januar 2008 bereits fest.

Nein, es ist nicht so weit gekommen, dass die Kommandanten der AUC und der FARC in unserem Restaurant in San Josecito gemeinsam einen Sancocho – einen Eintopf – gegessen und sich die Hände geschüttelt hätten. Der Dorfrat hätte es nicht soweit kommen lassen. Diese Herren der Angst sorgen schon am Eingang des Dorfes dafür, dass kein einziger Einwohner mehr zu sehen ist. Und auch kein Vertreter des Internationalen Roten Kreuzes, der Oxfam oder der Médecins sans frontières war meines Wissens jemals im Comedor von San Josecito.

Aber ein Zirkus war da. Eine Gruppe Artisten und Artistinnen von den Kanarischen Inseln reiste mit einem ehemaligen Militärbus samt Anhänger durch die vom Krieg am schlimmsten betroffenen Gemeinden der Region. Sie spannten ein Seil zwischen zwei Bäumen und tanzten darauf, jonglierten, setzten sich Clownsnasen auf, machten Purzelbäume in farbigen Kostümen, zauberten Münzen hinter den Ohren der Erwachsenen hervor. Sie blieben drei Tage, gaben lustige Workshops für Jugendliche, für Kinder, bevor sie am letzten Abend eine Vorstellung präsentierten, in der allerlei Schabernack mit einem erst bösen, dann dummen und am Schluss zerknirschten Mann im Tarnanzug getrieben wurde, bevor er das fröhliche Treiben verlassen musste, indem man ihm einen Tritt in den Hintern gab. Alle lachten, strahlten und klatschten. Am nächsten Tag reisten die Artisten weiter, rührselig und feierlich zugleich verabschiedet. Das gespannte Seil ließen sie zurück, auch ein paar Jonglierbälle und rote Nasen. Tagelang glich die Dorfwiese einem Trainingscamp für Jungartisten.

Drei Jahre lang begleiteten verschiedene Teams der Cuisine unser erstes Projekt. Zudem unterstützten wir die Gemeinschaftsküche mit 300 Franken im Monat. Mit der Entwicklung des Comedors fiel die ständige Angst von mir ab, das Dorf wurde auch für mich zum geschützten Raum. Eduardo, der uns anfänglich mit größter Skepsis betrachtet hatte, war begeistert: »Das Beste, was Ausländer für San Josecito je getan haben!« Der Padre lobte »die Effizienz und die Solidarität der Köche aus der Schweiz«, die Tamaraner von der Krankenstation bescheinigten uns, einen deutlichen Beitrag zur Verbesserung der Gesundheit der Kinder geleistet zu haben. Als ich zuletzt im Sommer 2011 dort war, um mitzuteilen, dass wir uns nicht mehr weiter bei ihnen engagieren würden und es auch keine finanzielle Unterstützung mehr gäbe, war der Comedor unter der Obhut Amandas und der Frauen eine funktionierende Einrichtung in San Josecito.

Die paramilitärische Gruppe Águilas Negras riegelte die Stadt Apartadó ab und verlangte eine eintägige Schließung aller Geschäfte und aller städtischen Einrichtungen. Apartadó ist keine Kleinstadt, es wohnen dort immerhin rund 170 000 Menschen. Es war dies eine reine Machtdemonstration der Águilas mit großem Einschüchterungspotential. Da ich an diesem Morgen nach Medellín und weiter nach Europa reisen sollte, wurde es schwierig. San Josecito lag zwar außerhalb des Stadtgebietes von Apartadó, ich musste es aber um fünf Uhr morgens durchqueren, um zum Flugplatz zu kommen. Wir beschlossen, es im Vertrauen auf unseren

Ausländerstatus trotzdem zu wagen. Es war schwierig, einen Fahrer zu finden, der uns chauffieren wollte. Die Möglichkeit, mit einer Straßensperre der Paras konfrontiert zu werden, war bedrohlich. Schließlich fanden wir jemanden, der uns um vier Uhr morgens im Dorf abholte. Er verlangte das Dreifache des üblichen Tarifs. Mut für Geld. Um vier Uhr morgens regnete es in Strömen, war dunkel wie in der sprichwörtlichen Kuh, alles tropfte und rauschte. Wir saßen auf der überdachten Ladefläche des kleinen Willys und schlingerten über die schlammige Straße Richtung Stadt, als der Jeep abrupt bremste. Die Plastikplane wurde emporgeschlagen, starke Taschenlampen leuchteten in unsere geblendeten Gesichter, zwei Gewehrläufe zielten auf uns. Einen Moment lang passierte nichts, dann senkten sich die Gewehre und wir erkannten in schwarze Regenponchos gehüllte Gestalten, keine Gesichter, keine Augen, bloß eine Art Dämonen des Regensturms mit Gewehren. Nein, ich habe nicht in die Hose geschissen, aber viel hat nicht gefehlt. Dann ließen Sie uns weiterfahren.

Die Friedensgemeinschaft von San Josecito gibt es immer noch. Sie überlebte – und mit ihr der Comedor – trotz ständiger Bedrohung durch die Águilas Negras und andere paramilitärische Gruppierungen. Dies nicht zuletzt dank der bestehenden nationalen und internationalen Solidarität mit dem kleinen Dorf, das im Auge des Sturms sitzt und die Hoffnung auf bessere Zeiten partout nicht aufgeben will. Ich erhalte nach wir vor die Bulletins vom Dorfrat. Nach den Friedensverträgen der Regierung Santos mit der Guerilla im September 2016 lösten sich die Verbände der FARC im Antioquia auf. Hier soll es seitdem eine geplante Wiedereingliederungszone für ehemalige Guerilleros geben. Zu dieser Zone gehört auch die Region Urabá, in der San Josecito liegt.

Die eigentlichen Gewinner der Politik von Präsident Santos sind die paramilitärischen Verbände. Wenn auch die berüchtigte AUC schon seit Jahren nicht mehr operativ existiert, gibt es doch Folgeorganisationen, die unbehelligt ihren finsteren Geschäften nachgehen. Jüngst sind wieder zahlreiche Opfer dieser Banden, die, beschützt von der Armee, mit dem Geld aus der Kokainproduktion aktiv sind, zu beklagen. Auch die Landfrage wurde nicht gelöst. Seit dem Dezember 2018 sind Einheiten der Guerillaverbände der FARC wieder auf dem Weg zurück in den Dschungel. Die ihnen gemachten Versprechungen wurden größtenteils nicht eingehalten. Tatsächlich wurde der Weltöffentlichkeit mit den Friedensverträgen eine Entwicklung vorgegaukelt, die von den machthabenden Politikern Kolumbiens nie beabsichtigt war. Der Krieg ist die Basis der geschäftsfördernden Straffreiheit für Drogenhändler, Oligarchen, ewig gestrigen, feudal denkenden Großgrundbesitzern und Neokolonialisten. Ein Ende der Gewalt in Kolumbien ist nicht in Sicht.

Emilio Tuberquia ist nach wie vor Mitglied des Dorfrats von San Josecito und hat mittlerweile mehrere Mordversuche von unbekannter Seite überlebt. Amanda verließ San Josecito 2013 und eröffnete in der Nähe des Flughafens von Medellín eine Imbissstube. Padre Javier Giraldo ist heute Koordinator der Cinep-Datenbank für Menschenrechte und politische Gewalt, Mitglied der Gruppe »Justicia y Paz« und kämpft auf breiter Front für die Opfer der ländlichen Konflikte.

Gloria Cuartas ist sich selbst treu geblieben und macht Politik. Sie kandidierte mehrere Male für den Senat, war kurzzeitig Senatorin, trat aber nach zwei Monaten wieder zurück. Von der UNESCO wurde sie 2008 als eine der 60 wichtigsten Frauen des Jahres benannt. Als Menschenrechtsaktivistin ist sie in mehreren kolumbianischen Gremien aktiv.

5 Der »Kitchen Battle«

Die gute alte Petromaxlampe ... Ich lade alle meine Freunde ein ...Gratis für die gute Sache ... Küchenlöwinnen und Küchentiger ... Ausverkauft! ... Schönes erlebt und Gutes getan.

Es waren einmal zwei Köche in einer schäbigen Hütte mitten im Wald. Es regnete und das Wasser tropfte durchs Dach, lief die Wände entlang, bis sich der gestampfte Lehmboden in Schlamm verwandelte. Auf einer alten Holzkiste stand die gute alte Petromaxlampe, die stank, schwarzen Rauch in die Luft pustete und trotzdem gelbes Licht machte. Wie Köche halt so reden, redeten auch diese zwei übers Essen, und der eine meinte, er sei doch wohl der bessere Koch als der andere, seine Bratkartoffeln seien vom schönsten goldbraun und der Pfiff sei, eigentlich ein Geheimnis, er verrate es jetzt, eine Prise Zimt. »Ha! der bessere Koch! Zimt in Bratkartoffeln!«, erwiderte der andere ... er verwechsle wohl Bratkartoffeln mit Lebkuchen, dabei komme es doch nur auf den guten Schmalz an. Und auf die gehackte Petersilie, nicht die ewig glatte Prezzemolo der Italiener, die könnten sowieso keine Bratkartoffeln machen, sondern Großmutters krause Petersilie, fein gehackt und ja nicht mitgebraten, sondern nur am Schluss darüber gestreut. So ging es hin und her. Der eine wollte beim Schweinsbraten mit weißem, der andere mit rotem Wein ablöschen, die Karotten gedämpft mit etwas Apfelsaft ... »Jetzt kannst du kommen mit deinem Zimt« ... oder doch eher blanchiert und dann mit Olivenöl und Pfefferminze. »So ein Schuss in den Ofen, Karotten zum Hasenpfeffer! Rosenkohl, sag ich, Rosenkohl!« »Geh weg mit dem Rosenkohl, außer Fürzen bringt der nichts, es muss etwas Feines sein, zarte grüne Böhnchen, nicht gekocht, im eigenen Saft geschmort.« »Jetzt hör sich einer das an … da lachen ja die Hennen. Der Bohnenschmorer! Am Ende tüchtig Zimt dazu?« »Nein, mit Bohnenkraut, du Esel, Bohnenkraut heißt nämlich Bohnenkraut, weil es den Bohnen besonderen Pfiff gibt.« »Aha, der Pfiff, was hast du bloß mit dem Pfiff? Bei mir pfeift nur der Dampfkochtopf.« »In dem die Bohnen zu Brei verkocht werden? Man weiß ja, was die Vitamine für Schaden anrichten … Hä! Von nix keine Ahnung. Bohnen wie im Kinderheim.« »Ich habe nichts gesagt von Bohnen im Dampfkochtopf, du sagst das, es würde mir nie in den Sinn kommen …« »Wer hat denn angefangen mit dem Dampfkochtopf? Ich etwa? Im Dampfkochtopf koche ich gar nichts. Ich bin nicht zu faul, früh aufzustehen, und was lange kochen soll, wird beizeiten angesetzt.« »Mit dir stimmts ja hinten und vorne nicht! Wenn das Gulasch im Dampfkochtopf mit wenig Flüssigkeit schön zart wird, ess ich es allemal lieber als deine fasrigen, ausgekochten Rindswürfel mit siebenmal Wasser dazu.« »Ja wenn man es nicht kann … Wahrscheinlich gibt es bei dir Gulasch aus dem Dampfkochtopf mit Reis und Sojasauce!« »Aus dir werde ich gleich ein Gulasch machen, mit Zimt und Pfiff und allem Drum und Dransky!«

So wäre das wahrscheinlich noch lange weitergegangen, hätte nicht die alte Petromax plötzlich ein goldiges Rauchwölkchen ausgestoßen, aus dem mit einem glockenhellen Klang eine kleine nackte Fee mit Libellenflügeln erschien. »Aber meine Herren«, zirpte sie, »über Geschmack lässt sich bekanntlich nicht streiten. In eurem Fall soll doch jeder seine Kunst nach seinem Gusto ausüben. Und ich lade alle meine Freunde ein. Wir stellen für jeden die gleichen Zutaten bereit und dann, wenn der Bauch voll und der Gaumen gesättigt ist, werden wir euch wissen lassen, welches Gericht uns besser geschmeckt hat. Ein freundlicher Wettbewerb, der allen Spaß macht.« Mit einem »Pling« verschwand die Fee. Die Petromax hustete wieder schwarz, der Regen rauschte, das Wasser tropfte von der Decke den Köchen in den Kragen, unter den Zehen schmatzte der Schlamm.

»Ein Kochwettbewerb«, sagte der eine.

»Ein Kitchen Battle«, der andere.

So ungefähr muss es gewesen sein, als Tom Gfeller und Ivo Müller in einer Regennacht in San Josecito die Idee zur Kitchen Battle kreierten. Und weil die beiden die Idee der zierlichen Fee so bestechend fanden, gibt es diesen Wettbewerb noch heute. Tom und Ivo stehen dann immer am Eingang und mustern die Gäste. Ob die Fee wohl diesmal kommt?

Tatsache war, dass wir mit dem Projekt in Kolumbien unsere Spendengelder völlig aufgebraucht hatten. Benefizgalas bei befreundeten Gastronomen konnten nicht beliebig wiederholt werden, Aktionswochen in unseren Stammkneipen noch weniger, und die Verwandten versteckten schon die Brieftasche, wenn wir unversehens auftauchten. Es musste etwas unternommen werden.

In Zürich in der Roten Fabrik am See fand eine Ausstellung statt, in der Kunst zum Thema Essen und Trinken präsentiert wurde. Tom und ich besuchten die Ausstellung, staunten vor übermannsgroßen Gipstorten, betrachteten rotstichig gemalte Schweinehälften, wobei wir feststellten, dass hier die Rechnung ohne den Wirt gemacht worden war. Die, die sich mit der kulinarischen Kunst von Berufs wegen täglich auseinandersetzen, waren grob untervertreten, die Häppchen zwar bunt, aber ohne Gaumenkompetenz. Die Köche fehlten. Aber dann lernten wir Kiros Kykos kennen, einen der Macher der Ausstellung. Er wurde unser Ansprechpartner zur Kitchen-Battle-Idee.

Die Rote Fabrik ist eine Ikone der alternativen Kunstszene in Zürich. Einer der Veranstaltungsorte Zürich, in denen experimentelles Theater, Konzerte und Performances am Mainstream vorbei einen festen Platz finden. Kyros, Mitglied des Konzeptbüros der Fabrik, und Dagmar Lorenz, die Programmleiterin, gaben ohne großen bürokratischen Aufwand grünes Licht für unseren Versuch, in der Aktionshalle eine Veranstaltung durchzuführen, die wir »Kitchen Battle« tauften.

Tom und Ivo machten sich ans Organisieren. Es galt, zunächst einmal zwei komplett professionelle Küchen auf die Bühne zu stellen. Verhandlungen mit den Küchenbauern standen an, die uns das Equipment für eine Woche leihen sollten, mit Elektrikern, Klempnern, mit den Haus- und Bühnentechnikern der Fabrik. Gleichzeitig arbeitete für unser Projekt das Team um Anna Hofmann, die die gesamte Pressearbeit, das Marketing und die Verknüpfung diverser Aufgaben bis hin zur Abrechnung unter sich hat. Mit Unterstützung der Köche des Restaurants des Kulturzentrums gelang das fast Unmögliche. Am 1. November 2009 fand der erste Battle statt.

Der Battle hat seine eigene Magie. Entstanden ist er in und aus den offenen Herzen aller, die mitmachen. Die Lieferanten von Fleisch, Gemüse, Wein, Brot, Käse, Nudeln, Früchten und Fischen schreiben keine Rechnungen. Die freiwilligen Helfer, die aufbauen, servieren, abwaschen und putzen, werden nicht entschädigt. Die an der Bar Gläser polieren, die weißen Tischtücher auflegen, die Gedecke platzieren, und jene, die beim Einlass stehen und die Gäste begrüßen, arbeiten gratis für die gute Sache.

Die eigentlichen Stars sind die vierköpfigen Kochteams. Bei der ersten Battle stellte die Cuisine natürlich ein eigenes Team. Ein weiteres Team kam aus der Brigade des »Ziegel oh Lac«, des genossenschaftlich organisierten Restaurants der Roten Fabrik. Vier Teams brauchte es, um richtig zu battlen. Zwei gegen zwei und ein Final der beiden Sieger. Wir überzeugten die Chefs von zwei stadtbekannten Restaurants, dem »Josef«, damals wie heute ein Ort, der mit originellen Kreationen überrascht, und dem »Rigiblick«, ein mit Punkten und Sternen ausgezeichnetes Gourmetrestaurant. Einmal quer durch den gastronomisch-kulinarischen Garten der Stadt. Der Battle dauerte damals drei Tage. Wenn sich ein Küchenteam der Herausforderung stellt, ist das kein kurzer Auftritt. Um neun Uhr morgens liegt auf den Tischen der Kochbühne der Warenkorb, dessen Zusammensetzung eines der bestgehüteten Geheimnisse der

Battles ist. Hervorragende Produkte, frisch angeliefert. Die Lebensmittel sind so ausgewählt, dass jedes Team damit drei Gänge kochen kann. Vorspeise, Hauptspeise, Nachspeise. Und immer gibt es für die Köche seltene oder ungewohnte Produkte, die sie einsetzen müssen. Da liegen dann zwischen leuchtenden Tomaten und weißem Blumenkohl ein Stapel Ölsardinendosen oder ein ganzer Kalbskopf. Hinter den Nüssen, dem eleganten Stiltonkäse und der Kiste grüner Birnen lauert ein bitteres Kakaopulver. Jede Zutat muss verwendet werden. Die Köche sehen die Waren zum ersten Mal. Sie begutachten sie, machen sich Notizen, beschnüffeln und betasten, beriechen und befühlen sie. Um 12 Uhr mittags stellen sie ihr Menü vor. Dann beginnt das Schnetzeln, Hacken, Schneiden, das Topf oder Pfannen Fertigmachen der Zutaten.

Zwei Stunden später beginnt es aus den Kasserollen, den Öfen, den Schüsseln wie auch den Rührkesseln zu riechen. Ein ganz besonderer Duft liegt in der Luft, es schmurgelt der Braten in seinem Jus, die Dämpfe von pochiertem Gemüse und edlem Fisch verleihen dem Raum, einer streng funktionalen Fabrikhalle, ein Fluidum exquisiter Feinschmeckerei.

Mittlerweile wird aufgedeckt. Die Fabrikhalle verwandelt sich in einen Festsaal mit weißen Tüchern, glänzendem Besteck, blinkenden Gläsern. Servietten werden gefaltet, Tischkarten geschrieben, Menükarten liegen auf den Tischen. 120 Gäste werden erwartet. Ausverkauft!

Viele unserer Gäste betreten die Rote Fabrik zum ersten Mal. Und bei dem Battle sitzt der rebellische Aktivist neben dem philanthropischen Versicherungsmanager. Die 120 Franken für einen Platz an einem der langen Tische sind für Zürcher Verhältnisse mäßig teuer. Aber dafür holt sich der Gast die ausgesuchten, nicht billigen Weine selbst an der Bar. Mäntel werden abgegeben, erwartungsvoll werden Stühle gerückt, bis jeder seinen Platz gefunden hat. Auf Leinwänden über der Bühne sind die Namen der teilnehmenden Restaurants eingeblendet, abwechselnd mit Bildern, gemacht von zwei Kamerafrauen oder -männern, die den konzentriert arbeitenden Chefs über die Schulter auf den Herd blicken. Livestream wie beim Stones-Konzert. Um 19 Uhr geht es los.

Die ersten Jahre haben Anna und ich den ganzen Zauber auch noch moderiert. Wir berichteten über die Pläne und Visionen der Cuisine, zeigten Bilder von den Projekten, erzählten über Schwierigkeiten und Gelungenes. Zwischen Hauptgang und Nachspeise sind Künstler aufgetreten, mal ein Tangosänger, mal ein Rapper, mal ein Kabarettist.

Jetzt werden die Vorspeisen angerichtet und das Serviceteam, rund 20 junge Frauen und Männer in schwarzen Schürzen und weißen Hemden, formiert sich auf der Treppe zur Bühne. Das Essen beginnt. Die gut geölten Rädchen gastgeberischer Kunst greifen ineinander. Jeder Gast wird mit zwei Vorspeisen, zwei Hauptspeisen und zwei Desserts bewirtet. Begleitet wird der Service von kurzen Interviews mit den jeweiligen Teamchefs. Kurze Bemerkungen zu Zutaten und Zubereitungen. Grün die eine, rot die andere Brigade. Neben den Gedecken liegen entsprechende rote oder grüne Karten, mit denen der Gast schon nach dem ersten Gang, den beiden Vorspeisen, abstimmen soll, was ihm mehr Freude gemacht hat. Dito beim zweiten und dritten Gang.

Im Hintergrund die Jury: Fachleute, Journalisten, Freunde der Cuisine. Jeder Battle hat eine eigene Jury. Dieses Gremium arbeitet sich brav durch alle Gänge hindurch und macht Notizen, trinkt sich durch die Weine und jeder gibt am Schluss, gerne auch beschwingt, ein begründetes Urteil ab. Die Stimmen der Jury haben weniger Gewicht als die des Publikums, sind aber das berühmte Zünglein an der Waage, falls es knapp wird. Stimmen auszählen, Resultat bekanntgeben, hoch die Tassen!

Derjenige, der zwischen Vorspeise und Hauptgang einen Blick in die Aktionshalle wirft, bemerkt sofort, wie sich hier zufriedene Menschen über schön angerichtete Speisen beugen, lächelnd Gespräche führen, Scherze machen, Komplimente verteilen oder entgegennehmen. Atmosphärische Gemütlichkeit, anregende Gesellschaft mit meist Unbekannten, Gläserklingen mit und ohne

Trinksprüche. Ab und zu Applaus, dann wieder gespanntes Zuhören, schließlich entspanntes Zurücklehnen. Der Kitchen Battle macht glücklich.

Es wird nicht spät. So gegen 22.30 Uhr ist auch der Espresso mit dem Brandy getrunken. Die Köche packen Messer und Jackets zusammen. Stehen noch an der Bar und lassen sich loben oder trösten. Und vor der Heimfahrt »one for the road« mit den Freunden der Cuisine.

Die Halle leert sich. Man geht mit dem Gefühl, etwas Schönes erlebt und etwas Gutes getan zu haben.

Am nächsten Morgen ist wieder alles blitzblank, der Warenkorb voll, neue Teams am Start. Der Battle ist jetzt seit über zehn Jahren immer ausverkauft. Inzwischen findet er auch in Bern und Luzern statt. Die Einnahmen zugunsten der Cuisine sind jedes Jahr stetig angestiegen – sie sind die Hauptquelle, neben den Mitgliedsbeiträgen der Vereinsmitglieder und der Sponsorengruppe »Amateurs de la Cuisine« für die Aktivitäten der Csf in aller Welt. Mittlerweile dauert der Battle nicht mehr drei, sondern fünf Tage, mit einem »Battle Special«, zum Beispiel einem veganen Wettstreit oder dem Galabattle am Sonntag, bei dem sich anerkannte Küchengrößen einen Sternewettbewerb liefern. 500 Franken kostet hier der Platz. Vor allem die Veranstaltungen in Zürich sind die eigentlichen »Heimspiele«, wo die Mitglieder des Vereins und die Aktivisten sich einmal im Jahr treffen. Spiritus Rector dieser einzigartigen und erfolgreichen Fundraisingaktivitäten ist Tom Gfeller. Ihm und der Zusammenarbeit mit Kyros und Dagmar verdankt die Cuisine, dass sich eine wachsende Gruppe von Freunden, Mitgliedern und Volontären für die Ziele des Vereins einsetzt.

Und ja, Helden gibt es auch in dieser Schlacht. Die Küchenlöwinnen und Küchentiger, die einen ganzen Tag lang alles geben, was sie geben können, die auf der höchstmöglichen Stufe mit höchstmöglicher Präsenz einen 13-stündigen Küchenmarathon absolvieren. Sie sind nicht nur unbezahlt, sondern auch unbezahlbar und zeigen engagierte Kochkunst. Ich weiß selbst, was es bedeutet, zu viert für über 100 anspruchsvolle Gäste zu kochen. Die ungewohnte Küche und der Anspruch an sich selbst, das Beste zu leisten, machen die Aufgabe nicht leichter: Handwerk und Kreativität in Einklang zu bringen, die Nerven nicht zu verlieren, wenn etwas nicht gelingt. Gegenseitige Hilfsbereitschaft ist angesagt. Und die meisten der Köche, die bei einem Battle mitmachen, werden auch Mitglieder des Vereins. Nicht wenige engagieren sich als Volontäre in den Projekten. Koch ist ein strenger, oft mäßig bezahlter Beruf. Umso mehr bewundere ich die Küchenkünstler, die uns ihre Zeit schenken. Über 100 gastronomische Berufsleute haben an den Battles geschwitzt, geflucht, sich die Finger verbrannt und die Hüften an fremden Tischecken gestoßen, haben sich gefreut, gelacht, umarmt und gegenseitig gelobt. Nach dem Motto: Mitmachen ist wichtiger als Siegen. Und die Freude des Kochs ist die Freude der Gäste, die bei uns verwöhnt werden – und Geist und Magen und (ganz profan) auch ihre Brieftaschen öffnen.

Einer von uns hat immer die Aufgabe, mit Anmeldeformular und Kugelschreiber unaufdringlich zu den Gästen zu gehen und zu versuchen, sie als Mitglieder zu gewinnen. Hat etwas von Bettelei, so kommt es einem jeweils vor, doch die Gespräche, die dabei entstehen sind zu 100 Prozent freundlich. Natürlich legt nicht jeder gleich noch einen großen Schein zusätzlich auf das Schreibbrett, aber auch die kleinen Gaben sind mehr als nichts. Der Battle ist eine Fundraising-Veranstaltung. An jedem Abend werden der Wert, der Hintergrund und die Absicht der Cuisine auf einfache Art erklärt.

Nur noch ein paar indirekte Glühbirnen brennen über der Bar, die Aktionshalle ist in einem Dämmerdunkel verschwunden, schemenhaft sind die Stühle auf den Tischen zu erkennen, und von der Bühne schimmern ein paar Schüsseln aus Chromstahl. Auf den hohen Barhockern sitzen zwei Schattenrisse, der eine Koch ein rotes, der andere Koch ein weißes Glas Wein vor sich. »Und?«, fragt der eine. »Nichts«, sagt der andere. In der leeren Halle gibt es kein Echo, doch haben die Stimmen ein anderes Timbre als noch vor zwei Stunden, als der Geräuschteppich der plaudernden Gäste keine Einsamkeit zugelassen hat. »Die lässt sich nicht blicken, das waren halt doch leere Versprechungen.« »Feen«, murmelte der andere und es klang, als hätte er abschätzig »Weiber« gesagt. Irgendwo knackt es in der hohen Halle und beide heben die Köpfe. Aber es war nur ein Knacken, kein »Pling«. Von einem goldenen Wölkchen ganz zu schweigen. »Mit ihren Freunden wollte sie kommen.« Der eine nickt bedächtig. »Immerhin, der Laden war voll!« »Wie ... Du meinst, die Leute, die hier gesessen und gegessen haben, sind alles Feenfreunde?« »Könnte doch sein.« »Aber sie war nicht dabei, es sei denn ... schließlich ist sie eine Fee, die können zaubern ... in einer anderen Gestalt vielleicht?« »Was für eine Gestalt hätte der Herr denn gerne? Als Marilyn Monroe vielleicht? Das hätte ich gemerkt!« »Nun ja, als Nashorn wäre sie wohl zu sehr aufgefallen.« »Als Nashorn? Ob mir das gefallen würde? War aber keins da ...« »Auch keine Marilyn.« »Vielleicht saß sie einfach irgendwo am Tisch und wir haben es nicht gemerkt. Vielleicht war es die Dame im schwarzen Hosenanzug mit den Ohrringen bis zu den Schultern.« »Oder der Techniker mit dem Bart oben beim Kameramischpult, der hat auf jeden Fall immer geschmunzelt.« »Blödsinn, sie kommt doch nicht mit Bart? Nein, mit Bart auf keinen Fall. Sie könnte sich im Warenkorb versteckt haben, als Hirschkeule getarnt.« »Doof, dann wäre sie ja gebraten worden.« »Und dann als Feenrauch hinaus durch den Kamin ...« »Eben nicht, sie ist ja keine Hexe, die sausen durch den Kamin und sind hässliche, warzennasige Tröten. Unsere war aber wunderschön und nur in Feenstaub gehüllt.« »Ja, schön war sie schon, aber halt klein.« »Das passt sich an.« »Wann passt sich das an?« »Ja dann eben, wenn sie größer sein müssen.« »Größer wozu?« »Zum Beispiel, um mit mir zu tanzen.« »Mit dir?« »Warum nicht mit mir?« »Weil du tanzt wie ein Nashorn.« »Woher willst du das denn wissen, soviel ich mich erinnere, haben wir noch nie zusammen getanzt.« Die Köche schweigen, heben ihre Gläser, stoßen an und leeren sie in einem Zug.

Dann klettert der andere vom Barhocker und verbeugt sich. »Darf ich bitten?« Er fasst den einen um die Hüfte und beide beginnen eine Melodie zu pfeifen. Bald tanzen sie locker Arm in Arm um die Tische dem Ausgang zu. Kurz vor der großen Schiebetür bleiben sie stehen. »Mit Pfiff war das. Merci beaucoup …«

Licht aus, Schiebetür zu, Köche ab.

Im Dunkel der leeren Halle erscheint mit einem »Pling« ein goldenes Wölkchen. Libellengleich schwirrt die Fee einmal rund über die verlassenen Tische. Feenstaub rieselt herab.

»Bis morgen«, zirpt die kleine Schöne – und weg ist sie.

6 Honig, Seide und Kamele

Die Einfachheit unseres Tuns ... Wasser, Weideland, Viehbe-stände ... Coca-Cola und Gewehrpatronen ...Rauch aus Rolfs Pfeife ... Friede, Freude, Misswahl ... Das hohe Ross ... Unbe-waffnete Entourage.

Afrika war weit weg und keiner von uns kannte sich dort aus. Noch waren wir mit der kolumbianischen Wirklichkeit beschäftigt.

Bisher hatten wir mögliche Einsatzorte selbst ausgesucht. Natürlich ging es dabei auch immer um Kohle, obwohl wir unbeschwert optimistisch und frisch unterwegs waren. San Josecito hatte einige Optionen aufgezeigt, wie sich finanzielle Mittel erarbeiten lassen. Ein ganz anderes Problem waren jedoch die personellen Resour-cen. Schließlich standen nicht an jeder Straßenecke gelangweilte Köche herum, die gerade nichts anderes zu tun hatten, als ihr Er-spartes für anstrengende Arbeiten weit weg von der eigenen Kom-fortzone auszugeben. Wir waren eine Handvoll Aktivisten, die im Vorstand des Vereins und vor Ort an Kochherden ihrem Idealismus frönten. Lust auf Abenteuer, Freude daran, in unbekannte Welten einzutauchen, machten aus uns allen eine Gruppe von gleichge-sinnten Freunden. Unsere Motivation stärkte unser Selbstvertrauen und ermöglichte es uns, mit Menschen in problematischen Umfel-dern Verbindungen zu schaffen. Bei den Gesprächen über die Ein-satzmöglichkeiten, die zum Leitbild der Cuisine passten, wurden Krisenregionen wie die armenisch-aserbaidschanische Region Ber-

gkarabach oder etwa die zerstörten Dörfer in den ehemaligen ju-
goslawischen Provinzen genauer untersucht – so gut es eben ging.
Ausschlag gaben letztendlich Rahmenbedingungen, die ganz profan auch dem Bauchgefühl der Köche entsprachen, die für solche
Einsätze in Frage kamen. Sprachen waren wichtig: Wer spricht russisch beziehungsweise armenisch? Ist es kalt oder warm? Am wichtigsten: Wen kennen wir dort? Ohne einheimische Partner konnte
die Cuisine nicht funktionieren. So wogen wir die verschiedensten
Faktoren ab, die letztendlich auf die Frage hinausliefen: Wie einfach ist es für uns, dort Freunde zu finden? Entwicklungspolitische
Richtlinien hatten in unseren Überlegungen wenig bis gar kein Gewicht. Unsere Absichten, eine Küche einzurichten, eine gastgeberische Begegnungsstätte zu schaffen, Leute an einen Tisch zu setzen,
waren im Prinzip simpel. Die Einfachheit unseres Tuns machte uns
aber nicht zu Protagonisten der Konflikte. Selbst im Falle des Schei-
terns konnten wir uns darauf verlassen, dass ein abgebrochenes Projekt keinen weiteren Schaden hinterlassen würde. Zurückgelassene
Töpfe, Geschirrtücher und Blechtassen konnte immer jemand benutzen. Und würde immer jemandem nützen, wie Ivo richtig bemerkte: »Ein Kochherd ist kein Maschinengewehr.«
   Ein Projekt in Salvador da Bahia kam zustande, weil sowohl Tom
als auch Ivo in Brasilien Verbindungen hatten. Pascal, ein Freund
der Cuisine, erkundete die Verhältnisse in einem besetzten Indust-
riaareal. Unter der Führung einer großen linken Bewegung der ob-
dachlosen Arbeiter (Movimento dos Trabalhadores sem Teto), MST,
hatten sich obdachlose Stadtbewohner ein aus Wellblech und Plas-
tikplanen zusammengeschustertes eigenes »Barrio« aufgebaut. Eine
Zusammenarbeit mit dieser hochpolitisch motivierten Organisation
und der Cuisine war aus Gründen der selbstverschriebenen Neutralität problematisch. Heiße Köpfe am Küchentisch von Monique.
Schließlich wählten wir eine kleine Gruppe von Frauen als unseren
Partner. So versuchten wir, eine unabhängige Position einzunehmen.
   Doch erstmal zurück. Noch bevor Ivo und Tom in der »Cidade
de plástico« begannen, auf dem Platz der Frauen eine Küche einzu-

richten, wurden wir in Zürich von einer anderen Organisation, der Biovision, kontaktiert. Die Freude war groß: Wir werden wahrgenommen.

Die Biovision förderte im West Pokot County mitten im afrikanischen Busch Möglichkeiten zur Selbstständigkeit einheimischer Bauern. Dazu wurde das Unternehmen »Cabesi« (Camel, Bees and Silk) ins Leben gerufen, das kommerziell mit Produkten handelt, die aus dem kargen Buschland der Stammesgebiete der Pokot und Turkana kommen. Diese zwei Stämme befehden sich seit Menschengedenken, wobei es um Wasser, Weideland und Viehbestände geht. Der uralte Konflikt hat generationentiefe Spuren hinterlassen. Man ist sich spinnefeind. Der Krieg zwischen Pokot und Turkana wird nicht mehr mit Speer, Pfeil und Bogen geführt, man schießt aufeinander, löscht ganze Dörfer aus und zieht mit den Viehbeständen je nach Herkunft nord- oder südwärts. In diesem Gebiet leitet Rolf Gloor als Vertreter der Biovision zusammen mit seinen afrikanischen Partnern das oben erwähnte Cabesi. Im Städtchen Kapenguria haben sie eine Honigfabrik eingerichtet. Der Honig kommt aus Sammelstellen aus dem Busch und wird von beiden genannten Stämmen geerntet.

Ein interessantes Detail beim Thema Honig ist die Art und Weise, wie der Honig der Wildbienen aus den Bäumen geholt wird. Nachts, wenn alle Bienen schlafen, klettert ein Krieger ins Geäst, wo sich der Schwarm sein Königreich eingerichtet hat, und schlägt mit einem Stock oder der Panga, dem afrikanischen Gegenstück zur Machete, die Honigwaben aus den Zweigen. Dabei wird er natürlich tüchtig zerstochen. Die mit Wachs und toten Bienen vermengte Beute ist die süße Delikatesse der Buschbewohner. Männersache, mit allerlei Heldenmystik verbrämt. Wenn der Vater seinen Kindern und Frauen eine solche Wabe nach Hause bringt, hat er sie unter heftigem Körpereinsatz wehrhaft aus dem Busch geklopft. Er ist der süße Held seiner Liebsten. Sowas verkauft man nicht einfach an einen Muzungu, der etwas von Gewinn und Kerzen erzählt. Zumal die paar Keniaschilling nicht genügen, um den

Seinen das gleiche freudige Lächeln ins Gesicht zu zaubern, wie es die Honigwabe tut.

Rolf nun wagt sich allein mit seinem klapprigen Geländewagen in die abgelegensten Ecken, verhandelt mit Warlords und Medizinmännern, um sie zu überzeugen, dass der Honig ein Geschäft ist, mit dem die krasseste Armut in den Gemeinden gelindert werden kann. Er bringt Bienenstöcke mit, in denen sich die Bienen wohlfühlen sollen, führt Kurse für angehende Imker und Imkerinnen durch, versucht quasi einen hier völlig neuen Berufsstand einzuführen. Es geht dabei um ein klug durchdachtes Geschäftsmodell. Um einen Erwerbszweig, der den Frauen ein eigenes Einkommen ermöglichen und sie so von den polygamen, kriegslüsternen Hirten unabhängig machen könnte. Diese sind davon weit weniger begeistert. Doch der auch in den traditionellen Strukturen bereits angekommene Wunsch nach Coca-Cola und Gewehrpatronen, zwei begehrten Gütern, überzeugt auch den Warrior und seinen Rat der Ältesten. Bargeld lacht. Die Honigwabe verschwindet vom Feiertagsspeiseplan, der Kaugummi hält Einzug. Rolf organisiert die Transporte, bringt den Honig in die Fabrik. Bis dahin müssen viele Meilen auf sehr schlechten Straßen gefahren, unzählige platte Reifen gewechselt werden. Ab und zu mischt sich Pulverdampf mit dem aromatischen Rauch aus Rolfs Pfeife. Wenn es gerade um ihn herum schießt. Weil Rolf nämlich Pfeife raucht, fast immer, außer er schläft. In der Honigfabrik in Kapenguria vermischt sich das Pfeifentabakaroma dann mit den Honigdünsten, die aus jeder Ecke des kleinen Betonbaus heraufwabern. Mannshoch stapeln sich die 15-Liter-Plastikeimer. Allerlei verkäufliche Nebenprodukte werden hergestellt, Kerzen, Propolis, ein Heilmittel aus Bienenwachs, Honiggetränke und Kunsthandwerk aus den Dörfern. Cabesi vertreibt den Honig, bringt ihn bis Nairobi zu den Einkäufern und hat es zeitweise geschafft, abgepackte Einzelportionen bis in die Businessklasse der Kenya Airways zu liefern. Ein Erfolgsmodell: Frauenförderung, ökonomische Selbstständigkeit, Hilfe zur Selbsthilfe, friedensfördernd, nachhaltig, unabhängig und, bezogen auf weitere Slogans der gängigen Entwicklungspolitik, einfach perfekt. Zumindest vom Schreibtisch in der Schweiz aus betrachtet.

Doch der rührige Rolf gibt sich mit Honig nicht zufrieden. Im Busch wachsen Maulbeerbäume und in Maulbeerbäumen gibt es Seidenraupen. Die Wildseide, die aus deren Kokons gewonnen wird, ist nur in einem arbeitsintensiven Sammel-, Spinn- und Webprozess herzustellen. Rolf zeigte mir ein kleines Stück dieses dunkelbraunen, goldig schimmernden Stoffs. »Da steckt ein Monat Arbeit drin.« Die Seidenproduktion lohnt sich nicht. Der Arbeitsaufwand ist enorm, der Preis müsste exorbitant hoch sein, die Qualität ist mäßig. Honig ja, Seide leider nein ...

»Wir brauchen Kamele in dieser Region«, so Rolf. »Kuhherden sind rund ums Jahr auf Gras und Wasser angewiesen, sonst gehen sie ein. Der Busch versteppt und versandet zusehends. Die Wasserstellen werden weniger, einige trocknen ganz weg. Wir brauchen hier ein genügsames Nutztier, das einen Beitrag zur angestammten Viehhaltung der Pokots leistet. Es braucht das Kamel.«

Rolf Gloor und Turkanafrauen (z.V.g.)

Turkanas leben in der Wüste und nutzen das Buschland als Weidegebiet für ihre Tiere. Sie halten seit Generationen Kamele, Rinder und Ziegen, die Milch und Fleisch liefern. Bei den Pokot besteht der »Livestock« aus Kühen, Rindern und Ziegen, Kamele gibt es nicht. Und Rolfs Idee läuft darauf hinaus, ein Kamelzentrum zu schaffen, in dem Turkanas ihren Erzfeinden den Umgang mit diesen Tieren beibringen sollen. Das Kamel liefert Milch und Joghurt, Leder, Fleisch, Wolle. Es ist vielseitiger als jede Kuh. Ganz nebenbei kann dieses Zentrum ein wichtiger Bestandteil eines Friedensplanes werden. Turkana und Pokot sollen am gleichen Strick ziehen. Damit werden zwei Fliegen mit einer Klappe geschlagen. Und wir von der Cuisine werden gebeten, das dazugehörige Seminarzentrum zu bauen. Weil die Kamelstudenten irgendwo wohnen und essen müssen.

Rolf hat bereits Erfahrung im Zusammenführen von Pokot und Turkana. Nicht nur seiner Honigabenteuer wegen. 1993 wurde quasi im Niemandsland, im umkämpften Gebiet der beiden Stämme, ein Staudamm gebaut. Betrieben wird der größte Staudamm Kenias, die Turkwel-Talsperre und das dazugehörige Elektrizitätswerk von der Kenya Electricity Generating Company, kurz KenGen. Und diese KenGen hatte ihre lieben Probleme mit den Stammeskämpfern. Denen war die Einsicht noch nicht gekommen, dass der elektrische Strom zu ihrem Glück gefehlt hat. Lastwagen der KenGen wurden als fahrende Zielscheiben genutzt, Baumaterial zum Eigengebrauch entwendet, Strommasten umgehauen. So reifte der Entschluss, eine große Informationsveranstaltung durchzuführen. Die Manager der KenGen setzten sich mit Rolf zusammen, der sofort die Idee hatte, wie man die Menschen zusammenbringen könnte. Ein Schönheitswettbewerb, eine Misswahl sollte es werden, mit Essen, Trinken und Musik. KenGen war einverstanden. Rolf zog auf der Suche nach den schönsten Mädchen Staubfahnen hinter sich her auf seinen Fahrten durch Gemeinden, Dörfer und Kraals in West Pokot- und Turkana County. Er baute eine Zeltstadt mitten im Abseits, organisierte, buschtrommelte und baute eine Bühne. Und es klappte tatsächlich – ohne Zwischenfälle. Friede, Freude, Misswahl! Genauer wurden drei Missen gekürt. Eine Turkana, eine Pokot und eine Marakwet. So hatten alle drei Stämme der Region ein Fest, vereint im friedlichen Feiern der Schönheit ihrer Frauen. Die KenGen-Rechnung ging auf, der Staudamm war akzeptiert und Rolf hatte seinen Ruf als verrückter Muzungu bis nach Nairobi ausgeweitet.

Diese kombinierten Beziehungen von Rolfs Netzwerk – von den Lehmhütten der Pokot, von den Turkanakraals bis hin in die Teppichetagen der Geschäftselite Nairobis und in die wohlgeordneten Büros der Biovision in Zürich – waren beeindruckend. Immer wieder bekamen wir wertvolle Informationen, auch von Rolfs Freunden und Vorgesetzten bei Biovision, wo er nicht unumstritten war. Biovision machte auch schnell klar, dass man nicht bereit war, die Cuisine zu unterstützen, weder finanziell noch mit Mitarbeitern, aber die Zusammenarbeit zwischen Cabesi und dem Kamelzentrum war vorerst im Sinne von Biovision. Wenn wir uns an dem Cabesiprojekt beteiligen wollten, seien wir willkommen, müssten aber alle Details mit Rolf selbst ausarbeiten, da Cabesi ein selbstständiges Unternehmen sei. Rolf war als Consultant der Cabesi zwar Lohnempfänger der Biovision, de facto aber Geschäftsführer, zusammen mit seiner Lebensgefährtin Mercy Kiyapyap, einer resoluten Agronomiefachfrau vom Stamme der Pokot. Die beiden lebten zusammen in einem hübschen Haus mit Garten in Kapenguria. Rolf, der vor seiner Zeit bei Biovision in verschiedenen Nationalparks Kenias gearbeitet hatte, war ein herausragender Afrikamann europäischer Provenienz.

Der Hintergrund unseres ersten Afrikaprojekts zog mich schnell in seinen Bann, auch wenn fast nichts Hand und Fuß hatte. Da der Mensch, in diesem Fall ich selbst, das einzige Säugetier ist, das sich mit dem Erfinden von Geschichten eine Zukunft bauen kann, fiel es mir nicht schwer, eine Rolle in diesem afrikanischen Theaterstück zu übernehmen. Zwar war zunächst völlig unklar, wo dieses Kamelzentrum überhaupt stehen sollte, jedoch war die Ausgangs-

lage – ein zuverlässiger Partner, ein fähiger Mann vor Ort, ein ein-
leuchtendes Konzept – perfekt.

In seinen Mails erwähnte Rolf ein paar Ortschaften, Lomut,
Marich Pass, Kainuk, Lodwar und Kapenguria, über die ich mir
auch mit den besten Landkarten aus dem Internet kein Bild machen konnte. Offiziell war der Stammeskrieg in der Region wenige Nachrichten wert. Man las im Netz von Viehdiebstählen, sah
exotische Bilder von schreiend bunt gekleideten Frauen mit üppi-
gem Schmuck, Fotos von hageren Männern mit Lendentuch und
Sturmgewehren. Luftaufnahmen vom Turkwel-Stausee zwischen
schroffen Bergen. Wir hatten auch keine Vorstellung, wie viel Geld
für unser Projekt eingeplant werden sollte. Aber Cabesi schien uns
als Partner im West Pokot County ideal zu sein. Dahinter stand
Biovision mit einer eindrücklichen Liste von Entwicklungszusam-
menarbeiten. Wie sich die Wirklichkeit dann gestalten würde,
konnte niemand voraussagen.

Wie man es dreht und wendet: Die konkreten Abklärungen vor
einem Cuisine-Projekt – und ich wage zu behaupten, vor jedem
möglichen Vorhaben in der Entwicklungszusammenarbeit – sind
kaum zuverlässig zu leisten. Es sei denn, man setzt sich Ziele, die
vom eigenen Kulturbereich gegeben sind: eine Kläranlage, eine
Kaffeeplantage, eine Genossenschaftsbank oder eine Gokart-Bahn.
Kein Friedensarbeiter, der in wohlgeordneten Verhältnissen sozia-
lisiert worden ist, kann sich je vorstellen, was es bedeutet, Tag für
Tag in Angst zu leben, Brüder im Kampf zu verlieren, Schwestern
sexueller Gewalt ausgesetzt zu sehen. Da hilft kein noch so phi-
lanthropischer Ansatz. Auch nicht die gründliche Lehrgangsausbil-
dung im Trainingszentrum der Hilfsorganisation.

Erstens kommt es anders, zweitens als man denkt. Schließlich
kann der junge Jurist und Offizier der Schweizer Armee mit seiner
Friedensmission im Kongo, der beim Internationalen Komitee des
Roten Kreuzes unter Vertrag steht, genauso von der Venus kommen. Das hohe Ross auf dem er, gewollt oder ungewollt, sitzt, verhindert sein wirkliches Eintauchen in die Wirklichkeit der ande-

ren. Wenn einer ehrlich mit sich selbst ist, muss er bald zugeben, dass entwicklungspolitische Ziele von der Politik und dem Geld des Herkunftslandes diktiert werden, nicht von lokalen Bedürfnissen. Die Verhältnisse in einem Katastrophengebiet kennenzulernen, braucht nicht nur Zeit, es braucht vor allem einen offenen Geist. Erst dann und mit der Zeit kommt Einsicht, die jeder Helfer mit in sein Helferhirn einbeziehen muss, bevor er Suppe und Brot auszugeben beginnt. Es ist töricht zu glauben, dass, weil es uns gut geht, wir klug und weisungsberechtigt sind. Es funktioniert nichts, wenn Helfer und die, denen geholfen werden soll, nicht eine echte Partnerschaft, getragen von Empathie und Respekt, eingehen.

So argumentiert es sich trefflich am Vorstandstisch der Cuisine. Unterwegs für die gute Sache. Tatsache ist, dass Bauchentscheidungen immer ganz einfach waren. Mögen wir diesen Mann in Kapenguria, dessen Handeln offenbar von einer Begeisterung für sein afrikanisches Exil und für ein selbstbestimmtes Leben getragen wird? Ja, wir mögen ihn. Diese Kamel-, Seide- und Bienennummer hat etwas Abenteuerliches, etwas Archaisches, Mutiges. Der Schönheitswettbewerb ist unkonventionell, ein bisschen europäisch romantisch und vor allem schräg. Wer setzt schon auf eine solche Veranstaltung, spielt ein westliches Unterhaltungsspektakel als Trumpfkarte im afrikanischen Buschkrieg? All die verquasten ethnologischen Theorien zur Förderung eines wirtschaftlich orientierten Friedensprozesses sind doch damit ad absurdum geführt. Zugleich spielt dieses Spektakel mit Elementen, die normalerweise in den Strategien der ernsthaften Weltverbesserungsplaner nicht vorkommen. Schönheit, Sinnlichkeit, Erotik als sozialer Klebstoff. Im Verbund bejubeln übergewichtige kenianische Wirtschaftspotentaten im Maßanzug zusammen mit sehnigen Kriegerhirten im Lendentuch die bildschönen, üppig geschmückten und farbenprächtig gekleideten jungen Frauen. Man feiert gemeinsam nicht nur die meinetwegen simpel gestrickte Darbietung. Man feiert den elektrischen Strom, das gute Essen, feiert sich selbst mit Liedern und Tänzen. Stolze Mütter haben ihre Töchter herausgeputzt, grimmige

Warlords sitzen auf aufgeklappten Plastikstühlen in ihren feierlichsten Gewändern, begleitet von – fast undenkbar – unbewaffneter Entourage. Rosthaufen von uralten Pick-ups stehen neben brandneuen Mercedesgeländewagen.

Ob nun unser Kamelzentrum wirklich zur Rettung der Kultur von Buschbauern und Viehzüchtern im North West Rift beitragen würde, konnten wir zunächst einmal nicht beurteilen. Wie gesagt, keiner von uns war ein Afrikakenner. Aber die Richtung, die Rolf dort eingeschlagen hatte, leuchtete ein. Wir spürten eine Verwandtschaft seiner Aktivitäten mit dem Gastgeberkonzept der Cuisine. Last but not least reizte es mich ganz persönlich, in jener unbekannten Welt mit einer Idee, an die ich glaubte, anzutreten. Wir beschlossen, uns mit diesem Mann näher auseinanderzusetzen.

7 Afrika ist anders

Das Bier wird nicht richtig kalt ... Ein Späher ... Frauensache: Hühner und Kaninchen ... Verkehrsregeln sind für Feiglinge ... Echter Reichtum ... Spuren lesen, Wasser riechen ... Ein Kamelzentrum soll es sein.

»Angewandte Physik«, sagt er und taucht seine Wandersocke in den roten Plastikeimer, in dem noch ein paar Liter Schmutzwasser hin und her schwappen. Dann nimmt er eine Flasche Tusker Bier, das mit dem Elefanten, steckt sie in die tropfnasse graue Socke und hängt das Gebilde, das irgendwie an eine leblose nasse Ratte erinnert, an seinen hölzernen Klappstuhl. »Verdunstungskühlung«, sagt er, Rolf, der schnauzbärtige, pfeifenrauchende und blauäugige Schweizer. Er war einmal Rektor der Bezirksschule Hallwyl, Naturwissenschaften und Mathematik, der da hinaufschaut zum afrikanischen Sternenhimmel. Sein Herz hat er bereits vor 20 Jahren an die Wildnis verschenkt.

Hunderttausende von blitzenden silbernen Punkten blinken über dem West Pokot County, einem der trockensten und ärmsten Gebiete Kenias, mitten im Tiefland des North West Rift Valley. Schwarz zeichnen sich die umliegenden Berge in die Nacht hinein. Auf einer teilweise gerodeten Fläche roter Erde stehen kleine runde Lehmhütten mit Strohdächern. Vereinzelt einige wenige stachelige Büsche, ein Ziehbrunnen.

Die zurückgelassenen Überreste eines Hotelprojekts liegen neben dem Dorf. Wir werden hier schlafen. Ein paar wurmstichige Bettgestelle gibt es noch. Dort hängen schon die Moskitonetze, sind die Wolldecken hingelegt, ist der Boden gefegt und sind die Skorpione hinauskomplimentiert worden.

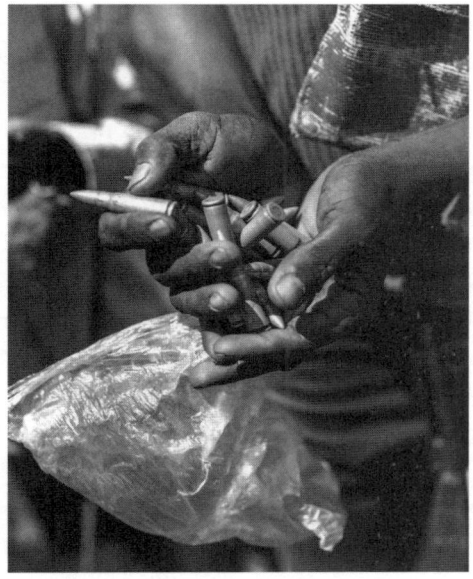

Die Währung im North West Rift Valley (Casper Hedberg)

Am frühen Abend sind wir hier in Lomut eingetroffen. Ein kleines Feuer brennt. Zu viert sitzen wir im Halbkreis auf unseren Klappstühlen am Feuer, tropfende Socken mit Bierflaschen baumeln von den Armlehnen. Wir, das sind Rolf, quasi der Gastgeber, Tom, Koch und Cuisine-Aktivist der ersten Tage, ich selbst, Gründer und Planer der Cuisine, und Joshua, ein englisch sprechender Pokot. Das Bier wird nicht richtig kalt, aber es schmeckt, weil es hier, wo wir sind, so schmecken muss; wie auch in der Abendluft ein Geruch von Holzfeuern und Erde zu riechen ist, wie die sich langsam abkühlende Erde mit warmem Hauch vom Tag verabschiedet. Das Setting ist perfekt: die Sterne und die kleinen Flammen des Feuers, die unsere Gesichter und die spärliche Fauna beflackern. Die weit ausgestreckten Beine nach der Autofahrt auf holprigen Straßen. Aus dem Dunkel um uns unbekannte Geräusche, Tierstimmen. Es fehlt noch der brüllende Löwe von weit. Die lachende Hyäne aus dem Bilderbuchafrika.

Wir reden nicht viel. Plötzlich – aus der Luft, aus dem offenen Raum – hören wir eine Männerstimme. Klar und deutlich und doch kann man nicht ausmachen, woher sie kommt. Eine Stimme, die spricht, nicht ein Wort oder einfach ein paar Geräusche. Nein, sie spricht einen ganzen, langen, unverständlichen Satz, schwingt in verschiedenen Tonlagen und bricht ab. Bleibt wartend still. Wir sind beim ersten Klang verstummt. Hören zu. Ich verstehe nichts. Die fremde Sprache der Pokot. Joshua richtet sich aus seiner legeren Sitzposition auf, nickt, schaut uns an, die wir wiederum ihn anschauen, und setzt nach ein paar Sekunden mit lauter Stimme zu einer Antwort an. Auch er spricht schön, langsam, klangvoll. Wieder eine kleine Pause, dann wieder die Stimme über uns und um uns, unaufgeregt, aber bestimmt. Ein Dialog entsteht zwischen Joshua und dem sprechenden Wesen. Wir rühren uns kaum und lauschen, ohne den Sinn des Gesprächs erfassen zu können. Hin und her gehen jetzt die Sätze, respektvoll, mit Pausen, bis Joshua wieder in seine entspannte Sitzhaltung zurücksinkt. Das Gespräch ist zu Ende.

»Wer war das? Woher hat er gesprochen? Was habt ihr diskutiert?«

Es ist Rolf, der meine Fragen beantwortet. Ein Späher sei es gewesen, jemand, der sich, ohne sich zu erkennen zu geben, danach erkundigte, wer und woher wir seien, was wir für Absichten hätten und was wir hier wollten. Joshua habe ihm gesagt, was er weiß. Es sei jetzt gut. Tom will wissen, woher der Kundschafter gesprochen habe. Joshua zeigt auf einen winzigen, vielleicht 20 Zentimeter hohen Busch hinter mir, keine zwei Meter weit weg. Dort habe er auf dem Bauch gelegen, mit den Händen eine kleine Kuhle in die Erde gegraben und in diese Kuhle hinein gesprochen, darum … und Joshua macht eine kreisende Bewegung aus dem Handgelenk … hätten wir es von überall her gehört. Ohne es zu betonen, meint er auch noch, dass der Besuch wichtig gewesen sei. »Warum kommt er nicht zu uns ans Feuer?« »Er kennt euch ja nicht.«

Erstmal bin ich baff. Da schleicht sich also einer an, schwarz in schwarzer Nacht, kriecht auf dem Bauch bis fast zu meinem Klappstuhl, kratzt ein Loch in die Erde und lässt seine Stimme herangeistern. Was wäre denn gewesen, wenn kein Joshua, kein Rolf mit am Feuer gesessen hätte. Wenn die Laute einfach so um mich herumgeflüstert wären, mich in abstrakte Kommunikationskalamitäten gebracht hätten? Was weiß ich denn? Nichts weiß ich. Weiß bin ich. Praktische schweizerdeutsche Fragen: »Wer bisch? Woher chunsch?« sind so untauglich wie meine Fähigkeit, den Billettautomaten der Zürcher Verkehrsbetriebe zu bedienen. Was hätte der Späher gemacht, wenn er mit seinen in langen Kriegerjahren erworbenen Fertigkeiten nichts von mir und meinen freundlichen Absichten erfahren hätte?

»Afrika ist anders!« Ja, aber bitte nicht zu anders, bitte nur etwa so wie in meinen Büchern, in denen mir weiße Autoren schlüssig ihre weißen Erzählungen auf weißem Papier erklärt haben. Ein solcher Autor, ein wie ich denkender schreibender Afrikaversteher, würde nicht Löcher in die Erde kratzen und fremde Laute von sich geben. Er würde sich einen Klappstuhl aufklappen und die Beine austrecken. Er würde sich den roten Staub von den Timberlands klopfen und das Zauberwort »interkulturelle Kommunikation« mit erhobenem Zeigefinger zitieren. Was jedoch nichts nutzen würde, falls der liegende Krieger wie eine schwarze Mamba plötzlich aufzischen und mich mit dem Löwenspeer an den Klappstuhl nageln würde.

Warum sollte er das tun? Weil ich, wie mein mundoffenes Staunen klar zeigt, offenbar nichts kapiere. Oder? Hätte ich vielleicht beim Hören der afrikanischen Zauberstimme unbekümmert aufspringen sollen, die nasse Ratte von der Armlehne reißen, das Tusker rausholen, mich einmal um die eigene Achse drehen und ein unbekümmertes »Prost« hinaus in die Sternennacht trompeten sollen? Oder noch besser mit einer, woher auch immer, eiskalten

Coca-Cola in der Hand ein globalisiertes »Enjoy« rufen und den Gast zur Verbrüderung bitten sollen? Klappt überall, nicht wahr? So sieht es jedenfalls bei mir zu Hause aus. Großformatige bunte Plakate mit gemischtrassigen schönen und jungen Menschen. Geht das? Gemischtrassig? Einfach bunt? Oder verschieden? Oder halt rassige Menschen? Egal, Hauptsache zivilisiert.

Wir haben nach dem Besuch des Kundschafters noch eine lange Zeit am Feuer gesessen. Mit der Dunkelheit wurde das Bier kühler, die Sternbilder über uns wanderten, es wurde später, dann früher. Den Kopf voller Eindrücke und Informationen legten wir uns weit nach Mitternacht auf die hölzernen Bettgestelle.

Tom schnarcht. Oder bin ich es selbst? Mein Kopf will mit mir herumgehen.

Fremde Geräusche halten mich wach, es wird kalt, ich fröstele unter der dünnen Decke. Wo bin ich?

Lomut: Ein kleines Dorf an den Abhängen der Berge vor einer weiten Ebene, ein grün umbuschter Fluss, klares Wasser, Häuser aus Brettern und Wellblech, traditionelle Lehmbauten mit Strohdach.

An jedem Samstag ist Markt. Bauern, Warriors, Männer, Frauen, Alte, Junge, Kinder, Ochsenkarren, klapprige Pick-ups, Fahrräder, Fußgänger. Von weit. Reges Treiben, Jedefrau und Jedermann ist gut gelaunt. Aufgeputzt. Frauen in langen traditionellen, bunt bedruckten Umhängen, farbige Kopftücher, Ohrringe, Halsreifen. Männerkrieger mit roten, grünen, blauen oder gelben Hüten, Messingschmuck, goldenes Blitzen, Armreifen, Buntperlarmbänder. Das Handy am Lederriemen um den Hals. Um die Hüften den Stoffrock. Der kleine Sitzschemel unter dem Arm, Gruppen sitzen im Kreis im Schatten. Schirmakazien. Immer dabei der Stock zum Viehtreiben, lang, dünn und die Kalaschnikow, das Allerweltssturmgewehr. Krieger im Ausgang.

Männer machen Geschäfte mit großen Tieren, Männersache: Kühe, Rinder, Ziegen. Frauen machen Geschäfte mit kleinen Tieren, Frauensache: Hühner, Kaninchen, Flöhe.

Männer laufen in Gruppen herum, Waffe, Speer und Schnaps mit sich tragend.

Frauen arbeiten; verkaufen Kleidungsstücke, Stoffe aus China, Sandalen aus zugeschnittenen Autoreifen, allerlei Plastikschrott, billigen Schmuck, Werkzeuge, Hacken und Pangas, Schnüre, Stricke aus rotem, grünem und blauem Plastik, geflochtene Körbe, Batterien, Watte, Holzkohle und Lippenstifte, Unterwäsche, Honig, Haarteile, Seifen, Öl, Salz, Eier und Zucker, Töpfe, Kanister, Schüsseln, Pfannen, Kellen, Trinkgläser, Besteck aus Blech, Tassen und Küchenmesser. Kräuter als Medizin und zum Zaubern. Wenig Gemüse. Maniok, ein paar Karotten, Papaya und Ananas, Früchte, die ursprünglich aus Südamerika stammen, Zwiebeln und Kohl, ein paar Zitronen. Wie überall getrocknete Bohnen, Reis, billige Nudeln, der unvermeidliche Maggiwürfel.

Frauen machen Essen. Auf kleinen Kohlefeuern werden Hühner- und Ziegenstücke gebraten. Nyama Choma, dazu das leicht bittere spinatartige Gemüse Sukuma Wiki, unentbehrlich das Ugali, der feste Brei aus Maismehl.

Männer essen.

Mittags ist es heiß und staubig und die Farben sind grell und der Himmel endlos blendend weiß.

Männer schnupfen Tabak. Ein scharfer Schmerz in der Nase, dann langanhaltendes Brennen bis ins Hirn. Selbst angebaut. Das freut den Krieger, wenn er dem Muzungu eine Prise verpassen kann.

Kinder laufen uns nach und lachen. »Muzungu, hehe!«

Treffpunkt, Nachrichten- und Klatschbörse, Heiratsmarkt und Fest: Das ist der Markt.

Vor drei Tagen sind wir in Nairobi angekommen. Wir haben wenig Zeit. Weil wir wichtige weiße Leute sind. Muzungus haben keine Zeit. Ja, wir kommen gerade mal für eine Woche zu einer Rekognoszierungsreise. Rekognoszieren ist ein klares Muzunguwort. Rolf hat so einen praktischen Pick-up. Einer von denen, die man aus den Fernsehnachrichten kennt, mit einem Maschinengewehr hintendrauf, damit man um sich schießen kann. Das hat er natürlich nicht, fällt mir nur dazu ein.

Zügig geht es immer weiter nach Norden voran. Wir fahren schnell, wer auch immer schnell fahren kann, fährt schnell, wer langsam fährt, ist ein Loser. Stundenlang dem afrikanischen Grabenbruch entlang, durch weite Landschaften unter hohem Himmel.

Auf einem Pinkelrastplatz verkaufen ärmlich gekleidete Kinder für kleines Geld geschnitzte Stöcke mit Tierfiguren. The Big Five: Elefant, Nashorn, Büffel, Löwe und Leopard. Was sich der weiße Großwildjäger so aus Busch und der Steppe herausgeschossen hat. Ja, ich habe meinen Hemingway gelesen. Das macht man heute nicht mehr so einfach. Aber Mann macht es schon, für viel Geld, für die anderen ist es verboten. Vielleicht denkt der etwa zwölfjährige Junge, dass ich auch so tolle Tiere schießen will. Aber er weiß genau, dass ich das nicht darf. Zum Trost hat er sie für mich auf einen Stock geschnitzt. Big Five ganz little. Er hat es gewiss selbst geschnitzt, und wie oft in solchen Situationen und an solchen Orten werde ich erst etwas verlegen, dann nervt es mich, dann bin ich wütend auf alle Großwildjäger und traurig darüber, dass der kleine Junge Großwildjägerträume nutzen muss, um ein paar Pfennige zu verdienen. Lieber würde ich ein Maske kaufen, eine gruselige Medizinmannmaske, mit der man dunkle magische Mächte beschwört. Ja, ich habe meinen Joseph Conrad gelesen. Dann kaufe ich doch den Stock. 1500 Schilling. Etwa drei Dollar. Viel zu viel, meint Rolf. Tant pis. Das Nashorn sieht aus wie ein Frosch und der Leopard hat keinen Schwanz.

Vom Pinkelplatz aus sieht man über den großen afrikanischen Grabenbruch. Der ist wirklich riesig, eine weite Ebene. So riesig, dass man die Giraffen, Zebras, Warzenschweine, Antilopen und was alles noch zu den 100 000 Tieren gehört, die da unten herumwuseln, gar nicht sehen kann. Und schon sausen wir weiter. Das Schnellfahrtalent der Verkehrsteilnehmer lässt mich fragen, warum es keine Formel-1-Piloten aus Afrika gibt. Doch, da fällt mir einer ein: Jody Scheckter. Er war sogar mal Weltmeister. Er kam aus Südafrika. Hoppla, Südafrika war seinerzeit nicht sehr afrikanisch, sondern hat mit seiner Politik der Apartheid den Anschluss an die westliche Wirtschaftsordnung gut bewältigt. Ob Jody Scheckter ein Schwarzer war? Unsinn!

Die Stadt Eldoret wird von knapp 300 000 Mensch belebt, die in der fünftgrößten Metropole Kenias Geschäfte machen, arbeiten, Wasser tragen und die Straßen füllen. Bevor wir uns durch die Stadt quälen müssen, essen wir noch etwas an einer Tankstelle mit einem Bistrot. Fast wie bei uns: Das Brot des Sandwiches schmeckt nach Pappe und der grellgelbe Käse nach Briefmarkenkleber. »Enjoy« auch hier. Aber ethnisch korrekt mit rassigen Schwarzen auf dem Plakat. Wir sind Abenteurer. Wir essen die Sandwiches. Wir trinken Fanta. »No Fear!«

Die Durchquerung der Stadt ist ein langsames Durchpflügen von Verkehrsteilnehmern. Natürlich Autos, natürlich Busse, aber vor allem Menschen. Zu Fuß, auf Motorrädern, mit Karren ist man unterwegs und braucht Platz auf der Straße. Wir auch. Alles drängelt. Wir auch. Verkehrsregeln sind für Feiglinge. Der gute Jäger erspäht die Lücke, füllt sie, hält Ausschau nach der nächsten. Entlang der Hauptstraße Hunderte von Marktständen. Wir bleiben cool, man hat es ja schon gehört, gelesen, im Internet gesehen, wie es dort ist, wo keine Ordnung herrscht. Bei uns zu Hause herrscht Ordnung. Rolf fährt, pafft blaue Wolken aus der Pfeife und ich muß hinten sitzen, weil ich eine Zigarre rauche. Das mag Tom nicht. Er raucht Zigaretten. Ein Rauchertrio in der Viererkabine des Pick-up, offene Fenster, aus denen wir mit unseren weißen Gesichtern neugierig Ausschau halten. Wonach? Nach dem Fremden? Wo es doch nur Fremdes gibt.

Die anfänglich noch gut ausgebaute A1, die Hauptverbindung in den Sudan, verwandelt sich nach und nach in eine von tiefen Schlaglöchern gezeichnete Schotterpiste. Schwere Lastwagen schwanken von links nach rechts oder andersrum, Staub dort, wo kein Schlamm ist wie beim Durchfahren kleiner Furten oder mittelgroßer Teiche mitten in der Straße. Dass in diesen Tümpeln Gold gewaschen wird, beflügelt meine Fantasie. Ich habe in meinem Leben noch nie nach Gold gesucht. Aber seit ich den Film »Der Schatz der Sierra Madre« mit Humphrey Bogart gesehen und ich als Jugendlicher Goldgräbergeschichten aller Art gelesen habe, ist Goldwaschen von einer Aura wilder Romantik umgeben. Straßenanwohner, die ihre Goldpfannen voll mit schwerem lehmigen Wasser hin und her schwenken und immer wieder weggescheucht werden von den Lastwagen, die den Schlamm mit ihren Reifen durchwühlen, sind meiner Bücherweisheit entsprechend romantische Menschen.

Auch in den Flüssen, die wir auf eisernen Brücken überqueren, sieht man Frauen Goldpfannen schwenken. Nackt stehen sie im Wasser. Jetzt aber! Richtig Weißenromantik. Nackte schwarze Frauen waschen Gold.

Meine Güte.

Richtig viel Gold gibt es hier in den Bergen nicht, aber die Hoffnung stirbt bekanntlich zuletzt. Eine Tagesausbeute von ein paar Cents gilt bereits als großer Fund.

Große Rinderherden – echter Reichtum – ziehen die Straße entlang, begleitet von sehnigen Männern mit Sturmgewehren, von Knaben mit langen Stöcken. Der Besitz von Tieren macht die Hirten zu wohlhabenden, angesehenen Männern. Und man muss seinen Wohlstand bewachen. Sich gegenseitig die Rinder zu rauben, ist Volkssport, die Toten, die es dabei gibt, gehören dazu.

Ich höre Rolf zu. Er erzählt uns seine Vision: Ein Kamelzentrum soll es werden. Nun, ich sehe weit und breit kein Kamel, Tom auch nicht. Wozu brauchen Tiere, die es hier gar nicht gibt, ein eigenes Zentrum? Ich sehe Rinder, Kühe und Ziegen.

»Eben«, sagt Rolf, »keine Kamele.« »Wozu braucht es denn Kamele?« »Weil jedes Jahr Tausende von Rindern und Ziegen verdursten, das Wasser ist knapp geworden hier im Busch, die Steppe wandert südwärts, die Wasserlöcher und die kleinen Flüsse trocknen aus, es herrscht jeden Sommer Dürre. Der Klimawandel macht sich bemerkbar. Ein Kamel ist genau das richtige genügsame Nutztier im ausgedörrten Buschland. Der Konflikt zwischen den Pokot und den Turkana könnte sich etwas beruhigen. Seit jeher bekämpfen sich diese traditionellen Kriegervölker. Junge Männer machen sich auf, dringen Hunderte von Kilometern in das Gebiet des Nachbarstammes ein, überfallen Dörfer und treiben das geraubte Vieh zurück auf ihr eigenes Gebiet, verfolgt von den Beraubten, die bald darauf selbst einen Raubzug organisieren. Diese Kriegszüge sind Teil der Stammeskultur. Reifeprüfungen für junge Männer.«

Wieder schweifen meine Gedanken ab. Rolfs Worte, vom Rumpeln des Pick-ups verwischt, steuern meine Kopfbilder. Es ist etwas anderes, von den Mannbarkeitsprüfungen fremder Völker zu hören als davon zu lesen. Ich bin jetzt hier, wo ich noch nie gewesen bin, und an mir vorbei, vom Autofenster gerahmt, gleitet eine Welt, in der es wichtiger ist, ein Kämpfer als ein Buchhalter zu sein. Wenn auch die Buchhalter auf einer übergeordneten Ebene längst das Sagen haben. Zum Heiraten braucht es einen Brautpreis, der in Rindern zu entrichten ist. Rinder kauft man nicht, man stiehlt sie, beweist dadurch seinen Mut oder stirbt dabei. Wenn man tot ist, muss man nicht mehr heiraten, braucht auch keine Rinder mehr.

Das Leben als bewaffneter Hirte ist eine einzige Herausforderung – an die schnellen Beine, die scharfen Augen und das sensible Gehör. Spuren lesen, Wasser riechen, auf geheimen Wegen durch den Busch rennen. Eine wilde Welt ist es, die sich da vor mir auftut, eine Welt, in der die Männer immer wieder ihr Leben aufs Spiel setzen. So der Mann denn älter wird, kommt seine Zeit als »Elder«, er wird Familienvorstand und beschützt zusammen mit seinen Kriegersöhnen den Clan. Und vergrößert, indem er seine Nachkommen wiederum auf Raubzüge schickt, seinen Besitz. Alt und weise ist er geworden, man hört auf seine Stimme. Er hat nicht nur kämpfen gelernt, er gibt jetzt sein Wissen weiter, ist Stratege und Patriarch. Er steht auf gutem Fuß mit den Geistern und Dämonen, das hat er allein dadurch bewiesen, dass er noch lebt. Er kann einen magischen Kreis um sein Haus, sein Land ziehen, damit die Kräfte, die nicht menschlich sind, ihn und die Seinen unterstützen. Er versteht, was der Vogel singt, und warum eine staubige Schildkröte an einem bestimmten Ort ihre Höhle gegraben hat. Die Sterne weisen ihm den Weg in der Nacht, der Wind erzählt ihm, wann der Regen kommt und wo sich jeden Dienstag die Elefanten treffen. Er ist weitgereist, nicht im Flugzeug oder mit der Eisenbahn, auch nicht im grauen Pick-up, er ist zu Fuß kreuz und quer durch den Busch gestreift, ohne Karte oder Kompass, hat seine Wege gefunden und seine Spuren hinterlassen. Diese Wege, die sein Leben ausmachen, haben sich gekreuzt mit anderen Wegen, anderen Menschen, anderen Geistern. Im Guten und im Bösen. Er kann keinen Billetautomaten bedienen, doch sein Schatz an Erfahrung und Können ist real. Sein Wissen ist spirituell und praktisch zugleich.

Die Frauen gehen dabei nicht leer aus. Traditionell gehören Viehbestand und Land den Frauen. Stirbt der Elder, stirbt der Krieger, gehen Tier und Land, Haus und Hof ganz in den Besitz der Frauen über. Nicht zuletzt deswegen wird er als Patriarch seine Töchter möglichst jung mit möglichst alten Männern verheiraten. Sind diese dann gestorben, haben die Töchter durch das materielle Erbe eine gesicherte Existenz, werden als Witwen hoch geachtet. Sie verheiraten sich nicht mehr, sondern dirigieren von ihrer Warte aus das Geschick des Clans. Ach ja, da ist sie wieder, die folkloristische Afrikaromantik. Nur gibt es sie kaum noch.

Heute sind die Karten anders gemischt. Bei den Überfällen werden ganze Dörfer dem Erdboden gleichgemacht, die Männer getötet, die Frauen vergewaltigt oder verschleppt. Speer und Pfeil und Bogen sind durch die Kalaschnikow, die AK 47, ersetzt worden. Im Turkanagebiet wird Öl gefördert, am Turkwell-Staudamm Strom produziert. Straßen werden durch den Busch geführt.

Vermehrt werden Lastwagenkonvois überfallen, die über die holprige A1 Waren in den Südsudan bringen. Von Mombasa nach Juba rollen die Trucks, mit Kühlschränken, Maschinen und Gebrauchsgütern aus Asien für den isolierten Südsudan. Warlords instrumentalisieren und bewaffnen die gut organisierten Banden. Eine automatische Schusswaffe russischer, amerikanischer oder europäischer Herkunft ist für 100 Dollar zu haben. Waffenschmuggel zwischen den kriegs- und krisengeschüttelten Ländern bringt auch Profit. Nur noch zum Teil kämpfen hier reine Pokot- oder Turkanagruppen. Banditen kommen aus dem nahegelegenen Somalia, dem Sudan oder Uganda, um Beute zu machen. Und ihr Vorgehen ist entsprechend rücksichtsloser. Ein Menschenleben gilt nicht viel im North West Rift.

In unregelmäßigen Abständen lodern die Konflikte auf, die Frauen, Kinder und die Alten verstecken sich im Busch, überleben mit Not ein paar Wochen, bevor sie wieder in die verwüsteten Dörfer zurückkehren. Manchmal übernimmt das Militär. Doch dessen schwerfällige Struktur ist im Busch wenig erfolgversprechend. Gerademal können einzelne Objekte, zum Beispiel der Turkwell-Staudamm, die Ölfelder oder Straßen geschützt werden. Die stolzen Hirtenkulturen sind dem Untergang geweiht.

Ein Kamelzentrum soll es also sein. Wo Pokots und Turkana gemeinsam Haltung und Nutzen lernen und lehren. Die Pokots sollen von den Turkana, zu deren Nutztierbestand das Kamel gehört, profitieren. Und alle sollen sich dabei vertragen. Mittel- und Angelpunkt von Rolfs Vision sind das Restaurant mit Veranstaltungen aller Art und das Gästehaus für die Schüler. Weidegründe, eine Molkerei, eine Metzgerei und Gerberei. Eigene Betriebe. Arbeitsplatz und Seminarzentrum zugleich. Rolfs Vision läuft auf ein florierendes Unternehmerdorf im Busch hinaus. Es gibt bereits solche Kamelhöfe, nur liegen sie nicht in Gebieten, in denen Gewalt zur Tagesordnung gehört und junge Krieger sich ihre Sporen damit verdienen wollen.

Zwar gefällt uns die Idee, bei einem solchen Vorhaben von Anfang an mitzuwirken. Nicht zuletzt deswegen, weil wir nicht einfach ein bestehendes Konzept ergänzen, sondern es mitdenken und mitgestalten können. Doch bei genauerem Hinhören wird es einem ungemütlich. Nicht aus Angst, sondern weil die Aufgaben so gewaltig sind. Die Cuisine ist ein durch und durch idealistisch geprägtes Unternehmen ohne pekuniäre Absicht. Wir wollen mit Essen und Trinken die Welt verändern, bei Tischgesprächen Konflikte lösen, beim Teilen von Brot und Suppe Frieden stiften. Eine gastgeberische Geste so weit überhöhen, bis sie zum sozialen und wirtschaftlichen Faktor wird. Dabei gilt es, den eigenen inneren Raum offen zu halten – für einen selbst und für die Gäste.

Fast krampfhaft klammern wir uns an die feste Überzeugung, dass Gutes tun Gutes bewirkt.

Diese ersten Tage damals in Kenia auf der Suche nach dem richtigen Ort, um dort ein Kamelzentrum für den Frieden mitzugründen, waren voller Zauber. Sie gehören zu den Herausforderungen, die ich naiv, staunend und voller Freude anpacken will – immer wieder.

Ich mag dieses »Nothing's impossible«-Gefühl. Und irgendwann, nachdem wir die Militärkontrolle am Marich-Pass passiert hatten und die Schaglöcher in der Straße die Größe eines Pick-ups erreichten, fiel mir, dem alten Sonntagsschüler, noch ein altes Kirchenlied ein, nur gerade die eine Strophe:

»Und wenn die Welt voll Teufel wär
und wollt uns gar verschlingen,
so fürchten wir uns nicht so sehr,
es soll uns doch gelingen.«

Fast vergnügt hielt ich Ausschau durch die schmutzige Windschutzscheibe, ob da wohl irgendwo ein Teufel zu sehen war. Ich sah keinen, aber das bedeutet nicht, dass sie nicht doch da waren.

8 Der Kochherd

Im Gepäckraum springt der Wagenheber auf und ab ... Alles Räuber und Mörder ... Der komische Muzungu ... Wer soll das bezahlen? ... Wie Geister in der Gluthitze ... Königin einer Männerwelt ... Das Fest dauerte die ganze Nacht.

Die A1 in Kenia verläuft mit einem Abstand zwischen 20 und 100 Kilometern fast parallel zur ugandischen Grenze und führt direkt nach Juba, der Hauptstadt des Südsudans. Elende Behausungen kleiner Kriegsflüchtlingslager werden auf kenianischem Gebiet zahlreicher, je weiter man nach Norden kommt. Die ungeteerte, meist unbefestigte Straße ist staubig und dann wieder voller Schlammlöcher. Die Lastwagen sind oft im Konvoi unterwegs. Bewaffnete Angriffe auf diese Konvois sind ein beliebter Zeitvertreib der Krieger. Zu holen gibt es allerlei. Nicht nur chinesische Fernsehgeräte. Die Nähe zu den Kriegs- und Rebellengebieten im Sudan und Uganda macht die A1 auch zu einem Tummelplatz für Räuber aller Art. Die Überfälle schiebt man den bewaffneten Hirten der Stämme in die Schuhe. Nun, sie sind auch nicht unschuldig und sie lassen sich von den Drahtziehern im Hintergrund leicht instrumentalisieren. Als wir, von Lomut her kommend, über die A1 schaukeln, rennt eine Gruppe junger Männer über die Straße, geduckt, mit ihren Kalaschnikows im Anschlag. »Was ist denn jetzt wieder los?«, fragt Rolf, pafft ein paar blaue Rauchwölkchen in die Luft und gibt Gas. Aus dem Schaukeln wird ein hektisches Holpern. Im Gepäckraum springt der Wagenheber scheppernd auf und ab. Viel mehr Worte war ihm das Ereignis offenbar nicht wert. Nachfragen half nicht viel. »So ist es manchmal, da muss man schnell vorbeifahren.«

Keine fünf Kilometer später biegt er in eine kleine, kaum erkennbare, sandige Fahrspur ein. Nach ein paar 100 Metern kommen wir auf eine Lichtung im Busch. Große Schirmakazien spenden Schatten. »Hier wäre ein geeigneter Platz für den Kamelhof.«

Neben einem Fußpfad, der zur 200 Meter weit entfernten Straße führt, gibt es hier eine von Rolfs Honigsammelstellen. Der kleine Betonbau besteht aus einem einzigen Raum mit Plastikeimern und Bienensummen. Leicht bergab führt ein weiterer Pfad zu einem Bach und mächtigen alten Tamarindenbäumen. Kuppelartig wölben sich die kräftigen Äste über dem wuchernden Unterholz, ein grüner Dom. In den Baumkronen tummeln sich Paviane, die sich an den reifen Baumfrüchten bedienen. Ein paar große Männchen sitzen auf dem Boden, betrachten uns, wie wir den Pfad entlangkommen, blecken kurz die Zähne, bevor sie unaufgeregt ihren Baum hochklettern und uns von oben weiterhin mit ihren Blicken verfolgen. Auf der anderen Seite des Bachs, der an dieser Stelle, aufgestaut durch Äste und Erde, einen Tümpel bildet, ist der schlammige Boden von Hufen zertrampelt. Die Hirten führen ihre Tiere offenbar an dieser Stelle zum Trinken. Man kann hier auch baden. Keine 20 Meter weiter rumpeln ein paar Lastwagen vorbei, nur zu hören, nicht zu sehen sind sie, verborgen vom dichten Grün der Büsche und Blätter. Insekten flirren durch die sonnigen Lichtbahnen, die von den Baumkronen bis ins Unterholz strahlen, Libellen tanzen über dem leise plätschernden Bach. Es riecht nach frischem Wasser, nach feuchter Erde. Der Schatten ist kühl. Eine Idylle.

Als wir vom Bach wieder zur Lichtung hochsteigen, steht dort ein rotes, staubbedecktes chinesisches Motorrad. Daneben ein stämmiger Mann in tipptopp gebügelter khakifarbener Uniform. Er trägt ein schwarzes Barett mit glänzendem Abzeichen, schwarze Schnürstiefel, keine Waffe und sieht »offiziell« aus. Chief Daniel ist einer der Pokot Verwaltungsbeamten des Bezirks. Er kommt vom 15 Kilometer entfernten Marich-Pass, dort wo die Garnison der Militärs liegt. Von Rolf über unsere Ankunft informiert, ist er gekommen, um mit uns zu sprechen. Er weiß um die Kamelpläne der Biovision. Uns will er einfach nur kennenlernen. Der Boden, auf dem wir stehen, beansprucht die Pokot Gemeinde Orwa, keine drei Kilometer entfernt, für sich. Die Turkanas dagegen sind der Meinung, dass dieser Bach und die Tränke ihnen gehören. Ein ständiger Zankapfel, wie man sich denken kann. Chief Daniel ist nicht begeistert von der Aussicht, Turkanas als Mitarbeiter im Seminarzentrum und als Kamelhirten hier zu haben. »Alles Räuber und Mörder«, sagt er. »Das wird nicht gut gehen.« Lieber hätte er »Camelkeepers« aus Somalia, von möglichst weit weg, die dann als Angestellte der Pokot Community funktionieren sollten. Warum kann es denn nicht ein von den Pokot geleitetes Unternehmen sein? Rolf bleibt gelassen. Es gehe nicht nur um die Kamele, auch um den Frieden. Und schon gar nicht darum, den Platz jetzt als Brückenkopf im Niemandsland gegen die Hirten aus dem Norden zu installieren. »Wenn wir«, … damit schließt er die Cuisine schon mal in seine Pläne ein …, »hier den Platz ausbauen, dann nach unseren Regeln. Ganz neutral zum Nutzen aller.« Man werde ja sehen, wie es komme, meint der Chief, seinetwegen könne man es probieren. Dann schwingt er sich auf sein Motorrad und braust davon.

Rolf hat sich schon alles zurechtgelegt und mit den Einwohnern von Orwa Absprachen getroffen. »Die glauben mir zwar nichts, für die bin ich der komische Muzungu mit eigenartigen Plänen. Aber weil sie wegen der Streitereien das Land nicht nutzen können und ich ihnen versprochen habe, die Wasserstelle am Fluss nicht zu verändern, ist es ihnen egal. Sie werden sich dann melden, wenn es zu funktionieren beginnt.« Hauptsache wir haben das Einverständnis der Ältesten. Schriftlich. Wasser nehmen wir erstmal aus dem Bach, der ganzjährig Wasser führt, so viel werden wir nicht brauchen, und Strom gibt es vorderhand nicht. Auch nicht in Orwa. Später können wir einen Deal mit der KenGen machen.« Rolf hat die Planung bereits bildhaft im Kopf. Dort, wo der Chief sein Motorrad abgestellt hatte, soll das Restaurant entstehen, mit Küche und Produktionsräumen, unter den Tamarindenbäumen sieht er Unterkünfte, ganz im Stil der Region aus Lehm mit Blätterdach für die Studenten, neben dem Restaurant ein Personalhaus für die Lehrer und Angestellten, weiter hinten ein Gästehaus, dort die Gehege für die Kamele, hier die Lagerräume, daneben ein Teich mit dem Wasser aus dem Bach zum Saufen für die Tiere und im Teich eine Fischzucht. »Und wer soll das alles bezahlen?« Rolf grinst. »Erstmal ihr, mit den Freunden von der Cuisine, wir fangen mit der Küche und dem Restaurant an. Die Anträge für Kamele und Kamelzentrum laufen, das kommt später, wenn das Geld da ist. Wichtig ist es, erstmal anzufangen, den Busch zu roden, dann der erste Spatenstich ...« »Gerade hier, wo sich alle in der Wolle haben?« »Genau! Wo denn sonst?«

Auf der Fahrt nach Kainuk, der ersten größeren Ortschaft im Turkana County, wenn man der A1 weiter nach Norden folgt, überholen wir eine stattliche Rinderherde, die sich auf der Straße nach Norden bewegt. Buben mit Stecken treiben die Tiere vor sich her, begleitet werden sie von hageren Männern mit farbigen Hüten, umgehängten Tüchern und Schnellfeuergewehren. Den Kriegern. Sie winken uns nicht zu, lächeln auch nicht oder reagieren auf irgendeine Weise. Wir gehören nicht in ihre Welt. Über eine Betonbrücke, die langsam vor sich hin bröckelnd einen breiten braunen Fluss überquert, kommen wir in das kleine Städtchen. Dann Nagelbrett und Sperrbalken. Ein Brückenwächter blickt kurz in unser Auto, Rolf kennt ihn, wir werden durchgewunken.

Rechts neben der Brücke ein Vorplatz. Zugestellt mit Bussen und Lastwagen. Eine Gaststätte für Fahrer und Reisende, die hier ihre Mahlzeiten einnehmen. Nichts Schönes, viel Plastik und fettige Tischplatten, der Kassierer in einem vergitterten Verschlag. Die Gitter sind weiß gestrichen und voller Fliegenschiss. Der Laden ist voll. Zu essen gibt es Ugali, Stew und Sukuma Wiki. Ugali ist mit Wasser angerührtes Maismehl, Stew ist eine Art Gulasch mit unbe-

kannten Teilen vom Rind und dicker brauner Sauce, Sukuma Wiki
ein grünes krautiges Gemüse, leicht bitter, gedämpft mit Salz und
Öl. Man kann auch geröstetes Ziegenfleisch bekommen. Kostet etwas mehr. Dazu gerne eine Fanta zum Frischmich!

Ich suche die Toilette im Hof und gehe dabei an der Küche vorbei. Ein viereckiger Ziegelbau mit offener Tür. Ohne Fenster. Darin steht ein fauchendes Monster von einem Betonklotz. Der Kochherd. Die Wärme im Hof ist bereits an der Grenze des Erträglichen.
Der Betonklotz, aus dem Rauch und Flammen schlagen, hat etwas
Höllisches. Ich will mir das anschauen und frage, ob ich in die Küche treten darf. Ich darf. Der Betonkasten kann von beiden Seiten
eingefeuert werden, oben hat es einen Rost aus Armierungseisen.
Darauf stehen Töpfe, liegen große Stücke Ziegenfleisch und werden geröstet. Arme Ziegenseelen. Rund um den Herd sind aus Beton gegossene Arbeitstische, auf denen sich allerlei Töpfe und Kü-
chenmaterialien stapeln. Zwei Frauen, verhüllt vom Gesicht bis zu
den Füßen, bewegen sich wie Geister in der Gluthitze. Aus den
grauen dickbauchigen Aluminiumtöpfen dampft heißes Wasser,
tropft von der Decke, von den Wänden. Der Boden dampft mit.
Die Frauen tragen dicke Gummisandalen. In einer Ecke ist ein Verschlag mit Holzkohle und anderem Brennmaterial, ihm gegenüber
ein großer blauer Tank auf einem Podest. Der Wasservorrat. Daraus
tropft Wasser in einen Blecheimer. Jetzt schnappt sich eine der Köchinnen den drei Viertel vollen Eimer und schwappt ihn über die
eine Ofenecke und in die Glut. Das Wasser verzischt augenblicklich, Rauch und Dampf schießen auf. »Ein Aufguss«, denke ich,
als mich die Hitzewelle anbrandet. In der Sauna würde ich jetzt
die Tür aufreißen und hinausspringen. Hier ist es die Methode, die
Temperatur des Herdes zu regeln.

»Aha«, denke ich: »If you can't stand the heat get out of the kitchen.« Drei Minuten war ich drin. Draußen kommt es mir kühl
vor – und ich bin tropfnass.

Nach dem Essen spazieren wir die A1 entlang. Kainuk bietet
Staub und Hitze, kaum Schatten. Senkrecht über uns die Sonne.

Viele bewaffnete Männer, ein paar Kinder, wenig Frauen. Ich sehe eine kleine Moschee, die Turkanas sind Moslems, zwei Gaststätten, kümmerliche Bäume, eine Schule hinter einer halbhohen weißen Mauer, zwei kleine Kramläden mit Fanta, Sukuma Wiki, Mückenspiralen, Nähnadeln. Es ist ein kurzer Spaziergang bis zum Hotel Senator Abong, dem einzigen Hotel am Platz. Sarah Lochodo, ihres Zeichens Turkana Chief, Polizeibeamtin und Hotelbesitzerin, empfängt uns. Sarah ist etwas Besonderes. Die Königin einer Männerwelt, die Selbstvertrauen und Macht ausstrahlt. Großgewachsen, elegant afrikanisch gekleidet, verspiegelte Sonnenbrille, gepflegte Hände, dezent geschminkt empfängt sie »my friend Rolf«. Auch zu uns ist sie freundlich und wir gehen alle zusammen am brummenden Fantakühlschrank hinein in den Senator Abong. Dort wird im schattigen Innenhof ein Glas kühles Wasser angeboten. Sarah kommt gleich zur Sache. Warum wir unser Kamelzentrum nicht im Turkana County machen würden. Sie würde uns Land mit Wasser zur Verfügung stellen. Mit den Pokot könne man keine gemeinsame Sache machen, alles Räuber und Mörder und hinterlistige Diebe. Rolf erklärt wieder einmal sein Friedenskonzept. Ge-

Sarah, die Anführerin der Turkana, und Chief Daniel von den Pokot am Eröffnungsfest des Calabash (Casper Hedberg)

rade dort an dem Bach sei die Schnittstelle. »Ha, den Bach kenne ich sehr wohl«, da ginge sie nur mit ihren Männern hin, sie wolle ja nicht totgeschlagen werden. Nein, Angst habe sie nicht, die Pokot hätten eher Angst vor ihr. Das glaubt man ihr sofort, zumal zwei der Männer, die uns das Wasser gebracht haben, durchaus so aussehen, dass man vor ihnen Angst haben könnte.

»Frieden mit den Pokot? Zeit dafür wäre es«, sagt Sarah.

Die Kollegen in Zürich waren einverstanden, Rolfs Projekt mitzutragen. Zumal sein Kostenvoranschlag niedrig war. Mit ein paar 1 000 Franken wollte er das Restaurant und die ersten vier Unterkünfte unter den Tamarindenbäumen auf die Beine stellen. Es dauerte nun keine zwei Wochen bis zum Baubeginn. Einheimische Handwerker stellten einfache Zelte auf, hackten die Lichtung frei. Die Lehmziegel stellten sie selbst mit einer Ziegelpressmaschine her. Und Erde gruben sie dort aus, wo später das Kamelsaufbecken und die Fischzucht entstehen sollte.

Geschenke machen ist nicht Geld aus dem Fenster werfen. Die entstandenen Bauten an der A1 – Restaurant, Küche, Lager, Unterkünfte – sind ein Geschenk. Im Falle der Cuisine sind die Schenkenden die Spender, die uns vertrauen, dass wir mit ihrem Geld etwas »Gutes« tun. Gut ist in diesem Fall ein Ort in Afrika, an dem sich die Einheimischen treffen können unter dem Schutzschild der Cuisine. Wird ein friedlicher Dialog möglich, entstehen neue Perspektiven. Dann ist das Geschenk ein nützliches Geschenk. Und was machen die »zivilisierten« Kenianer? Sie sind freundlich zu uns und wollen sich ein Stück vom Kuchen sichern. Irgendwie, irgendwas gibt es sicher zu verkaufen. Etwas, was wir brauchen – und was kein Kenianer kaufen würde. Ohrenstöpsel gegen Ohrenwürmer? Ganz essentiell.

Einmal hat mich ein KenGen-Manager zum Mittagessen eingeladen. In den englischen Klub in Nairobi, wo die Weißen Tennis spielen. Es ging um den Zugang zur Elektrizität im Calabash. Leider könne er da nicht helfen. Der Mann war in der Geschäftsleitung der KenGen, es hätte ihn ein Fingerschnippen gekostet. Das

Treffen war reine Zeitverschwendung. Mein innerliches »Fuck you, fuck you, fuck you« kam nicht auf den Bildschirm. Auch die großen Entwicklungsdienste haben in unserer Gegend nicht agiert. Auf Nachfrage erhielten wir stets die Auskunft: zu gefährlich. Wir passten nicht in ihre Programme. Die weißen Toyota-Landcruiser der Medecins Sans Frontières, der United Nations, der Brot für die Welt und der Terre des Hommes nutzen ständig die Verbindung von Eldoret nach Lodwar, eben die A1, und wussten sehr wohl von unserer Existenz, aber keiner hat es mal für nötig gehalten, bei uns eine kleine Pause einzulegen. Wir existierten nicht.

Neben den Bauarbeiten gab es unzählige Details zu beachten. So trafen wir uns mit den Kriegern und ihren Anführern, meist ganz junge Burschen, die in kleinen Gruppen unterwegs sind, zu fünft, zu sechst, höchstens zu zehnt. Zur Ausstattung des Warriors gehört neben dem blauen, roten oder grünen Hütchen mit der Feder, neben dem polierten Messingschmuck, dem an einer Schnur um den Hals getragenen Handy und dem Stock, mit dem der Kuh der Weg gezeigt wird, auch ein kleiner, einbeiniger Hocker. Auf diesen kann man sich setzen zum Gespräch. Die Kalaschnikow legt man sich dabei über die Knie, nie in den Staub. Immerhin der wertvollste Besitz, der ungefähr dem Wert einer Kuh entspricht. Ein gutes Geschenk für einen Warrior ist Waffenfett. Ihre Umhänge aus dicht gewobenem Stoff sind rot, grün oder blau, einfach gestreift oder kariert, eigentlich nur große, rechteckige Stücke Stoff, die als Decke und Kleidung dienen. Ich glaubte anfangs, diese Tücher würden von den Stämmen selbst gewebt, aber sie kommen in der Regel aus China und die Muster sind englisches Design. Für den persönlichen Bedarf und für die Gewehrpatronen haben die Männer eine olivgrüne Umhängetasche aus alten Militärbeständen. An den Füßen Sandalen, aus Autoreifen geschnitten. Keiner von ihnen trägt auch nur ein Gramm zu viel mit sich herum. Sie gehen zu Fuß, wobei sie bei ihren Streifzügen unglaubliche Distanzen zurücklegen und wochenlang unterwegs sein können.

Der Gedanke, unbewaffnet in unser Restaurant zu kommen, behagte ihnen gar nicht. Sie leben in beständiger Anspannung, mal geht es darum anzugreifen, dann wieder angegriffen zu werden. Friedenskonzepte passen nicht in ihr Weltbild. Doch mit der Angst als ständigem Begleiter lebt es sich nicht angenehm. Viele überleben ihre Kriegerzeit nicht. Das Abenteuer, das wir vielleicht hinter einem unbeschwerten Räuberleben vermuten, ist eine Illusion. Es geht hier um tief verwurzelte kulturelle Werte, obschon ihnen durchaus bewusst ist, dass ihre Lebensweise nicht mehr zeitgemäß ist. Ihre Väter und Mütter, die »Elders«, sind festgezurrt an den alten Zöpfen. Die ab- oder durchzuschneiden heißt, sich außerhalb des Clans zu stellen. Und was dann? Die Slums der Städte sind voll mit erloschenen Träumen. Auch das wissen sie. Träume von einem eigenen Auto, einer anderen Arbeit, von Lernen und Weiterkommen, von einem Leben außerhalb der engen Stammesgesetze – natürlich gibt es diese Träume. Schließlich sind die jungen Männer mit den ernsten Gesichtern mittlerweile über das www. mit der Welt verbunden. Doch im wirklichen Leben sind ihre Chancen gering. Beinahe scheu kommt irgendwann die Frage, ob denn auch für sie eine Arbeit bei Calabash denkbar sei. Im Tourismus, wovon sie eine nebulöse Vorstellung haben. Falls man diesen jungen Männern eine Chance geben möchte, muss man mehr tun, als die Armee in den Busch zu schicken. Dann nämlich nutzen sie ihre Kriegerfähigkeiten, sind kaum fass- und schon gar nicht besiegbar.

Das ist die eine Seite. Die andere Seite sind die gerade mal knapp der Armut entkommenen, gebildeteren Familienoberhäupter, Männer und Frauen, die den westlichen Zukunftsplan begriffen haben. Haus gebaut, Auto auf Kredit gekauft und die Kinder in den immer noch britisch geprägten Schulen untergebracht. Doch mit der Hinterlassenschaft der europäischen Kolonialkonzepte ist das ganze Gefüge von Stammeszugehörigkeit und sozialen Verbindlichkeiten in erhebliche Schieflage geraten. Die außerafrikanischen Geschäftemacher haben den Rassismus nicht ins Land gebracht, den gab es schon vorher, doch die Zeichen weißer Vorherrschaft sind zu Merkmalen erfolgreicher Karrieren gemacht worden. Das fängt mit der Plastikarmbanduhr vom fliegenden Händler an der Bushaltestelle an und hört mit der Rolex am Steuer des schwarzen Mercedes auf. In Nairobi gelten die Stämme, die noch nach »alter Väter Sitte« leben, im besten Fall als folkloristisch. Im rassistischen Glauben daran, dass wer Geld Recht hat, sind sie einfach unzivilisierte Wilde, die der aufstrebenden Klasse, die den Zielen der ökonomischen Oberschicht zuarbeitet, im Wege stehen. Es gibt viele kenianische Städter, die sich ihrer Wurzeln bewusst sind. Wenn nicht der Vater, so doch der Großvater lebte noch im Kraal oder im Busch oder im Dschungel. Aber man möchte damit nichts mehr zu tun haben. Bloß weg vom Ziegenmist und dem Juju der Zauberer! Erfolg misst sich in US-Dollars. Man tut, wofür man bezahlt wird, und der wichtigste Körperteil ist inzwischen der Ellbogen. Für altruistische Handlungen gibt es keinen Platz. Geradezu folgerichtig ist es, dass die Hilfsorganisationen als nützliche Idioten gelten. Die verschenken Geld. Da muss man doch geschickt zugreifen, bevor der tumbe Buschkrieger die Dollars in die Hände bekommt, mit denen er nichts anzufangen weiß. Es gibt zwei Sorten von Muzungus: Die gnadenlosen Vertreter von Banken, Rohstofffirmen, internationalen Konzernen wie Ölgesellschaften, Pharma- und Rüstungsindustrie. Entscheidungsträger in der Entwicklungszusammenarbeit gehören mit in dieses Geflecht von Business, Postkolonialismus und internationaler Vernetzung. Vor all denen muss man sich anbiedern, den netten Bimbo spielen und Krümel vom Tisch stehlen. Die Anderen, die mit seriösen Hilfsprogrammen das immer heftiger klappernde, endlose Wirtschaftswachstum verlangsamen möchten, damit auch eine Turkanafamilie die Chance bekommt mitzuspielen, sind einfach nur doof.

Fabienne, eine Hotelkauffrau, und ihr Freund Andy, ein gelernter Metzger, waren bereit, ihren Lebensraum sechs Monate lang mit den Pavianen in Orwa zu teilen. Andy baute ein Betonmonster nach dem Kainuker Modell, Fabienne trainierte das Team, bis jeder eine Ahnung bekam, wie sich ein kleiner Betrieb einfach führen lässt. Die bewundernswerte Leistung dieser beiden war jedoch die Freundschaft, die sie in der Arbeit mit den lokalen Bewohnern aufbauen konnten. Sie haben sich mit Pokot und Turkana gleich gut verstanden: Sie packten mit an bei den Handwerkern, halfen mit bei der Entwicklung des ganzen Projekts mit eigenen Ideen, brachten Verständnis auf für die unterschiedlichen Welten, der ihren und der des afrikanischen Busches – und waren nach einem halben Jahr immer mit Freude und innovativ unterwegs. Sie haben bewiesen, dass es, um fast Unmögliches zu verwirklichen, nicht mehr braucht als echten guten Willen und persönlichen Einsatz. Bezahlt wurden sie nicht. Ein knappes Jahr nach unserem ersten Besuch war das Restaurant Calabash, so nannte Rolf seine Kreation, parat zur Feuerprobe.

In der Zwischenzeit war ich zweimal nach Orwa gereist, beteiligte mich an der Planung und Rolf wurde mein Freund. Wie befürchtet, waren die Gesuche zum Kamelzentrum noch immer nicht entschieden. Da nun das Calabash eigentlich fertig war, beschlossen wir, den Treffpunkt zu eröffnen. Von der Cuisine waren noch zwei weitere Helfer eingetroffen, Pascal und seine Freundin Franziska. Mit Rolf und mir waren wir nun zu sechst. Dazu kam das Team, das zukünftig für Calabash zuständig sein sollte. Sechs Männer und Frauen aus der näheren Umgebung. Unter ihnen auch eine Turkana. Sie bezogen landesübliche Löhne von der Cuisine und beteiligten sich am Calabash, weil sie sich erhofften, auch in Zukunft hier ein Auskommen zu haben. Ihr größter Beitrag war jedoch der, dass sie mit ihrer Bereitschaft zur Zusammenarbeit mit uns auch einen Schritt aus ihrer eigenen Komfortzone gemacht hatten und uns Muzungus vertrauten.

Bis zum Einweihungsfest sind es noch ein paar Tage. Wir sitzen abends im gemütlichen Gastraum an den neuen Tischen und auf neuen Bänken. Es wird geplaudert, Tusker Bier oder süßer Tee getrunken. Wir Schweizer spielen Karten. Manchmal hört man Schüsse aus der Ferne, dann blitzen Gewitter über den nächtlichen Himmel. Wir haben ein Dach über dem Kopf, sind bei uns zu Hause und fühlen uns sicher. Wir sind bereit.

Für die Eröffnung hatten wir zahlreiche offizielle Einladungen verschickt. Zusagen bekamen wir nicht, auch keine Absagen. Herzstück war die Ankündigung von Chief Sarah und Chief Daniel: Wir kommen. Per Buschtrommel hatten wir die Nachricht versandt, dass jeder eingeladen sei und dass die Muzungus von der Cuisine für alle kochen würden. Während ich dem Ereignis eher bange entgegenschaute – »was machen wir, wenn keiner kommt« –, blieb Rolf zuversichtlich. »Schau du bloß, dass es genug zu essen gibt.«

Andys Kochherd war gut geheizt. Wir schlachteten Ziegen, kochten tonnenweise Skuma Wiki, Ugali in 50-Liter-Töpfen, süßen Tee in Strömen, backten Zitronencakes. Rolfs »Cheerio Peace Band«, eine Gesangsgruppe, bestehend aus Turkana und Pokot, übte ihre Lieder, eine kleine Misswahl wurde choreografiert, Tanzdarbietungen standen auf dem Programm. Unser kleines Team schuftete ohne Ende. Eine Gruppe von »Elders« aus Orwa kam, um den Platz zu segnen. Sie schlurften um die Gebäude, murmelten Sprechgesänge, warfen geheimnisvolles Pulver in die Ecken. Dann setzten sie sich auf die für sie bereitgestellten Stühle unter dem großen Baum und blieben dort. Würdevoll schweigend.

Um drei Uhr nachmittags war noch niemand zu sehen. Bald danach aber kamen die ersten Pick-ups mit den farbenprächtigen Turkana-Ladys. Mit Sarah im Festgewand. Dann die herausgeputzten Pokots. Der frischgebügelte Chief Daniel. Junge Männer beider Stämme mit poliertem Schmuck. Der Platz unter der Schirmakazie füllte sich mit Menschen. Frauen, Kinder, Großmütter und knorrige alte Männer. Sie kamen zu Fuß. Zum Teil einen ganzen Tagesmarsch weit her.

Als wir mit der Essensausgabe begannen, hatten wir über 800 Besucher auf dem Platz.

Das Fest dauerte die ganze Nacht. Jeder bekam zu essen und zu trinken, alle haben mitgetanzt, mitgesungen, mitgeklatscht. Ohne einen einzigen Misston.

9 Alltag im Niemandsland

Mal Wurm, mal Käfer ... Gefahren lauern überall ... Leider hatte er einen Hang zum Schnaps ... Zusammen Billard spielen ... Seilziehen, Eierlaufen, Sackhüpfen ... Ein einzelner Elefant.

Kukus heißen die Hühner auf Suaheli. So ein Kuku ist ein normales Huhn. Da es zum Kleinviehbestand des Restaurants Calabash gehört, lebt es ein komplett anderes Leben als eine europäische Legehenne. Erstmal hat es enorm viel Platz. Es läuft den ganzen Tag auf dem Gelände mit seinen Kukukolleginnen herum, pickt mal Wurm, mal Käfer, bekommt Maiskörner und Gemüseabfälle hingestreut. Legt es ein Ei, dann nach eigenem Gutdünken und Wunsch. Die Eierwirtschaft im Calabash ist nicht von der Eigenproduktion abhängig. Entschließt sich das Huhn, seine Eier auszubrüten, wird ihm ein geschütztes Brutplätzchen eingerichtet, meist in der Küche auf einem der bodennahen Regale. Nein, nicht in der Nähe des heißen Herdes, sondern im großen Raum, wo das Gemüse gerüstet, das Geschirr gewaschen und der Brotteig geknetet wird. Dort sitzt es dann geduldig, gerne auch im Verbund mit ein paar Kolleginnen, und schaut zu, wie Zwiebeln gehackt werden, Sukuma Wiki geschnippelt oder wie einer toten Ziege das Fell über die Ohren gezogen wird. Auch die Zubereitung eines Artgenossen beunruhigt die brütende Henne nicht. Offenbar kennt sie ihren geschützten Status. Sie bleibt gelassen sitzen, immer wieder wird sie nett angesprochen, ihre menschlichen Freunde sind neugierig auf den Kukunachwuchs. Ab und zu verlässt sie ihren Platz, vertritt sich die Beine und gackert ein wenig in der Küche herum. Glucke muss essen, trinken und ihren natürlichen Bedürfnissen nachkommen. Das passiert alles in der großen Küche, in der irgendjemand hinter der Henne herwischt und ihr Gutes zum Schnabulieren gibt. Drei Wochen verbringt sie Tag und Nacht wohlbehütet im Haus, bis dann eines Tages die Küken schlüpfen. Sie wird gelobt, aber die faulen Tage sind jetzt vorbei, sie muss mit ihrem Nachwuchs die liebgewonnene Küche verlassen und sich draußen mit den wackeligen Kleinstkukus wieder der Hühnerschar anschließen. Das soziale Verhalten der Hühner ist eindrucksvoll. Nicht nur erkennen die Freundinnen ihre zurückgekehrte, jetzt frischgebackene Mutter wieder, sie helfen ihr auch mit der Erziehung der Küken, die sich schon bald in die Hackordnung einfügen. Da greift auch Vater Hahn mal mit einem scharfen Schnabelhieb ein, schließlich muss gelernt werden. Und Gefahren lauern überall.

Die Hühner kletterten nachts auf einen Baum, ihren Schlafbaum. Doch richtig sicher waren sie dort nicht. Irgendwelches Raubzeug überfiel sie im Schlaf und wir fanden nur noch verstreute Federn. Da die Hühnerverluste gravierend waren, musste ein Hühnerstall gebaut werden. Dieser aus ein paar Balken und Maschendraht zusammengenagelte Verschlag hing arg schief auf den Pfählen. Ich nannte die Hühnerbehausung ihrer steilen Schräglage wegen »Titanic«, weil sie mich an ein sinkendes Schiff erinnerte. Gerne hätte ich den Hahn Leonardo DiCaprio genannt, doch mein Humor war nicht gefragt. Hähne haben im afrikanischen Busch keine Namen. Immerhin gingen Hühner und Hähne jetzt gerne und freiwillig zur Nacht, eine klassische Hühnerleiter hinauf in ihr Refugium. Und sie blieben uns erhalten. Tagsüber verließen sie ihr Hühnerheim und gingen auf Hühnerreise. Sie liebten es, bei den Menschen zu sein, der Busch lockte sie nicht. Sie gefielen unseren Gästen, man konnte sich ein Huhn aussuchen, wenn man Freunde einladen wollte. Dessen waren sie sich offenbar nicht bewusst, sonst hätten sie weniger unbeschwert zwischen den Tischen herumgegackert. Trotz aller Freundlichkeit sind die gefährlichsten Gegner diejenigen, die gerade noch Körner ausgestreut haben. Die Küche ist der Ort des Hühnermordens. Wer nun meint, es sei einfach, sich eines der Hühner zu schnappen und ihm den Garaus zu machen, kann sich darauf gefasst machen, mit heraushängender Zunge hinter dem fliehenden, flatternden, gackernden Federvieh herzuhecheln, ohne es zu erwischen. Dazu hat es im Calabash einen Hund. Dieser Hund darf keinesfalls nach Lust und Laune Hühner jagen. Er ist ein abgerichteter Hühnerhund, der auf Zuruf, dann aber mit großer Freude, das Huhn, das Maureen ihm als Beute gezeigt hat, jagt, packt und schwanzwedelnd zu ihr bringt. Das Huhn hat zu diesem Zeitpunkt bereits begriffen, dass jeder weitere Widerstand zwecklos ist, es hängt schockstarr in Maureens kräftigen Händen, die das Drama zu Ende bringen. Maureen ist die Tierflüsterin des Teams. Ob Hund, Huhn, Katze oder Ziege – alle Tiere werden von ihr mit magischer Leichtigkeit domestiziert. Wie sie das tut, ist mir ein Rätsel. Sie scheint einfach die verschiedenen Tiersprachen zu beherrschen.

Neben dem Hund gibt es eine Katze. Die lebt, wie es mit Katzen so ist, von den Menschen unabhängig auf dem Areal. Ihr Job ist es, die Küche und die Vorratsräume von Mäusen frei zu halten. Meist schläft sie. Offenbar ist den Mäusen aber auch die schlafende Katze Bedrohung genug.

Tiere, die auf Vorrat gehalten werden, sind die Ziegen. Für sie haben wir einen Ziegenhirten, der mit den Tieren tagsüber unterwegs ist. Am späten Nachmittag bringt er sie zurück in ein Gehege. Auch die Ziegen produzieren ihren eigenen Nachwuchs. Aber die Nachfrage ist so groß, dass immer wieder Tiere zugekauft werden müssen. Patriarchat auch hier, obwohl der Ziegenbock eindeutig über weniger Regierungsgewalt verfügt als der Hahn. Deswegen ist er auch fast immer schlecht gelaunt. Junge Böcke werden gegessen. Weibliche Tiere haben bessere Chancen. Sie sollen trächtig werden und die Herde vergrößern. Zicken sie zuviel herum, sinkt ihre Lebenserwartung. Falls ein Fest geplant ist, werden abends die

Tiere aussortiert, die am Morgen getötet werden sollen – was dann von unseren Wächtern erledigt wird. Das Fleisch sollte möglichst lebendwarm auf den Rost kommen. Sonst wird es zäh. Nyama Choma heißen die knusprig gegrillten Ziegenstücke, das erklärte Lieblingsessen aller Calabash-Besucher und Mitarbeiter. Dazu Ugali und Sukuma Wiki.

Unser bester Ziegenmetzger war William, der das Tier mit einem schnellen Schnitt über den gestreckten Hals tötete. Die Ziege zappelt nur kurz mit den Beinen, und aus ist's. Das Blut wird in einer Schüssel aufgefangen und beiseitegestellt. Es koaguliert in einer halben Stunde zu einem festen Gelee, das man mit einem Messer in Würfel schneiden kann. So wird es auch verzehrt. Nur Blut, ohne Salz und ohne Gewürze. Die reine Substanz. Kopf, Füße und Innereien gehören dem Metzger. Außer der Leber, die esse ich. Gebraten.

Unsere Wächter schlachten zwei Ziegen vor dem Wochenende
(Casper Hedberg)

William war von Anfang an im Team von Calabash mit dabei gewesen. Er war einfach eines Tages aufgetaucht. Seine Schlafstätte hatte er nicht weit weg im Busch. Wir gaben ihm Arbeit, bezahlten ihm einen kleinen Lohn. Leider hatte er einen Hang zu Schnaps und betrank sich oft und gnadenlos. Dann war er zu nichts mehr zu gebrauchen. Irgendwann wurde es Winnie, der Managerin, zu viel und sie schmiss ihn raus. Als ich kam und nach ihm fragte, wusste niemand, wo er zu finden war. Ich machte mir Sorgen. William war ein Einzelgänger, ein älterer Mann, freundlich bis zur Unterwürfigkeit, wenn er nüchtern, lärmig, lästig, wenn er besoffen war. Er war Witwer und lebte alleine. Woher er den Schnaps bezog, wussten wir nicht. Kaum erkennbaren Fußpfaden folgend, fanden wir ihn schon nach etwa einer Stunde Suche in seiner Behausung im Busch. Eine mit Schnüren festgezurrte Plastikplane als Dach, ein alter Stuhl, eine Feuerstelle, ein paar leere Wasserkanister und eine uralte Matratze. Leere Schnapsflaschen. Das war's. Dort lag er reglos, nur noch Haut und Knochen. Es war schnell klar, ohne die Stelle bei uns würde er sterben. Ich sorgte dafür, dass er Essen und Wasser bekam. Wir stellten ihn wieder ein. Aber er blieb unzuverlässig. Und irgendwann verschwand er. Wahrscheinlich hatte er sich weiter in den Busch zurückgezogen, ein grandioses Abschiedsbesäufnis veranstaltet und war dann gestorben. Seine Reste sind dann vermutlich von Tieren verschleppt und gefressen worden.

Eines unserer Probleme war die fehlende Elektrizität. Die nur halb befriedigende Lösung war ein lautstarker Generator, der ständig kaputtging und außerdem viel zu viel Benzin verbrauchte. Nicht zuletzt diente der Benzinvorrat, den wir für den Generator anlegten, auch Chief Daniel, der regelmäßig den Tank seines Motorrades auffüllte, ohne dafür etwas zu bezahlen. Chief sein hat eben seine Vorteile. Den Strom brauchten wir, um Wasser zu pumpen, und hätten gerne noch einen Kühlschrank angehängt. Bei der Hitze tagsüber verdarben die Lebensmittel schnell, vor allem Gemüse und Früchte. Kleine Sonnenkollektoren auf dem Dach brachten nur ein paar Glühbirnen zum Glühen. Rolf, der ständig improvisierte, schlug vor, ein Kohlehaus zu bauen: eine Art viereckigen Bunker, dessen Wände aus einer dicken Schicht Holzkohle bestanden. Diese Holzkohle sollte dann mit Wasser getränkt und durch die Verdunstung der Innenraum kühl gehalten werden. Das Ding funktionierte nie. Unmengen Wasser wurden von der Holzkohle absorbiert, kühler wurde gar nichts und Wasser musste ohne Ende nachgepumpt werden. So lärmte und stotterte der Generator, schwarze, kohlenpulverschlierige Rinnsale zeichneten expressionistische Gemälde in den Staub um den nichtsnutzigen, mannshohen Kohlewürfel. So steht er heute noch da. Ein Denkmal fehlgeschlagener Innovation. Noch nicht mal die Hühner gehen hinein.

Das Restaurant unter dem ausladenden Dach bietet an langen Tischen Platz für bis zu 60 Gäste. Bei Veranstaltungen ist es voll. Als besonderen Luxus stellten wir – auch unter einem Zeltdach – einen Billardtisch auf. Die Kugeln rollen über das holprige Grün in alle Richtungen und trotzdem wird praktisch immer gespielt. Hinter der Theke stehen Maureen oder Winnie, öffnen Bier oder Fanta, kassieren und reichen die Speisen aus dem Durchgang hinaus zu den Kunden. Tagsüber gibt es immer ein paar Leute auf dem Platz. Mehr von der offiziellen Sorte. Polizisten, Militärs, ab und zu ein paar Lastwagenfahrer, öfter mal auch auch Krieger in Zivil. Sie deponieren ihre Schießgeräte in der Nähe im Busch, den Jüngsten lassen sie dort als Bewachung zurück. Stundenlang sitzen sie dann draußen, spielen mit Kronkorken oder Billard.

Draußen auf dem Platz mit der großen Akazie stehen weitere Tische und Bänke. Die Akazie bietet einen erheblichen Vorteil: Wer sie erklettert und sich oben auf einen der dicken Äste setzt, hat besseren Handyempfang. Unser Umsatz reicht derzeit nicht, um die Löhne zu bezahlen oder gar einen Gewinn zu machen. Aber es gibt ein geöffnetes Restaurant zwischen Marich-Pass und Kainuk!

Ein durch den Busch gehauener Weg führt vom Restaurant zu vier geräumigen Hütten unter den Tamarindenbäumen. Die Lehmbauten mit dem dicken Grasdach und zwei Betten sind verhältnismäßig kühl. Vor dem Schlafen empfiehlt es sich, kurz unter das Leintuch zu schauen. Manchmal verirrt sich ein Skorpion ins Bett. Es gibt auch Fenster mit Moskitogittern und festen Fensterläden. Offen stehen dürfen sie allerdings nicht. Ein neugieriger Pavian könnte zum ungebetenen Gast werden. Auch wenn er nur das Wasser trinken wollte, das durch einen dicken Tontopffilter in einen Plastikeimer tropft. Trinkwasser mit leichtem Geschmack nach Erde. Strom gibt es in den Hütten nicht, dafür hat es Kerzen. Moskitonetze hängen über den Betten. Der Innenraum ist in einem hellen Gelb gestrichen. Es gibt ein zentrales Waschhaus mit zwei Duschkabinen und Toiletten. Zum Duschen muss man sich das Wasser aus Eimern schöpfen und über den Kopf gießen – falls man nicht im Bach baden will. Das ist nicht immer empfehlenswert, es kann sein, dass man sich das Wasser mit einer Gruppe von Hirten und Kühen teilen muss.

Diese Unterkünfte werden meist von den Freiwilligen, die für die Cuisine tätig sind, bewohnt. Wir versuchen ständig, mit Helfern aus der Schweiz an baulichen Verbesserungen und an der Ausbildung der einheimischen Teammitglieder zu arbeiten. Vor allem aber ist die Solidarität der Volonteers aus Europa wichtig für die Sicherheit der Cuisine in dieser unruhigen Gegend. Nicht alle sind Köche oder der Gastronomie verwandte Berufsleute, die sich für ein paar Wochen oder Monate mit dem Team vom Calabash Zeit genommen haben. Ihr Beitrag als Gastgeber verändert die Wirklichkeit. Völkerverständigung im Mikrokosmos bedeutet: Zusammen Billard spielen, Ziegen zerteilen, Feuerholz suchen. Miteinander Wasser, Essen und die Toiletten teilen. Fragen beantworten, Fragen stellen, Freundschaften gestalten. Kartoffeln kochen oder Kuchen backen. Die Freiwilligen bauen Tische, graben Abfallgruben, reparieren den Hühnerstall und pflanzen. Schon längst habe ich mich von der Idee verabschiedet, mit angelesenem Wissen fremde Welten umgestalten zu können. Die Präsenz dieser idealistisch geprägten Mitarbeiter der Cuisine unterstreicht die Vision unseres Tuns. Sicher stecken in jeder Frau, in jedem Mann, der seine Zeit dem Calabash schenkt, eine tüchtige Portion Abenteuergeist und Neugier auf das Unbekannte. Man kann in unendlich viele Fettnäpfchen treten. Macht aber nichts. Im Gegenteil. All die interkulturellen Fehler, die gemacht werden, sind eher erheiternd.

Es darf gelacht werden. Die Toleranz der Einheimischen gegenüber den Fremden lässt vieles zu. Die Buschbewohner sind uns gegenüber, die wir in ihrer Welt keine großen Überlebenschancen hätten, undogmatisch belehrend, freundlich begleitend und augenzwinkernd verzeihend. Geld spielt zwar eine Rolle und wir haben mehr als sie, doch innerhalb kurzer Zeit wird spürbar, dass ihre praktisch geldlose Gesellschaft Dinge bietet, von denen unsereins keine Ahnung hat. Die paar Wochen im Busch ohne Fernseher, ohne Internet und ohne eisgekühlte Zitronensorbets sorgen im eigenen, europäisch wohlgeordneten Weltbild für positive Unruhe. Der Lerneffekt ist enorm!

Unruhe gibt es auch, wenn wir Feste feiern. Wir folgen dabei recht unbekümmert unseren eigenen Erfahrungen. So haben wir eine monatliche Disco eingerichtet, laden mit einem Beamer, einem Leintuch und ein paar CDs zu Filmabenden ein. Erstaunlich, was sich da für kulturelle Unterschiede manifestieren. Entweder sie oder wir, einer lacht immer an der falschen Stelle. Eine gut gelungene Kung-Fu-Schlägerei erhält fachmännische Kommentare, Küsse und Schmuseszenen werden laut und abfällig bespottet. Pädagogisch wertvolle Filme lösen Gähnen aus.

Einmal haben wir ein Sportfest organisiert und die Kids aus der Schule von Kainuk und aus der Schule von Orwa zum friedlichen Wettbewerb eingeladen. Seilziehen, Eierlaufen, Sackhüpfen und andere spielerische Wettkämpfe. In einer Ecke des Restaurants wurden die Gesichter mit Fingerfarben bemalt, in einer anderen übte ein gemischter Chor aus Turkana- und Pokotkindern Lieder ein. Es gab Ugali, Ziegenstew, Sukuma Wiki, Eistee ohne Eis und Zitronencake. Das Ungewöhnliche war nicht das Sportfest an sich, solche Veranstaltungen werden in den Schulen regelmäßig durchgeführt, das Ungewöhnliche war die Teilnahme beider Stämme. Ungewöhnlich und nicht einfach. Da haben unsere weißen Gesichter unschätzbare Dienste geleistet. Als Mittelsleute zwischen den Stämmen, als glaubwürdige neutrale Gastgeber konnte die Volonteers mit beiden Seiten verhandeln. Allerdings waren zahlreiche

Gespräche mit wechselnden Gegenübern notwendig. Die Schulleiter reagierten zuerst abweisend und forderten Sicherheitsgarantien. Immerhin lag der geografische Ort, an dem wir spinnerten Muzungus das Restaurant aufgebaut hatten, mitten im Niemandsland. So baten wir Militärs, uns einen Zug Soldaten ins Calabash zum Schutz gegen Überfälle zu schicken. Diese verhielten sich unauffällig, saßen ruhig am Rande des Geschehens an einem für sie reservierten Tisch. Transporte für die Kinder, die Lehrer und ein paar Eltern, die sie begleiteten, wurden auf unsere Kosten organisiert. Wir kauften Bälle, Schminkfarben, Luftballone, das Seil zum dran Ziehen und die Säcke zum Hüpfen und dekorierten das Calabash.

An dem Tag des Festes hatten wir viel Spaß. Als am späteren Nachmittag der Bus, der die Kinder von Kainuk abholen konnte, um Stunden verspätet eintraf, wurde es allerdings ungemütlich. Ein paar Pokot-Renegaten hatten die Abwesenheit der Lehrer in der Schule von Kainuk genutzt, um einen Überfall auf das Schulbüro zu inszenieren. Nach einer wilden Schießerei wurden sie vertrieben, Verletzte oder gar Tote gab es nicht, doch die Turkanas sahen sich in ihren Vorurteilen gegenüber den Pokots wieder einmal bestätigt. Es dauerte Monate, bis sich die Situation wieder beruhigte.

Trotzdem ist das Calabash mit der Zeit zu einem Treffpunkt geworden – auch wenn abends das Restaurant leer war.

Nach Einbruch der Dunkelheit holt Winnie die Gewehre der Wächter aus dem Büro. Diese bleiben die ganze Nacht auf und patrouillieren übers Gelände, sodass alle ruhig schlafen können. Nächtliche Tiere machen ihre nächtlichen Tiergeräusche, Sterne blinken, und die Anwesenheit der Wächter, zweier junger Männer der Kenya Police Reserve, ist beruhigend. Die KPR sind vom Staat autorisierte Hilfstruppen, die in den Gegenden, in denen weder Polizei noch Militär einen ständigen Schutz aufrechterhalten können, ihre Dienste anbieten. Beide Wächter sind ehemalige Soldaten, die bisher nur einmal ihre Waffen benutzt haben.

Eines Nachts gab es unheimliche Geräusche im Garten, Äste knackten, dumpfes Poltern und Schnauben war zu hören. Beherzt eilten die KPRs durchs Dunkel. Dann feuerten sie Salven ab. Am nächsten Morgen erst wurde der Schaden begutachtet. Ein einzelner Elefant hatte sich, offenbar von der Wassertonne und dem Gemüse angelockt, zur Tomatenernte gemeldet. Offenbar waren es zu wenige, er ärgerte sich und zerstampfte den unergiebigen Anbau. Bei Tageslicht wurden die Fußabdrücke mit dem Metermaß gemessen und mir wurde versichert, dass es ein riesiger Elefant gewesen sei, viel größer noch als das Kohlekühlhaus, und was für ein Glück, dass nicht die ganze Herde da gewesen sei, die hätte den Wasserturm umwerfen können. Aber wahrscheinlich sei sie eh weiter unten am Bach gewesen und dieser »unser« Elefant sei vom Weg abgekommen. Wegen der Tomaten. »Weiter unten am Bach« ist ziemlich viel weiter unten und angeblich gibt es dort auch Krokodile, Löwen kommen zum Trinken – und überhaupt sei dort die Wildnis. Solche Geschichten vom »Bach« werden uns am Abend erzählt, bevor die Wächter ihre Wache aufnehmen und alle in ihre Hütten gehen.

Zwar gab und gibt es immer wieder bewaffnete Zwischenfälle. Im Calabash selbst blieben das Team und die Freiwilligen jedoch unbehelligt. In acht Jahren seit dem ersten Spatenstich musste der Ort nur einmal wegen aufflammender Kämpfe für ein paar Tage evakuiert werden. Wir schickten das Team nach Hause, nur die KPRs blieben und hielten die Stellung. Auch wenn es unmöglich war, einen Gewinn zu erwirtschaften, so konnte das Friedensprojekt doch über die ganze Zeit hinweg mit relativ bescheidenen Zuschüssen aus der Kasse der Cuisine am Leben erhalten werden.

10 Afrikanische Partner

Sicher nicht im Busch ...Kreidefressende Wölfe ... Wie der Herr, so's Gscherr ... Hehre Entwicklungszusammenarbeitswelt ... Offizier und Gentleman ... Fundraising, Bürokram, Buchhaltung ... Das Gewitter war vorüber.

Afrikanische Partner, die sich an den Kosten des Calabash-Projekts beteiligten, waren nicht zu finden. Während wir mit den lokalen Chiefs, lokalen Mitarbeitern und den lokalen Vertretern von Militär und Polizei schnell und unkompliziert Vereinbarungen treffen konnten, gab es eine Art unsichtbare Grenze, die zu überschreiten einen anderen Status erfordert hätte. Mit diesem anderen Status meine ich eine wesentlich dickere Brieftasche. Große Peace Meetings mit Politikern und Wirtschaftsleuten finden in Erstklasshotels statt. Sicher nicht im Busch. Die Großstadt Eldoret hätte solche Einrichtungen bieten können. Dorthin, wo ein guter Whisky mit Eiswürfeln aus »stillen«, importierten Wassern an der Bar erhältlich ist, wurden wir nicht eingeladen. Viel näher an reale Geschehnisse kamen die politischen Unterhändler nicht. Es fehlten gut 200 Kilometer zu uns. Im kenianischen Fernsehen wurde ausführlich über diese Meetings berichtet. Die Bilder sprachen eine eigene Sprache. Im Calabash-Umfeld gab es zum Beispiel kaum übergewichtige Menschen. Bei diesen Treffen jedoch, die Viehdiebstahl und Stammeskriege mit großen Worten kommentierten, schien das Gewicht der Volksvertreter in direktem Zusammenhang mit den gewichtigen Aussagen der Vertreter von Parteien oder einflussreichen Unternehmungen zu stehen. Maßanzüge aus besten englischen Stoffen, geschneidert in London oder Hongkong, spannten sich über wahrhaft stattlichen Bäuchen, seidene Krawatten baumelten um feiste Nacken. Echtes Engagement für die Bürger und Konsumenten des Vielvölkerstaates Kenia war fast durchweg diametral entgegengesetzt dem Hüftmaß der mächtigen Vertreter der Lobbys, die die Geldflüsse regeln.

Selten öffnete sich mir die Tür zu einer dieser Machtetagen, und auch dann nur einen schmalen Spalt. Außer schulterklopfenden Aufmunterungsgesten war jedoch nichts zu holen. Da half auch Rolfs Netzwerk nicht viel weiter. Wie oft meinte ich – braver Schweizer, der an Worte glaubt, die tausendfach über die Medien verbreitet werden, Worte von Friede, Freude, Eierkuchen – beim Betrachten dieser Nachrichtensendungen eine freudige Welle von Empathie zu spüren. »Mit dem sollten wir reden!« Mit dem Gouverneur von West Pokot, von Turkana County, mit dem Transportunternehmer, der Hunderte von Lastwagen über die A1 geschickt hat, mit dem Bildungsbeauftragten der Regierung, mit den kenianischen Wirtschaftsexperten, die rosafarbene, soziale, ökonomische Konzepte für alle entwarfen. All diesen kreidefressenden Wölfen gelang es immer wieder, mich zu überzeugen, dass sie nur das Beste im Sinn hätten. Die Kontaktaufnahme scheiterte in der Regel schon an der Vor-, Vor-, Vorzimmerdame des betreffenden Entscheidungsträgers. Heute ist mir meine Kinderzuversicht peinlich. Ich habe dazugelernt. Dafür muss ich diesen Männern, und Männer sind es fast ausnahmslos, dankbar sein. Der Abgrund zwischen Worten und Taten ist kaum getarnt. Einfachen Leuten ist nur Einfaches zuzumuten, was darüber hinausgeht, versteht nur der durch Geld und Macht geadelte Volksvertreter. Das ist kein kenianisches Problem, es ist dort nur besonders auffällig. Man verlässt sich einfach auf seine unangreifbaren Positionen und lügt dreist drauflos. Woher die Menschen diese Skrupellosigkeit nehmen und warum straffreie Korruption zum täglichen Business gehört, ist leicht zu beantworten. Von wem haben sie es denn gelernt? Der Ausdruck »koloniales Erbe« trifft den Kern der Sache präzise. Wie der Herr, so's Gscherr. Die dicken Herren machen es vor. Am unteren Ende der Pyramide steht dann der Kleinunternehmer, der nach dem Motto: »Man muss die anderen reinlegen, bevor man selbst reingelegt wird« in seiner Autowerkstatt gebrauchte Ersatzteile als neue verkauft, Zement mit Kalk streckt und Katzenfutter in der Spaghettisauce verarbeitet.

Meine Erfahrungen mit den Vertretern von Botschaften und Entwicklungsdiensten sind nicht viel besser. Die Standardantworten, ich zitiere sie hier nicht, sind mir bekannt. Eine der dreisteren Ausreden will ich hier erwähnen. Es geht dabei um die Verantwortung für Steuergelder. Während die Zeitungen zu Hause voll waren von Skandalen über den Ankauf von milliardenteuren Kampfflugzeugen, Schmiergeldzahlungen, unkontrollierten Spesenabrechnungen von Beamten, lehnte ein Vertreter der schweizerischen Direktion für Entwicklung und Zusammenarbeit (DEZA) einen Zuschuss an die Cuisine vor Ort ab mit dem Hinweis, er sei für seine Ausgaben direkt dem Schweizer Steuerzahler verantwortlich und könne deshalb keine experimentellen Konzepte unterstützen. Klartext: Ihre Ideen und Aktionen genügen nicht den hohen Ansprüchen unserer hehren Entwicklungszusammenarbeitswelt! Das hinderte den Herrn nicht daran, mich als Hauskoch zu irgendeiner privaten Feier bei sich anzustellen. Ich habe es gemacht, weil ich in diesen Jahren ständig am Rande der Pleite herumeierte. Nein, ich habe ihm nicht in die Schokoladenmousse gespuckt, man hat so was wie Berufsehre, aber meine Verachtung ist ihm bis zum jüngsten Tag gewiss. Das wird ihm völlig egal sein, doch sollte er jemals lesen, was ich hier schreibe, weiß er, dass er gemeint ist. Das ist es mir wert.

So hatte ich auch nicht zu hohe Erwartungen, als ich mich in der eidgenössischen Vertretung in Nairobi meldete, um dort demütig nachzufragen, ob ein kleiner Betrag aus der Portokasse für das Calabash denkbar sei. Rolf empfahl mir den Botschafter Jacques Pitteloud. »Geh zu ihm, er ist ein Guter«, meinte er. Tatsächlich erhielt ich zeitnah einen Termin.

Ein Taxi brachte mich hin. Das Villenviertel, in dem die Botschaft lag, war mit öffentlichen Verkehrsmitteln nicht zu erreichen. Die Matatus, die Minibusse, die in der Stadt Nairobi den zivilen Nahverkehr besorgen, kurvten in dieser Gegend nicht herum. Außerdem hätte sich das Verkehrssystem Nairobis für mich nur in Begleitung eines ortskundigen Begleiters entschlüsselt. Da wollte ich aber alleine hin. Die zu erwartende Blamage musste nicht unbedingt mit einem Mitarbeiter vom Stamme der Pokot geteilt werden. Ich gab meinen Pass beim Pförtner ab und wurde ins Untergeschoss des nicht protzigen Gebäudes geführt wo ich mich hinsetzte und mein Buch aus der Tasche zog. Wartezeiten war ich gewohnt. In diesem Fall hatte ich das Buch kaum aufgeschlagen, als ich vom Botschafter Jacques Pitteloud selbst abgeholt und in die Kaffeeküche geführt wurde.

Der Konsularbezirk der Botschaft umfasst Kenia, Burundi, Uganda, Ruanda und Somalia. Pitteloud war zuständig für schweizerische Interessen in diesen Ländern. Das bezog sich nicht nur auf geschäftliche Abläufe, gerade in Kriegsgebieten wie Somalia gehört humanitäre Hilfe mit ins Pflichtenheft. Der großgewachsene schlanke Mann entsprach meinem Bild des Offiziers und Gentleman, gebildet, wortgewandt, engagiert und bestens informiert. Während seiner Militärkarriere kommandierte er Panzergrenadiere. Das war schon mal ein Anknüpfungspunkt, hatte ich doch meine Schweizer Militärpflicht bei dieser Truppe absolviert. Man merkte ihm den Soldaten auch in seiner Stellung als Diplomat an. Wenn ich auch zu den Militärs in Krisengebieten ein gespaltenes Verhältnis habe, gibt es doch ein Soldatenmodell, das ich akzeptieren kann. Leider ist diese Sorte verantwortungsbewusster, tapferer und disziplinierter Kommandanten, eine Art moderner Samurais, nur selten anzutreffen. Doch es gibt sie – und Pitteloud gehört in diese Kategorie. Er reist, ohne viel Aufhebens zu machen, und wenn es seine Aufgabe verlangt, auch durch unsichere Gegenden. Ohne eine Division Fallschirmjäger als Begleitschutz.

Nachdem er mich angehört hatte – es ging um den Bau eines zusätzlichen Schlafhauses für die zu erwartenden Kamelhirten, wofür unser Budget nicht ausreichte – versprach er mir, sehr bald seine Entscheidung mitzuteilen. Was er auch tat. Positiv. Das Geld kam rasch auf unser Konto, das Haus wurde gebaut und ein paar Monate später kam Jacques Pitteloud zur Einweihung ins Calabash. Das war ungewöhnlich. Doch das Ungewöhnlichste für mich war die Haltung dieses Mannes. Die Cuisine hatte noch nie öffentliche Gelder erhalten. Die unkomplizierte Hilfe, die jetzt von einer einzigen Person kam, vom Botschafter selbst, war ein bislang nicht gekanntes Erlebnis.

Die Hilfe, die uns Jacques Pitteloud für den Bau des Schlafhauses zukommen ließ, hatte einen weit höheren Wert als den rein pekuniären. Es war eine wunderbare Anerkennung dessen, was wir taten. Sie gab uns Auftrieb, erleichterte das Weitermachen.

Ich pendelte zwei-, dreimal pro Jahr zwischen Zürich, Ecuador und Kenia hin und her. Meinen Lebensunterhalt verdiente ich mit journalistischen Arbeiten, bezog Arbeitslosenunterstützung und wurde von meiner Liebsten, meiner Frau Iris, finanziell gehalten. Diese unbequeme Situation, ich lebte von der Hand in den Mund, belastete mich. Schließlich nahm ich eine 50%-Stelle in der Redaktion eines Gastromagazins an, schrieb über Kraut und Rüben, Kaninchenbraten und Restaurants. Später spezialisierte ich mich auf Zigarren. In Zürich lebte ich in einer günstigen Dreizimmerwohnung, die ich mit zwei Mitbewohnern teilte, in Ecuador hatten wir unser Haus. Schwieriger war die ständige Abwesenheit von der Familie, Iris beklagte sich zu Recht, ich würde meinen Teil Familienverantwortung vernachlässigen, unser Hund bellte mich an wie einen Fremden. Obwohl sich die Cuisine ständig weiterentwickelte, war es nicht denkbar, mir oder den anderen, die mit am gleichen Strick zogen, einen Lohn auszuzahlen. Im Gegenteil, weiterhin kamen wir für den Löwenanteil unsere Auslagen selbst auf. Immer wieder waren wir versucht, das Ganze aufzugeben. Gerade die weniger spektakulären Aufgaben, Vereinsverwaltung, Fundraising,

Bürokram und Buchhaltung, konnten nicht einfach für Gotteslohn eingefordert werden. Als Anna Hoffmann 2009 dann als Geschäftsleiterin die erste bezahlte Stelle in der Cuisine übernahm, wurde alles leichter. Nicht dass sie viel verdient hätte. Endlich gab es eine feste Adresse und eine Telefonnummer und die Vereinsmitglieder erhielten einen Newsletter. Anna ist ausgebildete Journalistin und PR-Fachfrau, die die Verwaltung der Csf in die Hand nahm.

Auch Rolf Gloor erhielt einen knappen Zuschuss von der Cuisine. Er hielt die Zügel im Calabash in der Hand. In den ersten Jahren konnte er seine Stellung bei der Biovision weiter halten. Als ich ihn kennenlernte, trennte er sich gerade von seiner Lebenspartnerin Mercy. Sie wollte Kinder, er nicht. So heiratete sie Paul, einen in den USA ausgebildeten Baptistenpfarrer, wurde bald schwanger und leitete fortan das Honigunternehmen, das sie und Rolf aufgebaut hatten. Rolf war dort weiterhin als Berater tätig. Er pflegt einen afrikanischen Lebensstil. Nach der Trennung von Mercy erlaubte er sich, einen Haushalt mit verschiedenen Geliebten zu führen. Hauptfrauen und Nebenfrauen sozusagen, die er in seinen Projekten, auch im Calabash, in verantwortliche Positionen brachte. So hatte er am Lake Turkana ein zerfallenes Lodge gekauft und ein einzigartiges und wundersames Wüstenparadies kreiert. Dessen Geschäftsführerin war eine seiner Lebensbegleiterinnen. Rolf ist keiner, der mit seinen Eroberungen prahlt, und auch kein machohafter Frauenbenutzer. Im Gegenteil, seine Frauen sind, oft viel jünger als er, keine unterwürfigen Dienerinnen, sondern erhalten, wenn sie bei ihm mitarbeiten, verantwortungsvolle Posten und ein normales Gehalt. Man kann nun darüber streiten, ob es sinnvoll ist, mit seinen Geliebten zusammenzuarbeiten. Im westlichen Denken sind das No-Go-Szenarien mit einer nach oben offenen Konfliktskala. Afrika ist anders. Ich merkte eine ganze Weile lang nichts vom Gloorschen Liebesgeflecht. Später, als sich langsam zeigte, wer alles mit Rolf über das Geschäftliche hinaus verbunden war, spielte es keine Rolle mehr. Das private Leben unseres Projektleiters war seine Sache.

Während der Vorbereitungszeiten für das Csf-Projekt erhielt er Besuch einer Inspektorin, ausgesandt vom Mutterhaus der Biovision in Zürich, die sich das Cabesi genauer anschauen wollte. Cabesi war zwar, an den – auch ökonomisch – erzielten Erfolgen gemessen, ein erfolgreiches Projekt. Mercy, mittlerweile mit Paul und Kind anderen Lebensstrategien verpflichtet, schmiedete jedoch mit der jungen Europäerin eine Allianz, um ihren alten Lebenspartner aus dem Geschäft zu drängen. Sei es, weil sie eifersüchtig war auf Rolfs junge Frauen, oder sei es, weil der Baptistenprediger Paul – der seinerseits ein großer Frauenverehrer war – die Chance witterte, das funktionierende Geschäft zu übernehmen. Da Rolf die Missbilligung seines Lebensstils seitens der Inspektorin, die von Mercy über den Vielweiberhaushalt aufgeklärt worden war, Pfeife rauchend ignorierte, verpasste er es, seine Mitwirkung im Cabesibetrieb ins richtige Licht zu rücken. Mercy und Paul hatten bereits den Businessplan ohne Rolf parat, wonach das Mutterhaus in Zürich beschloss, sich aus Cabesi zurückzuziehen. Mercy und Paul sollten übernehmen. Entwicklungspolitisch wunderbar: Projekt gemacht, Unternehmen aufgebaut, weiter mit den lokalen Managern. Rolf wurde noch für sechs Monate auf halbes Gehalt gesetzt, musste den Laden übergeben und war seine Biovisionsstelle los. Das war nicht so geplant, weder von Rolf noch von uns. Er ärgerte sich ein wenig, blieb aber gelassen, widmete sich jetzt vermehrt seinen Plänen am Turkanasee und arbeitete weiter mit der Cuisine für das Calabash.

Das Restaurant am kleinen Bach im Busch war zu einem bekannten Treffpunkt geworden. Aber nach wie vor brachte es kein Geld ein. Die Auseinandersetzungen zwischen den Stämmen waren, nach geheimen und uns nur zum Teil bekannten Verhandlungen, zurückgegangen. Bei einer massiven Armeeaktion wurden viele Krieger entwaffnet, zumindest wurden entsprechende Erfolgsmeldungen verbreitet. Regelmäßig patroullierten Soldaten über die A1. Links und rechts der Straße wurden je 15 Meter Busch abgeholzt, damit sich kein Angreifer mehr im Gestrüpp verbergen konnte. Der Frieden war nun in greifbarer Nähe. Ein Grund für die vermehrte Kontrolle der Straße waren jedoch Ölfunde weiter im Norden, wohin Schwertransporte mit teuerstem Gerät fuhren. Die Regierung konnte es sich nicht mehr leisten, die Sicherheit an der A1 zu vernachlässigen. Bewohner der Umgebung, Leute aus Kainuk, Marich-Pass, Orwa und anderen Dörfern waren wie wir selbst der Meinung, dass das Restaurant einen wichtigen Beitrag zur Einigung zwischen den bewaffneten Gruppen geleistet hatte. Da dieses Resultat aber nicht mit handfesten Zahlen bewiesen werden konnte, blieb es weitgehend unbeachtet. Wir führten kein Buch über abgefeuerte Schüsse, Verletzte, Verstorbene oder Vertriebene. Hätten wir bloß. Solcherlei statistische Fisimatenten nennen sich stolz Monitoring, kosten Geld und füllen Ordner in klimatisierten Büros. Die Region blieb für Außenstehende ein Territorium, in dem Räuber ihr Unwesen trieben, das man schnell durchfahren musste. Ja, es gab nach wie vor Überfälle, Busse wurden angehalten und ausgeraubt, doch im Großen und Ganzen nahmen die Zwischenfälle ab. Unser Calabash war ein sicherer Ort. Wir wälzten allerlei Pläne. Eine Tankstelle war im Gespräch, ein Wochenmarkt oder ein Safarizentrum für Touristen. Unrealistisch das eine wie das andere. Wir verkauften Gebäck und gekühltes Wasser an Soldaten und Lastwagenfahrer.

Eine gute Neuigkeit hieß – mit einem Wort – Wasser. World Vision, die evangelische Hilfsorganisation, hatte keine zwei Kilometer von uns entfernt in Orwa einen Brunnen gebohrt, der tief genug war, um das Dorf zu versorgen. Wir durften eine Wasserleitung direkt zu unserem Wasserturm legen.

Gleichwohl hatten wir, nicht ganz unvorhergesehen, einige Probleme. Da das Calabash in den vergangenen Monaten weiterum bekannt geworden war, interessierte sich das offizielle Verwaltungskenia jetzt für gebratene Ziegen und Übernachtungen gegen Bezahlung. Der Drache witterte Dollars. Es kamen unbekannte, gut gekleidete Herren ins Cabesi und wollten wissen, ob denn auch alles ordnungsgemäß abgerechnet werde. Ob die Mitarbeiter korrekte Verträge hätten und ob wir auch Mehrwertsteuer abführten. Wer denn nun Besitzer der ganzen Anlage sei und an wen man die aufgelaufenen Verwaltungskostenrechnungen schicken solle. Das Ganze nahm bedrohliche Ausmaße an. Eine hochoffizielle Schließung des Restaurants war durchaus möglich. Rolf, alter, gewiefter Fuchs, hörte die Signale. Er machte uns klar, dass die kenianische Verwaltung davon ausging, dass jede noch so kleine Hilfsorganisation immer noch mehr Geld zur Verfügung hatte als die Gemeinde Orwa. Es konnte etwas zu holen sein.

Jetzt, wo doch ständig Menschen in der Gaststätte anzutreffen waren, erinnerte sich die Gemeinde Orwa daran, dass wir auf ihrem Land reichlich Geld scheffelten. Sie wollte einen Anteil haben. Über Investitionen, Businesspläne oder gar eine Risikopartnerschaft mit Calabash war aber mit den Gemeindevertretern nicht zu diskutieren. Als wir anboten, den ganzen Zirkus mit Hühnern, Betonherd, Geschirr, Knattergenerator und Katze der Gemeinde zu schenken und uns schon morgen aus dem Tagesgeschäft zurückzuziehen, wollte dann doch keiner der Elders das Geschenk annehmen. Es gab zudem noch ein staubiges, unterzeichnetes Dokument, das Rolf hervorzauberte, in dem die Elders sich bereit erklärt hatten, uns das Stück Land zu überlassen. Rechtlich gab es dazu kaum eine Grundlage, Grundbucheinträge gab es nur im unbekannten Nirgendwo. Endlich einigten wir uns darauf, weiter die Mitarbeiter aus der Gemeinde zu beschäftigen. Dieses – bescheidene – Gewitter war also vorübergezogen.

Doch größere Regenzeiten waren in Sicht. Es beunruhigte uns, dass mit dem Funktionieren des Calabash Verwaltungseinrichtungen, die uns nicht gewogen waren, zu einem weiteren Schritt gegen uns ausholen konnten. Da Cabesi als registriertes Unternehmen nicht mehr von Rolf gelenkt wurde, konnten wir uns nicht mehr darauf verlassen, dass unsere Verpflichtungen gegenüber den kenianischen Behörden korrekt abgewickelt wurden. Csf war keine in Kenia registrierte Hilfsorganisation. Wir mussten jederzeit damit rechnen, mit empfindlichen Strafen belegt zu werden. Das wäre dann das Ende der Geschichte gewesen. Ganz blöd waren die Bürohengste der Countyverwaltung nicht: Die Muzungus, die brav die Verluste des Buschrestaurants übernehmen sollten, mussten noch eine Weile bei Laune gehalten werden. Die Cuisine in Zürich, die mit der weiteren Mitarbeit der Cabesi fest gerechnet hatte, versuchte nun über den ursprünglichen Ansatz, der Zusammenarbeit mit Biovision, eine rechtliche Grundlage zu finden, die mit den alten Plänen korrespondierte. Damit waren wir bei Mercy und Paul angelangt. Es konnte schwierig werden.

11 Calabash putzt sich auf

Armut eine Schande ... Nein, aus Amsterdam ... In Zürcher Ober-
ländertracht ... Ein paar Insekten haben sich gefreut ... Schnee
und Kälte ... Blutrünstige Feinde mit rauchenden Kalaschni-
kows ... Alles ganz authentisch.

Unsere Mitarbeiter waren keine unbedarften Afrikaner, die dankbar
Gaben der Muzungus entgegennahmen. Sie nickten nicht wie das
Kassennegerchen auf dem Spendenkasten der Sonntagsschule. So eines kannte ich noch aus meiner Kindheit. Wie man's dreht und wendet: Der Alltagsrassismus der 60er-Jahre hat mein Afrikabild geprägt.
Meine Prägungen zum Thema waren erschreckend antiquiert, meine
Wissenslücken gravierend. Ich glaube, dass ich mich diesbezüglich
nicht sehr von den meisten Miteuropäern meiner Generation unter-
scheide. Die Bilder von Hungersnöten, Biafrakrieg und den Söldnern der Kongowirren standen in direkter Verbindung mit dem Ur-
waldhospital von Albert Schweitzer, mit weißgekleideten frommen
Frauen, die hungerbäuchige schwarze Kinder auf den Armen trugen.
Zu deren Rettung genügte eine Packung Kekse und frisches Wasser, zu deren Erlösung trugen die wohlmeinenden Missionare bei,
die ihnen Lesen, Schreiben, Beten und Zähneputzen beibrachten.
Angelesenes linkes Wissen blieb angelesen. Dazu gehörten auch die
zeitgemäßen Kommentare von links und rechts. Wie schwer diese
vereinfachten Denkmuster tatsächlich wogen, war gar nicht einzu-
schätzen. Ohne jede böse Absicht übertrug ich meine Gedanken auf

Zustände, die ich glaubte beurteilen zu können. Ließ ich dann meine Weisheiten in die Diskussionen mit Rolf einfließen, erntete ich einen belustigt-kritischen Blick. Sein Kommentar beschränkte sich auf den Hinweis, dass Afrika »anders« sei. Viel mehr an Erklärungen verschwendete er nicht an mich. Er hoffte vielmehr auf den lehrreichen Anschauungsunterricht, den ich gratis beim Gang über den Markt, bei der Unterhaltung mit den Handwerkern und Soldaten, mit den Taxifahrern in Nairobi und den Hirten im Busch erhielt. Monate und Jahre gingen dahin, in denen ich an Rolfs Seite und unter seiner langmütigen Führung langsam Alltag und Gewohnheiten der kenianischen Mitstreiter kennenlernte. Ich eignete mir ein bescheidenes Know-how an, mit dem ich mich in der mir fremden Welt einrichten konnte. Es ist nicht einfach, bestehende Vorurteile abzubauen, schon gar nicht wenn sie tief im Unterbewusstsein verankert sind. Die überhebliche Meinung zum Beispiel, wonach Armut eine Schande und Arbeitslosigkeit selbstverschuldet sei, ist immer noch weit verbreitet und gehörte, wenn auch nur am Rande, zu meinem Argumentationsrepertoire. Das hat mit einer Jugend im Speck der schweizerischen Wohlstandsgesellschaft zu tun. Ich versuchte mich zu bessern. Rassismus und seine 1 000 Erscheinungsformen bleiben ein vielschichtiges Thema, das sich nicht damit lösen lässt, dass gewisse Worte aus der Umgangssprache gestrichen werden. Nachdem man mich bei Diskussionen am Zürcher Stubentisch gerne und etwas mitleidig als Gutmenschen diffamiert, wird von den gleichen Vertretern des westlichen Wertesystems gerne als entwicklungspolitische Maßnahme vorgeschlagen, man solle doch diese Stämme und Gruppen dort in Afrika – Neger sagt keiner mehr, um seine politische Korrektheit nicht zu gefährden – einfach sich selbst überlassen. Man habe jetzt genügend Milliarden dort »verlochet«, und es sei nicht besser, sondern nur schlechter geworden. Dann wendet sich die Gesprächsrunde anderen Themen zu. Da zeigt uns Heidi gerne den kleinen Diamantring, mit dem sie von ihrem Sepp zur Silberhochzeit belohnt wurde. »Aus Sierra Leone wahrscheinlich«, sage ich – und Sepp sagt: »Nein, aus Amsterdam.«

Mercy hat als universitär ausgebildete Agronomin über ein Jahrzehnt an Rolfs Seite am Biovisionsprojekt Cabesi gearbeitet. Die beiden waren während dieser Zeit ein unverheiratetes Paar und lebten zusammen. Sie ist Pokot. Als solche hat sie in erster Linie die Interessen ihres Stammes zu vertreten. Familien- und Stammesstrukturen sind weit wichtiger als übergeordnete kenianische oder gar entwicklungspolitische Ziele. Rolf war das Verbindungsglied zur Hilfsorganisation in Zürich, Mercy verknüpfte die einzelnen Gruppen – Bauern, Frauen, Krieger – im Pokot County. Die beiden waren in der Aufbauzeit die Repräsentanten des Projektes. So wie Rolf von Mercy in die Stammesgemeinschaften eingeführt wurde, lief es auch umgekehrt. Sie besuchte die Schweiz mehrmals. Wer die Webpage des Cabesi-Projekts konsultiert, stößt auf Bilder der Geschäftsleitung der Biovision, auf denen auch Mercy zu sehen ist, in vollem Stammesschmuck und als folkloristisch farbenprächtige Schönheit. Sorry, aber das Sonntagsschulklassennegerchen lässt grüßen. Es ist immer wieder die alte Bildsprache. Wer nun glaubt, dass das von Mercy nicht bemerkt wurde, liegt falsch. Wenn man mich in der Zürcher Oberländertracht als repräsentatives Bild eines neutralen Schweizer Gastgebers ins Netz stellte, fände ich das auch ein wenig befremdlich. So kann ich den Groll verstehen, der im Hinterkopf Mercys manchmal grummelt.

Paul, auch er ein Pokot, ist evangelischer Theologe, in den USA ausgebildeter Baptistenprediger und seit 2011 Mercys Ehemann. Sie haben zwei Kinder. Er ist ein umtriebiger Geschäftsmann, unter anderem auch Besitzer einer Tankstelle mit Kiosk. Nach Rolfs Abgang aus dem Cabesi 2013 war er verantwortlich für das Kamelprojekt in Orwa, das unabhängig von der Biovision mit Entwicklungsgeldern der Europäischen Union vorangetrieben werden sollte. Es ging um stolze Summen. Die gekauften Kamele und die Kamelhüter waren aber nur kurze Zeit, ein knappes Jahr lang, in Orwa anzutreffen. Die Herde wurde nach den ersten Monaten kontinuierlich kleiner, Kamelkurse wurden nicht angeboten, die Kamelhirten nicht bezahlt. Nach zwei Jahren zerfielen die Hirtenhäuser, der

Korral war leer, die Tore des Geheges standen offen, die Wasserversorgung funktionierte nicht mehr. Die zehn Kamele waren spurlos im Busch untergetaucht.

Paul fuhr einen silbermetallic lackierten Hilux und war kaum anzutreffen. Er und Mercy lebten in Kapenguria, im Hochland, in einem schönen Haus in der Nähe der kleinen Honigfabrik von Cabesi. Nachdem sie den Cabesi-Betrieb übernommen hatten, kam es dort zu einschneidenden Veränderungen. Einige lang gediente Mitarbeiter wurden entlassen, die Honigsammelstellen im Busch wurden nicht mehr bedient. Cabesi betätigte sich als Zwischenhändler, kaufte Honig von anderen Produzenten und nutzte das von Rolf und Mercy aufgebaute Vertriebsnetz für ein eindeutig kommerziell orientiertes Geschäft.

Im Calabash veränderte sich die Situation. Während das Kamelprojekt vor sich hin serbelte, versuchten wir den Platz mit einer weiteren Attraktion zu bereichern – einem Fußballplatz. Wir erhofften uns, mit regelmäßigen Sportveranstaltungen Besucher aus den Dörfern anzulocken. Zusammen mit den Verantwortlichen der Gemeinde Orwa wurde ein Platz ausgemessen, der Busch gerodet, zwei Tore aufgestellt. Noch bevor es zu einem ersten Fußballspiel kam, wurden unsere Mitarbeiter eines Tages von auffahrenden Baumaschinen überrascht. Im Laufe der Kamelentwicklung musste ein künstlicher See ausgegraben werden, der den Kamelen und den Viehherden als Tränke dienen sollte. Zwar waren diese Tiere nur noch in einer Akte in einem Brüsseler Büro vorhanden, aber Auftrag ist Auftrag. So wurde unser bereits gerodeter Fußballplatz in eine Grube umgewandelt. Etwa anderthalb Meter tief, just in der Größe des Platzes. Das erledigten die Caterpillars in einem knappen Tag, bevor sie weiterfuhren, auf zu neuen, wichtigen Aufgaben. Staubtrocken blieb der designierte Seeboden zurück. Der einzige Wasserzufluss war der von der Worldvision betriebene Brunnen in Orwa. Als man dann versuchte, von diesem Brunnen aus den enormen See zu füllen, gab es erst mal in Orwa und im Calabash kein Wasser mehr. In der Baugrube aber versickerte es kläglich, verdunstete in der Mittagssonne und reichte noch nicht mal für eine Schlammpfütze. Immerhin, ein paar Insekten haben sich gefreut. Ich hätte nicht übel Lust gehabt, Paul wegen seiner Geldvernichtung bei der EU anzuzeigen und um eine Inspektion des Kamelzentrums zu bitten. Doch wozu? Um mir großen Ärger mit den Pokots einzuhandeln, deren Politik von Mercy und Paul zielsicher zu ihrem eigenen Nutzen gelenkt wurde?

Wir wollten Katough zu einem Praktikum in die Schweiz schicken, worüber wir uns verschiedentlich mit ihm unterhalten hatten. Er fürchtete sich zwar einerseits vor der langen Reise, war sich auch nicht sicher, ob er seine Kinder und seine zwei Frauen über drei Monate alleine lassen konnte, andererseits war er neugierig und abenteuerlustig, bereit, etwas Neues kennenzulernen und sich weit weg an fremden Herden zu versuchen. Katough war 32 Jahre alt, Einwohner von Orwa, Familienvater und von der ersten Stunde im Calabash-Team mit dabei. Er war ein Kochtalent und hatte die Gastronomie des Calabash gut im Griff.

Als wir einen Küchenplatz suchten, an dem Katough für drei Monate lernen sollte, stießen wir auf wenig Entgegenkommen. Die angefragten Wirte zierten sich. Mal war es die Versicherung, mal die Sprache, mal sagten sie: »Wir kennen den doch gar nicht«, oder: »Ich habe keine Zeit jemanden zu beaufsichtigen, der mir nur in der Küche herumsteht.« Dann ging es ums Wohnen, ums Essen: »Bezahlt denn die Cuisine etwas für die Kosten, die mir entstehen«, »Wo soll der denn wohnen?« Gastronomen, die der Cuisine nahestanden, Geldgeber waren, wollten mit einem Lernwilligen aus Fleisch und Blut doch lieber nichts zu tun haben.

Naim war der Wirt des Stammlokals von Monique, einem Vorstandsmitglied der Cuisine. Als sie bei einem Besuch in seinem La Contrada mit ihm über das Problem sprach, lud dieser Katough sofort ein. Der Fremde in der Fremde hilft dem Fremden.

Im Winter reiste Katough nach Zürich, um bei Naim sein dreimonatiges Praktikum anzutreten. Mit Schnee und Kälte kam er gut zurecht, trug drei Jacken übereinander und sein Gesicht verschwand fast in der Kapuze des Parkas. Pascal und seine Frau Franziska, beide im Kenia-Projekt engagierte Mitglieder der Csf, nahmen ihn bei sich zu Hause auf. Katough spricht Englisch, Suaheli, Pokot und Turkana. Sein Gastgeber Naim ist Tunesier und spricht Deutsch, Französisch und Arabisch. Der Mann aus dem Busch und der Immigrant aus Nordafrika verstanden sich ohne gemeinsame Sprache. Die anspruchsvolle – spanisch, arabisch und international ausgerichtete Küche des La Contrada bot Katough eine ganze Palette an neuen Geschmäckern und Zubereitungsarten. Schnell begriff er die Arbeitsabläufe und konnte nach kürzester Zeit selbständig die ihm zugewiesenen Aufgaben bewältigen. Beinahe über Nacht wurde er zum geschätzten Arbeitskollegen. Er bewegte sich in der Stadt ohne Schwierigkeiten und ohne Begleitung, fand einen Weg, sich in der schweizerischen Umgebung zu behaupten, ohne zu klagen. Nicht wie unsereins im Busch.

Naim war so zufrieden mit der Arbeit seines neuen Freundes aus dem North West Rift Valley, dass er ihm einen Lohn auszahlte und versprach, ihn mit der ganzen Familie im Calabash zu besuchen. Von seinem Lohn kaufte Katough Geschenke für die Familie und Freunde in Orwa, meist praktische Dinge wie Solartaschenlampen, Küchenmesser, Sonnenbrillen, Kleidungsstücke – und Schokolade. Der Rucksack war voll, als Katough nach dreimonatiger Abwesenheit wieder nach Hause kam. Er machte erstmal eine Woche Ferien, dann stand er wieder am Betonmonster, kochte mit Holz und Kohle und führte den wöchentlichen Pizzaabend im Busch ein.

Ich war zu dieser Zeit, 2016, bereits am oberen Amazonas mit den Vorbereitungen zu einer neuen Cuisine-Aufgabe beschäftigt und das Calabash wurde nicht mehr von mir betreut. Da ergab sich plötzlich eine Möglichkeit, Werbung für unsere Sache zu machen, mit der ich nicht gerechnet hatte.

Das Schweizer Fernsehen wollte mich in einer Doku-Serie porträtieren. Die Serie befasste sich mit vier Protagonisten, die auf jeweils ihre Art die Welt verbessern wollten. »Weltverbesserer« hieß das geplante Projekt. Bei einem meiner Besuche in der Schweiz wurde ich dann zu einer Besprechung in die heiligen Hallen des Fernsehens eingeladen und traf dort auf die Verantwortlichen der Dokumentationsabteilung. Natürlich war ich gebauchpinselt. Ruhm und Ehre für mich und zugleich eine Möglichkeit, die Cuisine einem breiteren Publikum vorzustellen. Man behandelte mich mit ausgesuchter Höflichkeit und versichert mir, dass es wirklich um eine Dokumentation meiner Arbeit gehen würde, nichts sollte dazu gedichtet werden – und ob man denn in Afrika ein Ereignis aufzeichnen könnte, das den Erfolg und die Auswirkung unserer Mission sichtbar machen würde. Obwohl eigentlich selbst Journalist, sagte ich unvorsichtigerweise zu allem ja und »ach wie toll«, ohne zu merken, dass es nicht darum ging, was ich dachte oder tat, sondern darum, was von der Sendeleitung bereits ausgedacht worden war. Der »Gastgeber als Friedensstifter« versprach Spannung. Am liebsten hätten sie wohl eine Art Suppenküche auf dem Gefechtsfeld gehabt, wo sich dann blutrünstige Feinde mit rauchenden Kalaschnikows in der Hand zum gemeinsamen Fondue träfen. Unser Ecuador-Projekt stand damals noch ganz am Anfang, das Calabash dagegen war mit der Übergabe an einen lokalen Betreiber beschäftigt, weshalb ein kleines Fest im Calabash geplant war. Dieses Fest, bei dem natürlich Pokot und Turkana zusammen feiern sollten, geriet nun in den Fokus der Fernsehmacher, die es in einen überdimensionierten Mittelpunkt rückten. »Super«, sagten sie, »das große Versöhnungsfest, ausgerichtet von unserem Schweizer Friedenstifter! Da kommen wir hin. Und danach besuchen wir dich in Ecuador. Wie heißen noch die verfeindeten Stämme, die du dort befriedest?« Plötzlich war es ganz klar: Das Fest im Busch musste ein absoluter Hammer werden. Mit allem Drum und Dran: grimmige Krieger, wild tanzende Eingeborene, geschmückte Frauen, möglichst barbusig. Und danach Ecuador: Schrumpfkopfjäger auf dem Kriegspfad, giftige Blasrohrpfeile, abgepustet auf rücksichtslose Petroleros, und schließlich noch ein Grüppchen kolumbianischer Guerilleros, die sich im ecuadorianischen Dschungel verstecken. Unsere Cuisine als hehre Institution, die mit gebratenen Affen und Yuccasuppe sämtliche Akteure an den Tisch bringt, an dem sich dann alle umarmen und – als Clou, Schweizbezug ist wichtig – sich gegenseitig mit einer Toblerone beschenken. Das alles sollte von einem Kameramann begleitet werden, der mir auf Schritt und Tritt folgen würde. »Alles ganz authentisch, logo, Dokumentation eben.«

Junger Pokotkrieger (Casper Hedberg)

Nachdem wir die Übergabe des Restaurants Calabash an eine einheimische Crew vorangetrieben hatten, zeigte es sich, dass die Gemeinde Orwa zwar gerne mitarbeitete, aber nicht in der Lage war, die Gesamtverantwortung zu übernehmen. Also suchten wir nach einem geeigneten Partner. Das Team, das die Tagesgeschäfte erledigte, war immer noch auf einen Chef angewiesen.

Versuche mit größeren Organisationen scheiterten bereits im Ansatz. Um diesen Treffpunkt im nach wie vor unruhigen Grenzgebiet zu erhalten und die Friedensmission, die mittlerweile, nach dem Scheitern des Kamelprojekts, die Daseinsberechtigung des Restaurants begründete, weiter zu gestalten, benötigte Calabash regelmäßige Zuwendungen. Es ging dabei um überschaubares Geld. Dass wir die selbsttragende Auslastung noch nicht geschafft hatten, schreckte mögliche Trägerorganisationen ab. So kamen wir auf den ursprünglichen Plan zurück: Cabesi, allerdings ohne Biovision als Rückversicherung, sollte den Laden übernehmen. Weder Paul noch Mercy zeigten sich begeistert. Erst als wir von der Cuisine bereit waren, für eine finanzielle Defizitgarantie zu stehen und allfällige Betriebsverluste zu übernehmen, wurden sie hellhörig. Nach langen Vorgesprächen kamen wir am Ende doch zu einer für beide Seiten annehmbaren Form der Übergabe, die, so dachten wir, ganz unspektakulär verlaufen sollte.

Bei einem kurzen Besuch in Kenia – ich war ja zu dieser Zeit bereits in Ecuador gut beschäftigt – sprach ich mit Rolf über das Übergabefest, das vom Schweizer Fernsehen dokumentiert werden sollte. Ohne nachzudenken, inwieweit ich von den Redakteuren bereits instrumentalisiert worden war, beschlossen wir, dafür ein Budget zur Verfügung zu stellen. Der öffentlich-rechtliche Sender in Zürich wollte mich zu dieser Gelegenheit aus Ecuador einfliegen, der geplante Aufwand nahm gewaltige Ausmaße an: Konzert, Theater, Beauty Show, Essen und Trinken – mit allem Drum und Dran. Die geplante Präsenz des Kamerateams würde die Cuisine auf einen Schlag in die Wohnzimmer der Fernsehzuschauer katapultieren. Davon versprachen wir uns einen wahren Spendenregen.

Da muss man halt auch die eine oder andere Konzession machen, dachten wir. Eine Win-win-Situation.

Nachdem Rolf, für den das Fest auch ein Abschied vom Projekt werden sollte, nun mit dem notwendigen Budget ausgestattet war, begann er mit den Vorbereitungen. Die gute alte Cheerio Peace Band, bestehend aus Pokots, Marakwets und Turkanas wurde zu Proben einberufen. Sarah Lochodo, die Turkanaführerin aus Kainuk, versprach eine Frauentanzgruppe zusammenzustellen. In West Pokot- und Turkana-County wurden die Schönheitsköniginnen vergangener Veranstaltungen zusammengetrommelt, um sich zu einer neuen Runde zu treffen. Eine Band aus Nairobi

Die Schönheitsköniginnen vom Calabash (z.V.g.)

konnte mit Hilfe von Yvonne Apio Brändle Amolo, einer Schweizerin mit kenianischen Wurzeln, zum Peacekonzert verpflichtet werden. Rolf holte ein einfaches Theaterstück aus seiner Schublade, das er mit Kriegern und Schönheitsköniginnen zusammen inszenieren wollte. Die kenianische Presse, Radio, lokale und nationale Fernsehsender meldeten sich an. Würdenträger, Armeeoffiziere, Warlords, Geschäftsleute der Region und die Chiefs erhielten eine Einladung und sagten zu. Die Ziegen, die zum Fest sterben sollten, wurden ausgewählt. Die Leute vom Schweizer Fernsehen organisierten meine Reise. Ich schickte eine ausführliche Dokumentation über die Tätigkeit der Cuisine der letzten sechs Jahre im Calabash an den Kameramann, inklusive eines Lageberichts.

Zehn Tage vor dem großen Event war ich da. Quito, Zürich, Istanbul, Nairobi, Eldoret, Orwa. Einigermaßen geschlaucht, aber guter Dinge.

12 Das Lied von der Schildkröte

Keine Sicherheit garantieren ... Diese Sorte von Doku-Firle-fanz ... Chorus mit Sprechgesang ... Gänsehaut und Tränen ... Von der Zuschauermenge geschluckt ... Die Banknote, die der Herr anspricht.

Der Kameramann sitzt im Flieger nach Kenia und liest den Tätigkeitsbericht der Csf. Nennen wir ihn mal Tintin. Er kleidet sich nach dem Vorbild der französischen Comicfigur, doch damit ist die Ähnlichkeit auch schon vorbei. Tintin macht sich Sorgen. Der Bericht beschreibt unter anderem Konflikte im Busch. Dass da geschossen wird, die Sicherheitslage unübersichtlich ist, bereitet ihm Bauchschmerzen. Die Lage ist in den Vorbesprechungen ohne jede Beschönigung thematisiert worden. Die Unterlagen, die wir ihm zur Reisevorbereitung geschickt haben, sieht er sich erst im letzten Moment, eben im Flieger, an. Der Mann, der keine Erfahrung in Krisengebieten hat, mir aber als Kriegsberichterstatter vorgestellt worden war, hat offenbar nicht damit gerechnet, sich diesmal weit außerhalb seiner Komfortzone zu bewegen und auf Leute zu stoßen, die wenig Respekt vor seiner schweizerischen Neutralität haben. In Nairobi angekommen, findet er sich nicht zurecht, das für ihn reservierte Hotel hat keine nette Rezeptionistin, es ist alles dunkel und fremd. Irgendwie findet er dann doch sein Bett. Fast verschläft er die Weiterreise nach Eldoret. Als er in Kapenguria ankommt, ist er schlecht gelaunt. Man habe ihn nicht richtig informiert. Das sei ja saugefährlich und ich verantwortungslos und er überlege sich schon, ob er überhaupt in den Busch kommen solle. Schließlich könne ihm keiner seine Sicherheit garantieren.

Man musste ihm gut zureden. Er war zuvor mit mir in Ecuador gewesen, und jetzt stellte sich heraus, dass sein Interesse an der ganzen Csf-Story sich auf die »wichtigen persönlichen Hintergründe« beschränkte, ob ich jetzt Krach hätte mit meiner Frau, ob ich überhaupt an diese Csf-Aufgaben glaubte – er glaubte es nämlich nicht, es würde doch alles kaum funktionieren. Schließlich in Orwa eingetroffen und in einer der Bomas einquartiert, waren ihm die ganzen Umstände nicht geheuer, er hatte Angst vor dem schwarzen Butzemann, der nachts in sein Hüttchen einsteigen, dem Pavian, der ihn in den weißen Hintern beißen könnte, das Trinkwasser, das wohl kaum trinkbar wäre, und vom Essen gar nicht zu reden. Während er sich von den ganzen Festvorbereitungen eher absonderte und selbstständig kaum einen Schritt machte, nervte er mit Forderungen und Vorstellungen, wie sein Film auszusehen hätte. Die Theater- und Musikproben interessierten ihn nicht, das Calabash als Location war nicht gut genug. »Wo sind denn jetzt die Krieger?«

Da aufgrund der Friedensgespräche keine Bewaffneten unterwegs waren – die Militärs kontrollierten und verhafteten jeden, der sich bewaffnet auf die Straße traute – war er nicht zufrieden. Am Straßenrand trafen wir dann doch endlich einen älteren Herrn, der sein Gewehr dabei hatte. Den wollte der Kameramann sofort filmen. Mit uns unterwegs war Nancy, eine der Turkanafrauen, die im Calabash arbeitete. Sie erklärte sich bereit, mit dem Mann zu sprechen, ihn zu fragen, ob er bereit sei, sich filmen zu lassen und ein kurzes Interview zu geben. Der stimmte zu. Mit der Selbstverständlichkeit eines von der eigenen Bedeutung überzeugten Vertreters der Fernsehindustrie, der hier nun einen der Täter des Krieges vor die Kamera bekommt, kommandierte Tintin den Mann ins Licht und ließ ihn, mal sitzend, mal stehend, das Sturmgewehr präsentieren. Schnitt auf die Autoreifensandalen, Schnitt auf den Busch, auf die Straße, auf was weiß ich. Dann mussten wir mit dem

Auto wegfahren. Gehörten nicht ins dokumentarische Bild. Aug in Aug mit dem Viehdieb und Menschenjäger stand nun Tintin auf der staubigen Straße, kurbelte am Stativ und stellte dem Mann dämliche Fragen. Beziehungsweise ließ sie von Nancy im Off stellen. Ob er für den Frieden sei? Ob er das Calabash kenne, schon dort gewesen sei, ob er mehr als eine Frau hätte, ob er selber auch schon an Raubzügen beteiligt gewesen sei, wie viele Leute er schon im Kampf getötet habe, etc? Der Mann blieb gelassen, sprach Turkana mit Nancy und antwortete bereitwillig. Nachfragen tat Tintin nicht. Wozu auch. Es ging ihm um das Bild des Schwarzen mit Gewehr. Eine halbe Stunde dauerte die dokumentarische Komödie und dann wurde das Stativ zusammengeklappt. Sofort setzte sich unser mutiger Berichterstatter wieder in den Wagen. Als ich ihn darauf aufmerksam machte, dass der Mann eine kleine Aufmerksamkeit erwarten würde, ein paar Schilling vielleicht, entrüstete er sich. Das entspräche nicht den Gepflogenheiten:»Ein echter Dokufilmer bezahlt nicht für Informationen.« Tant pis, ich steckte Nancy ein paar Scheine zu.

Tintin hatte ein Mitglied der Kenya Police Reserve, das auf dem Weg zur Wachablösung an der Brücke war, interviewt. Aber er war unzufrieden mit dem Bildmaterial: zu wenig zerschossene Autowracks, zu wenig Bewaffnete, keine sich lauernd gegenüberstehenden Warriors. Doch rausfahren in den Busch wollte Tintin auch nicht.»Zu gefährlich!« Ein Journalist des kenianischen Fernsehens, der auch gekommen war, um einen Bericht über das Fest zu machen, bot Tintin Archivmaterial an. Bilder von Gefechten, ausgebrannten Bussen, Pokotkrieger auf Streifzügen. Natürlich nicht gratis. Unser Medien- und Meinungsmacher wollte davon nichts wissen. Er würde nur eigene Aufnahmen verwenden. Außerdem seien die Bilder dieses Mannes von schlechter Qualität. Als er dann hinter meinem Rücken eine Gruppe Pokots, die uns bei den Vorbereitungen zum Fest halfen, zu überreden versuchte, ihre Waffen aus den Verstecken zu holen und für seine»Originalaufnahmen« zu posieren, war Tintin für mich nicht mehr ernst zu nehmen. Die Krieger selbst hatten Rolf darüber informiert und der verbat sich diese Sorte von Doku-Firlefanz.

So stolperte unser Filmer in den Vorbereitungen zum Fest herum, eine Karikatur des weißen Mannes im Busch. Immer adrett gekleidet mit Schiebermütze und Knickerbocker. Wenn er aus dem Pissoir kam, reinigte er die Hände mit einem mitgebrachten Desinfektionsmittel und lehnte jede Einladung auf ein Bier ab.

Rolfs Theaterstück war wesentlich auf der Musik der Cheerio Peace Band aufgebaut, ergänzt mit allegorischen Bildern. Turkanafrauen hüten imaginäres Vieh, die Pokot-Ladys sitzen im Kreis, entkörnen Mais und stampfen ihn in Mörsern, Marakwet-Mädchen beharken einen imaginären Acker. Alle drei Gruppen, traditionell gekleidet und schön, sitzen und stehen auf der Bühne, die von drei Scheinwerfern ausgeleuchtet ist. Sie schenken sich gegenseitig keinen Blick. Abwechselnd singen und tanzen sie im Kreis, wobei die einzelnen Akte singend von den Männern der Cheerio Peace Band erklärt werden. Plötzlich entsteht Unruhe. Ein paar Krieger mit Holzgewehren und Lanzen huschen über die Bühne, die Frauen kreischen verschreckt und suchen Schutz, kauern sich zusammen. Die Krieger schwenken ihre Waffen, stoßen Rufe aus, rollen mit den Augen und verschwinden wieder hinter der Bühne. Jetzt klagen die Frauen, jede Gruppe erzählt in ihrer eigenen Sprache von den Opfern, den toten Verwandten, den gestohlenen Kühen, den abgefackelten Feldern. Dann kauern sie sich wieder zusammen. Und wieder kommen Krieger auf die Bühne und prahlen mit ihren Untaten, schwenken Schnapsflaschen und stechen mit Speeren in die Luft.

Krieger ab.

Die Frauengruppen stehen einander gegenüber und machen sich Vorwürfe. Dein Bruder hat mich bestohlen, dein Mann hat mein Haus angezündet, dein Onkel hat meine Schwester entführt. Und so, begleitet von schöner Musik, immer weiter – bis das Stück ein versöhnliches Ende findet.

Gut eine Stunde vor einer Probe saß ich mit Rolf am Rand der Bühne. Die Sonne stand fast senkrecht über uns, ein heißer Wind raschelte durch das spärliche Laub der Büsche und Bäume, über dem gefegten Platz flimmerte die Luft. Da hörte ich irgendwelche melodischen Klänge, immer wieder vom Wind verblasen, von den knisternden Blättern übertönt. »Rolf? Hörst du das auch?« Er hob den Kopf, lauschte: »Was ist denn jetzt wieder los?« Nach und nach erkannten wir Stimmen, Gesangsfetzen, Klatschen, kehliges, melodisches Rufen, das sich langsam zu einer Art Chorus mit Sprechgesang entwickelte. Wir starrten angestrengt in die Richtung der Klänge und jetzt bemerkten wir ab und zu einen bunten Fleck, hie und da blitzte etwas auf. »Die Turkanas«, sagte Rolf und lächelte: »Die Mädchen haben etwas gefunden.«

Eine hinter der anderen kamen sie mit wiegenden Schritten, aufrecht wie Königinnen aus dem Busch. Vorneweg führte eine der Frauen den Reigen an. Auf erhobenen Armen trug sie etwas auf ihren Händen und sang. Kaum setzte sie ab, um Luft zu holen, klatschten die ihr Folgenden einmal, zweimal in die Hände und sangen einen Refrain, der Freude und Stolz zum Ausdruck brachte. Dann wieder die Voranschreitende, Vorsingende, dann wieder der Refrain. Alles war in Bewegung und alle trugen sie farbenprächtige Umhänge, bunten Hals- und Armschmuck. Sie waren für die Probe bereits in den traditionellen, leichten Tüchern, mit um die Hüfte geschlungenen Lederdecken und bunt bestickten Lendenschürzen gekleidet. Alle waren sie großgewachsene, schlanke Kriegerinnen, die geflochtenen Haare mit Öl zum Glänzen gebracht, mit polierten blitzenden Messingreifen an den Oberarmen, ein wunderbarer Anblick.

Das von ihnen besungene Etwas war eine stattliche Schildkröte, die von den Frauen nun vor uns in den Staub gesetzt wurde. Das urzeitliche Reptil streckte den Kopf vorsichtig aus dem gelbbraunen Panzer, dann die kräftigen Stummelbeine und begann zu kriechen. Oh, jeder Schildkrötenschritt war ein Rufen, ein Klatschen oder ein Trällern wert. Die jungen Frauen sangen dazu und die Schildkröte wurde gefeiert und betanzt. Ich hatte nur noch Gänsehaut und Tränen in den Augen. Rolf ging es nicht viel anders. Wir saßen da, wie vom Donner gerührt. Unfähig, mitzutanzen oder zu singen, doch von Kopf bis Fuß afrikanisch verzaubert. Schließlich kam eine unserer Helferinnen, hob das Tier vom Boden auf und trug es in den dunklen Schuppen. Sie band ihm einen dicken Faden um das rechte hintere Bein und machte den Faden an einem Nagel in einem Balken fest. Dort blieb das Tier dann. Oder eben nicht. Am nächsten Tag war die Schildkröte weg.

Eine erweiterte Calabash-Mannschaft, wir hatten einige zusätzliche Helferinnen und Helfer eingestellt, war schon Tage vor dem Fest voll eingespannt. Unter Rolfs Regie wurde nicht nur Theater gemacht, er teilte die Arbeiten ein, renovierte und reparierte, was notwendig war. Eine Grillstation wurde gebaut, Unmengen Holz zum Kochen mussten gesammelt und zerkleinert werden. Die Bühne mit Dach und Beleuchtung wurde gebaut. Eine gemietete Musikanlage angeschleppt und verkabelt. Ein VIP-Zelt mit Tischen, Stühlen, Bänken hingestellt. Der Generator stöhnte, knallte und klapperte, weil wir Dutzende von Plastiksäcken mit Wasser zu Eisklumpen gefrieren ließen, die man später in große Tonnen über die zu kühlenden Bier- und Limonadenflaschen legte. Transporte von andernorts wurden organisiert. Die umliegenden Schulen in Marich und Lomut, in Kainuk und Orwa waren eingeladen, mit eigenen Produktionen am Programm mitzuwirken. In der Küche wurden das Ugali und das Sukuma Wiki vorbereitet. Die größten Töpfe brauchten wir für den süßen Schwarztee, der jedem Gast gratis angeboten wurde. Wir brachten die Infrastruktur unseres kleinen Buschrestaurants an ihre Grenzen. Doch die Stimmung war gut und fröhlich. Jeder freute sich auf das Fest.

Bevor der Tag dämmerte, waren die Ziegen gemetzgert, die Feuerstellen und das Betonmonster eingefeuert. In der Küche herrschte Hochbetrieb. Ein hellblauer Himmel ohne ein Wölkchen war über dem afrikanischen Grabenbruch aufgezogen. »Mungu wa mvua hulala«, der Regengott schläft. Die Sonnenstrahlen ließen den Morgentau und die letzten Nachtnebelschatten über den Bäumen und Büschen aufdampfen. Alles war bereit.

Die ersten Busse mit Schulkindern in frisch gebügelten und makellos sauberen Schuluniformen trafen ein. Von ihren Lehrern kommandiert, stellten sie sich in Reihen auf. Eine letzte Probe wurde abgehalten: Kleine Sketches, Gedichte und Lieder standen zum Vortrag an. Dann setzten sie sich an den Rand des Platzes und kicherten, schubsten sich herum oder schauten neugierig den Muzungus zu, die geschäftig hin und her eilten. Die Lehrer spielten derweil eine Partie Billard auf dem schiefen Billardtisch, auf den das Kondenswasser aus dem Giebel des VIP-Zelts tropfte. Dann trafen die Turkanatänzerinnen aus Kainuk ein. Wehende bunte Stoffe, Schmuck aus farbigen Perlen, schließlich die Pokotfrauen mit den weiten Halskrausen, streng gezopften Haarsträhnen. Von da an lief alles wie von selbst.

Gegen Mittag kamen mit Bussen, mit Autos und zu Fuß immer mehr Leute. Ein staubiger Armeetruck spuckte 20 Soldaten aus, die sich unauffällig um und im Calabash verteilten. Die Zeit füllte sich mit Reden, Kinderlachen, rezitierten Gedichten, getrommelten Rhythmen zu den Tänzen der Pokot und der Turkana. Im VIP-Zelt mischten sich die Macher des Festes mit den Tänzern und Tänzerinnen. Getanzt wurde eigentlich immer. Im Laufe des Nachmittags wurden Zuschauer, Köche, Militärs und Muzungus in einer Polonaise mit in das Tanzgeschehen gezogen. Die Fehde zwischen den Stämmen spielte keine Rolle mehr. Alle feierten. Der Duft von gegrillten Ziegen und gekochtem Essen legte sich über die ständig wachsende Menge. Als wir am späteren Nachmittag mit dem Verteilen des Essens begannen, bildeten sich lange Schlangen vor den Tischen, auf denen die dampfenden Töpfe standen. Danach kehrte so etwas wie Verdauungsruhe ein. Die Sonne neigte sich, die Schatten zogen sich in die Länge, der ganztägig blaue Himmel wurde zur blauen Stunde dunkelblau. Kurz ist der Sonnenuntergang in der Nähe des Äquators. Als die ersten Sterne erschienen, legte Rolf den Schalter um. Die Tourenzahl des Generators erhöhte sich protestierend. Drei Scheinwerfer beleuchteten die Bühne.

Eine Pokottänzerin am gemeinsamen Fest mit Turkanas und Pokots im Calabash (Casper Hedberg)

Ich saß mit Rolf, Apiyo und drei hochrangigen Gästen, keiner von ihnen Pokot, Turkana oder Marakwet, an einem kleinen Tisch direkt vor der Bühne. Wir waren jetzt die Jury, welche die drei Schönheitsköniginnen, es sollte natürlich von jedem Stamm je eine gekürt werden, auswählen durften. Hinter uns mit einem Abstand von etwa zehn Metern standen in einem großen Halbkreis die Zuschauer. Das Theaterstück wurde schweigend und staunend aufgenommen. Es gab keine Zwischenrufe, keine Unterbrechungen, ein hochkonzentriertes Publikum. Ich war zwar ziemlich am Ende meiner Kräfte, doch zog mich diese geballte Ladung gemeinsamer Aufmerksamkeit ebenfalls in Bann. Ich schaute weder links noch rechts, sondern verfolgte das Geschehen mit großem Vergnügen. Als dann der Schluss mit der allgemeinen Versöhnungsaktion kollektive Zustimmung erntete, jetzt konnte ja gejubelt und geklatscht werden, war ich mit begeistert.

Ohne Unterbruch begannen sich nun die Mädchen in Stammesgruppen aufzustellen. Sie zeigten sich alle von ihrer besten Seite, nutzten die paar Meter Bühnenrand als Laufsteg, von ihren Freundinnen lachend, klatschend und einmal mehr singend unterstützt. Ich machte mir Notizen. Irgendwie wollte ich mir doch eine objektive Meinung bilden – schönstes Lächeln, schönstes Gehen, schönstes Winken etc. –, doch ich konnte nur kapitulieren. Alle waren sie Schönheitsköniginnen, alle hatten sie den Titel verdient. Plötzlich spürte ich in hinter meinem Rücken eine Bewegung, eine veränderte Atmosphäre und drehte mich um. Hinter mir standen, dicht an dicht, praktisch auf Tuchfühlung, die Zuschauer. Sie waren lautlos, Schritt für Schritt näher ans Geschehen gerückt. Wir waren umringt, von der Zuschauermenge geschluckt. Mit dem Unterschied, dass wir saßen und sie standen. Jetzt überreichten wir unsere Wahlzettel den Cheerio's und die verkündeten die Resultate. Doch es war allen egal, wer gewonnen hatte.

Das Fest ging weiter bis tief in die Nacht. Ein Discjockey aus einem der Dörfer legte nun auf. Rolf und ich gingen ins Restaurant, setzten uns an einen Tisch und tranken müde noch ein paar Biere. Und über uns leuchtete ein freundlicher Mond

Paul und Mercy waren nicht gekommen. Ihr Auto war kaputtgegangen. Dazu konnte ich mir noch ein paar hämische Kommentare von Tintin anhören, der Dreiviertel der Aktionen verschlafen hatte. Das hinderte ihn nicht daran, über das ganze Fest mehr oder weniger negative Kommentare abzugeben. Mir war mittlerweile klar, dass er an der Arbeit der Cuisine nicht interessiert war. Vielmehr versuchte er, im Stil eines Boulevardjournalisten eine Art »kritischer« Regenbogenberichterstattung zusammenzustiefeln. Unter anderem bedauerte er, dass die Turkanamädchen nicht barbusig aufgetreten waren. Die Diskussion, die wir darüber hatten, war ihm nur lästig. Wahr ist, dass die Turkanafrauen in ihren Dörfern und auch bei Festen in der Regel mit unbedecktem Oberkörper herumlaufen. Da sie aber sehr wohl unterscheiden können zwischen dem, was ihren normalen Alltag ausmacht, und dem lüsternen Kameraauge des weißen Mannes, beschlossen sie nach Rücksprache mit uns, ein T-Shirt zu tragen. Tintin fand das halt nicht »original«.

Er wolle und müsse jetzt aber noch diese Vertragsunterzeichnung dokumentieren. Das sei essentiell. Am Abend nach dem Fest trafen wir Paul und Mercy in Kapenguria. Wir unterzeichneten unter dem wachen Auge von Tintins Kamera den Vertrag für die Übergabe des Calabash an Cabesi.

Das große und einmalige Fest im Calabash war ein durchschlagender Erfolg gewesen. Nie zuvor hatte es in diesem Brennpunkt der Stammeskriege eine so durchmischt feiernde Gesellschaft gegeben. Nicht nur waren sich die Konfliktparteien auf friedliche Weise nähergekommen, es war ein Zeichen gesetzt worden. Ja, es war möglich, die althergebrachten Fehdestrukturen zu durchbrechen. Und wenn es nur für einen Tag und eine Nacht war.

Das Fest war möglich, weil wir uns den Absichten des Schweizer Fernsehens angepasst hatten. Insofern war ich der dortigen Redaktion zu tiefstem Dank verpflichtet. Ohne sie hätten wir kein solches Budget stemmen können. So waren wir in der Lage, das Calabash von der besten Seite zu zeigen, dafür mussten wir weder Mühe noch Kosten scheuen. Unseren Freunden in Kenia war das nicht bewusst. Sie glaubten und glauben, dass wir dieses Fest für sie, für uns gemacht haben. Ein Lehrstück über meine eigene Eitelkeit. Deshalb mischte sich in die Freude über die gelungene Veranstaltung auch ein wenig Scham. Zuletzt hatten die Lebensfreude der kenianischen Freunde, ihre Bereitwilligkeit und ihr Einsatz dazu geführt, dass diese Feier zu dem wurde, was sie sein sollte. Eine gemeinsame lustvolle Demonstration für den Frieden. Ihr Wille, alte Streitereien zu begraben, verhärtete Fronten aufzulösen, manifestierte sich in jenen Tagen der Vorbereitung und des Zusammenkommens auf dem Platz, den die Cuisine geschaffen hatte.

Für mich endete jetzt eine langjährige Zusammenarbeit mit den Menschen vor Ort, mit den Leadern der umliegenden Dörfer, Schulen und Gruppen. Das Fest war für mich und Rolf ein Abschied von Calabash. Rolf wollte sich nun um seine Lodge am Lake Turkana kümmern, ich war bereits im Napo-Projekt in Ecuador eingebunden. Innerhalb der Cuisine übernahm Sebastian von diesem Zeitpunkt an – bis heute – die weitere Begleitung des Keniaprojektes. Ich war seither nicht mehr dort. Manchmal träume ich vom sprechenden Busch, von den Pavianen, vom wunderbaren Fest und von den Freunden im großen North West Rift Valley.

Eine letzte Episode noch. Zwei Tage nach der Vertragsunterzeichnung brachte Rolf mich und Tintin zum Flughafen nach Eldoret. Dort saßen wir, als brave Europäer zu früh eingetroffen, und machten es uns im Flughafencafé an einem kleinen Tisch im Freien bequem. Rolf und ich tranken ein Tusker, das mit dem Elefanten, und Tintin, der sich den Magen verdorben hatte, eine Tasse Tee. In der Regel habe ich so kleine Ausgaben immer aus dem Csf-Budget bezahlt. Doch er bestand darauf, seinen Tee selbst zu bezahlen. Wir hatten uns inzwischen auf einen höflichen Kompromiss geeinigt: Ich sagte ihm nicht, was ich von ihm hielt, und er mir auch nicht. Ich bezahlte also Rolfs und meine Zeche. Tintin entnahm seiner Brieftasche eine sauber gefaltete Banknote, kenianische Schilling im Wert von vielleicht einem Euro, und gab sie dem Kellner. Dieser kam umgehend mit dem Wechselgeld zurück. Aber Tintin begann mit dem Kellner zu streiten. Er habe ihm eine höhere Note gegeben, das Wechselgeld sei zu wenig ... Der Kellner, ganz britisch antrainierte Höflichkeit, bestand darauf, korrekt gerechnet zu haben. Die Banknote, die der Herr anspreche, habe er gar nicht in der Kasse, er müsse sich wohl getäuscht haben. Tintin bestand aber auf seiner Variante und seine Anschuldigung an den Kellner gipfelte in der Bemerkung:»You don't have to believe just because I'm a white man makes me easy to cheat!«

Etwa zwei Wochen später, ich war wieder in Quito, erhielt ich einen Anruf vom öffentlich-rechtlichen TV der Schweiz. Man habe sich nach Prüfung des vorliegenden Materials nun doch entschlossen, mich und die Cuisine nicht in der Weltverbesserer-Doku-Serie zu portraitieren.

Da fiel mir ein Stein vom Herzen.

13 Vereinsleben

Gastgeber der Hoffnung ... Kein Haus mit offenen Türen ... Nur einer der Zerberusse ... Wo einer »hü« ruft, parierte der andere mit »hott« ... Mein ist der Wohlstand.

Ein Verein ist man nicht allein. Ein paar Gleichgesinnte müssen schon gefunden werden. Und wer ist bereit, mir, dem arbeitslosen Koch mit großen Rosinen im Kopf einfach mal so ein paar 1 000 Franken über den Tisch zu schieben? »Da hast du – mach mal!« Ich hatte zwar die nötigsten Mittel, mein eigenes Überleben zu finanzieren, doch von einer Projektfinanzierung war nur zu träumen. Immerhin war ich meiner Vision sicher, es gelang mir, den einen oder anderen Freund zu überzeugen, Mitglied von etwas zu werden, was erst mal nur auf Papier existierte. Schon mit dem Logo taten wir uns schwer, bis dann ein Grafiker im Ruhestand, Dominik Burckhardt, für uns die Friedenstaube mit dem Kochlöffel im Schnabel schuf. So hatten wir ein Wappentier. Es fliegt uns seither von Einsatz zu Einsatz voraus.

Ganz ohne Eigennutz konnte ich nicht planen. Ich hoffte darauf, mir bei allem eingebrachten Idealismus eines Tages ein kleines Gehalt auszahlen zu können. Wenn auch sämtliche Hinweise aus der Geschichte ähnlicher Unternehmungen davon erzählen, dass diese Vorstellung eine Seifenblase ist, die ständig in der Nähe spitzer Stacheln herumschwebt. Mit den kumulierten Mitgliederbeiträgen der ersten Stunde, 100 Franken zahlte jeder, der an unser

Luftschloss glaubte, konnten auch kein Büro geleitet, keine Spendenaufrufe lanciert und keine Friedensgaststätten in aller Welt aufgebaut werden. Der griffige Slogan »Gastgeber der Hoffnung« bezog sich gerade mal auf die Hoffnung, die ich selbst hatte, auf das wahrscheinlich leicht pathologische Selbstvertrauen, eine Hilfsorganisation auf die Beine stellen zu können, die nicht ihresgleichen hatte. Meine erste Aufgabe war das große Klinkenputzen. Angefangen bei der Familie, über den erweiterten Freundeskreis und mit Arbeitskollegen aus dem Gastgewerbe ging es im Schneckentempo voran. Die erste Unterstützung kam aus dem Bekanntenkreis. Ohne Charles und Monique hätte ich die ersten Hürden, die es zu nehmen galt, kaum übersprungen. Moniques Küche war unser Sitzungszimmer. Statuten mussten entworfen und juristisch abgesichert werden. Eine Buchhaltung soll führen, wer will, ich konnte es nicht. Monique nahm sich auch dieser Angelegenheit an. Sie erledigte allen Papierkram, übernahm die Registrierung des Vereins und der Gemeinnützigkeit. Ein vernünftiges Mitgliederverzeichnis mit bereits bezahlten oder ausstehenden Beiträgen wurde von ihr angelegt. Bettelbriefe konnte ich entwerfen, doch wer setzte die Kommas? Wer überprüfte ausgegangene Post, öffnete eingegangene Mitteilungen? Monique! Ihre administrativen Fähigkeiten halfen dort, wo ich am meisten versagte. Am wichtigsten für mich waren unsere Gespräche, das positive Mitdenken, das Erkennen von Möglichkeiten und Unmöglichkeiten. Die Treffen in Moniques Küche, bei denen ich gerne kochte und wir ellenlange To-Do-Listen abarbeiteten, hatten etwas Verschwörerisches. Das Unmögliche möglich machen.

Zumal wir die Ausmaße unseres Vorhabens nur ungefähr abschätzen konnten. Die große weite Welt der Entwicklungszusammenarbeit ist kein Haus mit offenen Türen. Es ist ein Markt, auf dem Leistungen gegen Geld erbracht werden. Wir hatten keinen Schimmer von den Mechanismen dieses Marktes. Zwar hatten wir eine Vorstellung, wie und wo wir unsere Kräfte einsetzen wollten, die jedoch in keinem einzigen praktischen Beispiel umgesetzt. Was braucht es, um an Mittel heranzukommen, welche Hebel und Räder müssen bewegt werden, damit die Maschine »Nicht-Regierungs-Organisation«, kurz NGO, in Gang gesetzt werden konnte? Eine große Lernaufgabe, bei der wir uns nur auf uns selbst verlassen konnten, Versuch und Irrtum, Lernen beim Tun. Mit geballtem Idealismus kann man immerhin hausieren. Ich ging von Pontius zu Pilatus, von Liselotte zu Heinrich, von Nestlé zur Erklärung von Bern. Nachts wachte ich mit Schweiß auf der Stirn auf, weil ich das Wort »Nachhaltigkeit«, welches auf keinem Spendengesuch fehlen durfte und in jedem Gespräch mantramäßig wiederholt werden sollte, als grausiges Menetekel am schwarzen Brett der staatlichen Dienste in 1 000 verschiedenen Schriftarten und -größen lesen musste. »Nachhaltig«, so lernte ich schnell, war das erste einer ganzen Reihe von Worten, das im Sprachgebrauch der Entwicklungshelfer unbedingt eingesetzt werden musste. Ohne Nachhaltigkeit keine Unterstützung. Punkt. Ich besuchte Veranstaltungen, an denen die DEZA, die Direktion für Entwicklung und Zusammenarbeit der schweizerischen Eidgenossenschaft, die jeweils passenden Slogans den staunenden Vertretern der zahlreichen NGOs verkündete. Im Monatstakt werden neue Schlagworte geprägt. Worthülsen, an die sich jeder zu halten hat. Mal war es die »Partizipation«, dann die »Good Governance«, der »Nord-Süd-Konflikt«, »Makro- oder Mikroökonomie«, »Lebensmittelsicherheit«, »Beschäftigungswirksamkeit«. Hübsch auch die »interreligiöse Entwicklungszusammenarbeit« oder »Blending Finanzierung«. Ganz breit gestreut auch die »Gendersensibilität«. Die Liste ließe sich beliebig weiterführen.

Es geht darum, Spreu von Weizen, Laien von Profis zu trennen. Dem erfahrenen Entwicklungszusammenarbeitsentscheidungsträger genügt ein Blick auf ein Projektkonzept, und schon blinkt das rote beziehungsweise grüne Licht. Wehe, wer sich beim Ausarbeiten von Analysen, Zielvorstellungen, Arbeitsabläufen oder beim Ausfüllen von Formularen nicht an diese Vorgaben hält. Da helfen auch keine gut erklärten Sachverhalte. Sprache, nicht Inhalt, trennt den Gutmenschen vom Fachmann. In der Terminologie liegt der Schlüssel zum Erfolg zu den Tresoren, in denen Millionen von Steuergeldern zum Verteilen bereit liegen. In Moniques Küche durfte Frust abgebaut werden, wenn wieder einmal eine Absage auf dem Tisch lag. Mit der Zeit kapiert man es: Wer wirklich à jour sein will mit verschiedenen fachsprachlichen Entwicklungen in den Gedankenwelten der Hilfsdienste, ist gezwungen, sich Publikationen aus aller Welt einzuverleiben, Symposien zu besuchen und sich mit den richtigen Netzwerken zu verbinden.

In Moniques Küche erhielten wir mit der Zeit und im gemeinsam geführten Dialog schrittweise Einblick in diese Mechanismen der höheren Entwicklungszusammenarbeit. Im Übrigen ist die Terminologie nur einer der Zerberusse, welche die Zugänge zu den finanziellen Mitteln der globalisierten Entwicklungshilfe bewachen. Auf die anderen komme ich später noch zu sprechen.

Schnell wurde uns klar, dass wir andere Strategien verfolgen mussten.

Charles begleitete mich, wenn ich an Veranstaltungen wie zum Beispiel kulinarischen Fachmessen die Gründung des ersten gastronomischen Hilfswerkes publik machen wollte. Er zimmerte mit Bohrmaschine, Leintüchern und Dachlatten einen Stand, hängte Fotos, Leitsätze und Kochschürzen mit unserem Logo auf, stellte mir sein Büro, seinen Drucker und seine Computerkenntnisse zu Verfügung, baute die erste Webpage und stellte immer seine Zeit und sein Wissen aus alter Freundschaft zur Verfügung. Die Resultate waren jämmerlich. Ich erinnere mich an eine Ausstellung von Produzenten und Gastronomen im Kongresshaus Zürich. Da ich in jenen Tagen beim »Salz & Pfeffer«, einem Magazin »für Gast und Gastgeber« regelmäßig mitarbeitete, konnte ich mir einen Werbestand weit links in der Ecke hinter einem großen Gummibaum erschwatzen. Dorthin schleppten wir unsere leintuchbespannten Trennwände, Charles' Gartentisch und unsere Kartons mit den selbstdesignten Flyern und Aufklebern. Überzeugt davon, dass die Cuisine auf geradezu hysterisches Interesse stoßen würde, haben wir dem armen alten Tintenstrahldrucker fast den Garaus gemacht beim Ausdrucken viel zu vieler Broschüren, in denen wir uns selbst erklärten. Die Ausstellung dauerte vier Tage, und vier Tage standen wir uns dort die Beine in den Bauch. Inmitten der von kleinen Kostproben alkoholischer und nichtalkoholischer Art gesättigten Besucher wurden wir noch nicht mal als Randerscheinung wahrgenommen. Ein Schuss in den Ofen. Ich erinnere mich an einen elegant gekleideten Herrn, der unsere Infos durchblätterte. Als ich auf ihn zutrat, legte er den Flyer auf den Gartentisch und sagte freundlich: »Ich bin der Meinung, dass solche gut gemeinten Absichten von denen, die diese Absichten haben, selbst finanziert werden müssen.« Sprach's und ging gelassen weiter.

Die erste und größte Aufgabe, die es zu lösen galt, war die, unsere Vision in die Gastgewerbewelt hineinzutragen. Klar, hier war unser Zielpublikum, hier waren die Leute, die sich professionell mit der Rolle des Gastgebers identifizieren. Zahlreiche Wirtshäuser, Pensionen, Imbissstuben oder Herbergen werden seit Generationen von Familien geführt. Auch die alternative Arbeitswelt hat hier eine Nische gefunden. Genossenschaften betreiben Wirtschaften, gepaart mit landwirtschaftlicher Produktion. Kurhotels nehmen sich der Kurgäste an mit Spa und Sport. Weltweite Hotelketten werben mit individuellem Flair und landesüblichen Angeboten. Ganz bestimmt ist ein normal strukturiertes Restaurant mit den im Gewerbe üblichen strengen Hierarchien in seinem Umfeld ein sozialer Faktor. Egal, ob es sich um ein Fünfsternehotel oder um eine Hafenkneipe handelt, der Gastgeber, sei er nun ein einfacher Wirt, ein Küchenchef oder Direktor eines Grand Hotels, haben immer mit Menschen zu tun. Seien es Reisende, die unterwegs einen Platz zum Schlafen und Essen suchen, oder Touristen, die aus ihrem Alltag heraus wollen, oder ganz einfach die Einwohner eines Dorfes, welche im Hirschen oder im Löwen den Mittelpunkt des gemeinschaftlichen Lebens haben. Im Saal werden Theaterstücke aufgeführt, Feste gefeiert oder esoterische Seminare durchgeführt. Die Fußballweltmeisterschaft wird beim Bier vor dem Großbildschirm zelebriert, der Kandidat der bürgerlichen Partei lädt zum

Leberkäs mit Kartoffelsalat, der Kandidat der Linken zu Kartoffelsalat mit Leberkäs. Von der Wiege bis zur Bahre begleitet Gastgebertum das Leben der Menschen. Kultur findet statt. Ausgerichtet nach den Vorlieben, der Kreativität der Gastgeber. Sie sind es, die Tisch und Stuhl, Dach und Parkett bieten nach ihrem Gusto. Der Wirt und seine Gäste leben in einer hierarchischen Symbiose. Jeder Kunde darf einmal König sein mit Freunden im Biergarten, in der Laube im Familienkreis oder beim Skat im Schein der über den Tischen baumelnden Hängelampen. Der wahre König aber ist immer der Wirt. Ob großer Festsaal oder kleine Kneipe, der Monarch verwaltet sein Reich, schützt seine Untertanen, vergibt seine Schätze aus Küche und Keller und verlangt seinen Obolus. Diese Schnittstelle zwischen Gastgeber und Gast verlangt dem Ersteren einiges ab, schließlich ist er für die leibliche und geistige Gesundheit seiner Untertanen verantwortlich. Panscht der gastgewerbliche Monarch den Wein, ist die Suppe zu dünn und die Wurst zu fad, wird eine Emigration der Untertanen stattfinden. Bald sitzt er allein in seiner Gaststube. Macht er es aber richtig, ist er eine geachtete Persönlichkeit, die um Rat gefragt wird, der man vertraut in allen Lebensdingen und bei der man gerne sitzt, diskutiert, tanzt, isst, feiert oder trauert. Wie sagt doch Jean Anthelme Brillat-Savarin, jener große Gastrosoph des 19. Jahrhunderts: »Die Gastronomie ist eine der stärksten gesellschaftlichen Bande; sie breitet täglich jenen geselligen Geist aus, der die verschiedenen Stände vereinigt, sie miteinander verschmilzt, die Unterhaltung belebt und die Ecken der gebräuchlichen Ungleichheit abschleift.«

Verständnis, ja Begeisterung löste dann auch die Idee der Cuisine sans frontières bei denen aus, die sich mit dem kulturellen Hintergrund ihrer gastgewerblichen Tätigkeit beschäftigen. Tatsächlich brauchte ich bei den meisten Begegnungen nicht viel zu erklären. »Gute Idee, leuchtet ein, unterstütze ich gerne.« Ganz am Anfang der langen Reihe dieser Unterstützer stand die »Villa Lindenegg« in Biel. Es war bezeichnend, dass es ein kleiner, fantasievoll und mit viel Liebe zum Detail geführter Betrieb war, der mit etwas Geld und solidarischem Zuruf half, zur Verwirklichung der Pläne der Cuisine beizutragen.

Trotzdem waren die Monate voll mit unerledigten Aufgaben. Das ständige Herumfahren und sich den Mund fusselig Reden strengte an. Weil das Geld knapp war, bezahlte ich die Fahrkarten und die Imbisse unterwegs aus eigener Tasche. Spesen konnten wir uns nicht auszahlen. Dann passierte etwas, was die Cuisine-Aktivitäten fast zum Stillstand gebracht hätte. Moniques Chef, sie administrierte einen Kunstbuchverlag, wo sie zugleich Lektorin war, starb unerwartet. Monique, die den Löwenanteil der Verwaltungsaufgaben der Cuisine übernommen hatte, fiel aus. Ein Ersatz musste gesucht werden. Sarah hieß die neue, wie immer freiwillig und unentgeltlich arbeitende Freundin, die Kisten, Schachteln und Ordner übernahm. Bei einem ehemaligen Mitarbeiter des Katastrophenhilfskorps konnte ich mit das Büro benutzen. Beim Einkaufen traf ich Ronnie, einen ehemaligen Kollegen, der sich bereit erklärte mitzuhelfen. Immer noch erledigten wir in Küchen Büroarbeiten, bei Sandra, bei Ronnie und später bei Tom, der im zweiten Jahr nach der Gründung zu uns stieß. Dann tauchte Ivo auf, Küchenchef und Hausbesetzer mit eigenen Ideen und voller Enthusiasmus. In San Josecito bauten wir das erste wirkliche kleine Restaurant. Während ich in Kolumbien war, liefen die Fäden bei Sandra, Ronnie und Charles zusammen. Doch immer noch war der Verein eine eher unstabile Angelegenheit. Immerhin hatten wir nun etwas Geld in der Kasse. Nicht viel. Das Jahresbudget 2006 bezifferte sich mit etwas über 10 000 Franken. Damit ließ sich etwas machen. Doch unterschiedliche Auffassungen über Wo, Wie, Warum und Wann führten zu Spannungen. Wo einer »hü« rief, parierte der andere mit »hott.« Der Zusammenhalt im Verein bröckelte, während Tom, Ivo, Rijna, Frank, Lukas und ich in wechselnden Zeitabschnitten in Urabá im Bürgerkriegsgebiet an der Grenze zu Panama bauten, kochten und Brötchen in den selbstgebauten Lehmofen schoben. Als ich von meinem ersten Csf-Aufenthalt aus Kolumbien zurückkam, war eine Krisensitzung angesagt. Einmal mehr in einer Küche erklärte Charles seinen Rücktritt aus dem Vorstand. Wir waren ihm zu »politisch« geworden. Neu dazu kamen Tom, Ivo und Sonja. Ich blieb Präsident und weiterhin treibende Kraft. Ich schreibe das alles so schnell hin, doch schnell ging es eigentlich nicht. Ein Karussell von Helfern und Spendern begann sich zu drehen. Mal stieg jemand zu, dann sprang wieder jemand ab. Das Brasilienprojekt wurde aus der Taufe gehoben. Diesmal ohne mich, es waren Tom, Sonja, Ivo, Eva die in den Slums von Salvador da Bahia zusammen mit einer Gruppe von Frauen einen Treffpunkt aufbauten. Weitere Freiwillige meldeten sich und halfen mit. Vor Ort gab es harzige Verhandlungen zu führen, der Einsatz selbst war schwierig. Der Slum erwies sich als gefährlicheres Krisengebiet als Urabá.

Doch es gelang.

Um Spenden zu bekommen, mussten wir etwas anbieten. Zum Beispiel Benefizessen in kleinem Rahmen. Der Aufwand, den wir betrieben, war riesig, doch er lohnte sich. Wir konnten Produzenten für uns gewinnen, die uns Lebensmittel und Getränke sponserten, durften Küchen, Öfen und Kühlschränke für unsere Veranstaltungen in den Betrieben von uns wohlgesonnenen Gastronomen nutzen. Mit Hilfe unserer Gäste konnten die Versprechungen, die wir in Kolumbien und Brasilien vor den lokalen Mitmachern abgegeben hatten, eingelöst werden. Im »Les Halles« kochten wir kolumbianisch, im »Rosso«, dem Restaurant von Ivo, machten wir eine Infoveranstaltung mit Essen und Trinken, im »Tessinerkeller« luden wir zu Lesung und Menü. Klappern gehört zum Handwerk, und wir klapperten mit Einladungen. Einen ganzen Monat lang baten wir in einer großangelegten »Aktion für die Gastgeber der Hoffnung« um Geld für Kolumbien. Und von etwas kommt etwas. Das Kolumbienprojekt verschaffte uns erstmals Öffentlichkeit mit einem konkreten Inhalt. Ein Bericht in einer großen Tageszeitung weckte das Interesse von »Union Trois«. Die drei Frauen, die in Zürich eine Medien- und PR-Agentur betrieben, machten uns ein Angebot. Sie wollten helfen, den Auftritt der Csf zu gestalten. Tatsächlich brauchten wir dringend Werbung in eigener Sache. Zum

Teil aus Ignoranz oder einfach, weil wir zu viel zu tun hatten, war Werbung nicht auf unserem Bildschirm. Wie unendlich wichtig sie war, zeigte sich schnell. Endlich konnte ich bei meinen Vorsprechterminen gut gestaltetes Infomaterial mitbringen. Irgendwann gaben wir es auf, bei offiziellen Stellen um Zuschüsse zu bitten. Die Cuisine-Idee passte in keine Schublade. Wir mussten nun auch die Geldbeschaffung in eigene Hände nehmen. Als dann Tom und Ivo mit dem Kitchen Battle ein funktionierendes, passend auf die Cuisine zugeschnittenes Modell entwickelt hatten, waren wir aus dem Gröbsten heraus. Anna Hofmann, eine der drei Frauen von »Union Trois«, übernahm als einzige Angestellte des Vereins mit einer mageren 30% Stelle die Geschäftsleitung der Csf in Zürich.

Mit Anna als Geschäftsführerin änderte sich alles. Die Vorstandssitzungen wurden pünktlich einberufen, endlich war das Telefon besetzt und nicht nur ein Postfach, das selten geleert wurde. Die Mitglieder erhielten eine Quittung und einen Dankesbrief, wenn sie ihre Beiträge und Spenden eingezahlt hatten, ab und zu wurde ein Newsletter verschickt. Erste Jahresberichte wurden verfasst, analysiert und an den Generalversammlungen präsentiert. Martin, PR-Spezialist und gut vernetzt in der Schweizer Szene, stieß zu uns und war bald Mitglied des Vorstands. Sein Know-how, gerade im Bereich Internet und Öffentlichkeitsarbeit, führte zu einem weiteren Schub, die Cuisine bekannt zu machen. Dass es gelungen ist, an den Einsatzorten die vorgegebenen Ziele zu erreichen, verdanken wir neben den Aktivisten, die unerschrocken an seltsamen Orten Karotten schälten und Töpfe schrubbten, dem Backoffice in Zürich.

Kochen ist für mich eine meditative Tätigkeit. Ich koche gerne in meiner winzigen Küche in Zürich. Einerseits, weil mir die Restaurants zu teuer sind, andererseits, um mich mit etwas Gutem zu belohnen. So kann ich beim Zwiebeln Hacken oder Mayonnaise Aufschlagen über alles Mögliche nachdenken. Beim Belegen des Backblechs mit Zwetschgen überlege ich, ob der Zwetschgenkuchen eine friedensfördernde Wirkung auf Paramilitärs in Kolumbien haben könnte. Beim Schmurgeln eines Huhns im Ofen wird mir bewusst, dass Huhn ein Luxuslebensmittel ist und keineswegs eine Selbstverständlichkeit. Wenn ich Jakobsmuscheln in Weißweinsauce und safrangewürztem Reis auf dem Teller habe, kommt mir das Meer in den Sinn, sehe ich Fischer in Ecuador, die ihre kleinen Boote durch schäumende Brandung hinaus auf den Pazifik schieben. Essen ist Erinnerung, nährt die Vorstellungskraft, beruhigt den Geist, baut Stress ab und lässt die Welt in einem freundlichen Licht erscheinen. Manchmal leiste ich mir Leckerbissen, gehe in die besten Feinkostläden der Stadt und lasse mich inspirieren von der Fülle des Angebots. Eine kleine, reiche Stadt ist mein Zürich mit einem Angebot von Delikatessen, die aus den hintersten Winkeln der Welt herangeschafft werden. Zu Hause lege ich Käse aus Frankreich, schlanke grüne Bohnen aus Kenia, Fleisch aus Argentinien, handgemachte Pasta aus dem Bioladen, eine Flasche Wein aus Portugal und Pfirsiche aus Chile auf den Tisch. Dann staune ich, wenn ich mir die Quittungen anschaue. Der Wochenlohn eines afrikanischen Schreiners hätte nicht für diesen Einkauf gereicht. Oder aber ich besuche die bunten, als Märkte gestylten Verkaufshallen, in denen lokale Produkte, regional, saisonal, ohne E-Stoffe und im handgewebten Jutesäckchen angeboten werden. Hui, die Rechnung für eine Wurst, ein Dinkelbrot, einen Krautkopf, eine Handvoll Kartoffeln, drei Karotten und zwei Flaschen Bier ist so hoch wie das monatliche Einkommen eines kubanischen Arztes in Venezuela. Und noch etwas: Mein elektrischer Herd aus den Siebzigern ersetzt mir das Kochfeuer. Ich muss nicht Holz hacken, Gasflaschen schleppen. Der Strom kommt aus der Steckdose. Zuverlässig heizt sich der Backofen ein. Trinkwasser von bester Qualität fließt aus dem Wasserhahn. Mit dem gleichen Wasser dusche ich heiß und kalt, spüle das Klo. Ich knipse, wenn es dunkel wird, das Licht an, im Winter, wenn draußen alles steifgefroren ist, knackt ab und zu der Radiator, der die Küche heizt. Ich empfange wenige Gäste, mehr als zu dritt können wir am kleinen Küchentisch nicht sitzen. Dann wird gegessen, guter Wein getrunken,

über Gott und die Welt geplaudert ohne Angst und mit dem sicheren Gefühl, mit der letzten Straßenbahn unbehelligt nach Hause
zu kommen. Die Hühnerknochen oder die Kohlstrünke kommen
in den Biomüll, die leeren Weinflaschen in den Glasabfall. Jemand
anders kümmert sich darum. Oft stehe ich nachts alleine auf dem
zwei Quadratmeter großen Balkon und schaue vom vierten Stock
hinaus in die nächtliche Stadt. Alles ist ruhig. Alles bewegt sich.
Mein ist der Wohlstand.

14 Der Missionar vom Río Napo

Der Napo ist Poesie ... Die, denen das Land gehörte ... Eine uralte Kulturlandschaft ... Für wenig Gepäck ein paar 100 Dollar ... »Achakaspi« ... Auf den Fluss und seine Bewohner.

Wenn es um Gewässer geht, ziehe ich Flüsse allem anderen vor. Die Unendlichkeit des Meeres ist mir unheimlich, Seen sind mir zu still. Mein Herz schlägt für Flüsse. Wenn Rinnsale zu kleinen Bächen zusammenkommen, dann zu strömenden Wildwassern ansteigen, über Stock und Stein ihre Wege suchen und wachsen, in weitere Gewässer münden. Wenn sie in Raum und Zeit anschwellen, von den Bergen bis nach ganz unten in die Ebenen ziehen, einem unbekannten, weit entfernten Ziel entgegen. Durch Landschaften graben sie sich Schluchten, sickern durch Sümpfe und murmeln durch undurchdringliche Wälder. Manchmal gurgelt es zwischen bemoosten Felsbrocken, sprudelt und spritzt, stürzt über Felswände, braust, donnert, um dann wieder ruhig und unaufhaltbar weiter zu fließen. Der Fluss trägt Legenden mit sich, Flussgeister, Fische, Baumstämme, Wasserpflanzen, Blätter und Blütenstaub und Menschen in Booten. Geschichten von Liebe und Krieg, von der Jagd und von spielenden Kindern an schlammigen Ufern. Das Krokodil lauert im Fluss, der Fischreiher stakt durchs Schilf, große Welse ruhen in tiefen Uferlagunen, Süßwasserdelfine springen gegen die Strömung. Dort, wo sich all das Schmelzwasser, all die Quelltropfen und Regengüsse von den steilen Hängen der östlichen Kordilleren zu einem gewaltigen braunen, stetig bewegten Strom zusammengefunden haben, ist man am Río Napo. Eine Flusslandschaft des Ewigen, wo dennoch nichts bleibt, wie es ist. Große mäandernde Schlaufen suchen sich mit stoischer Unerbittlichkeit neue Wege, wenn Sand und Treibholz einen Wall aufgebaut haben. Es stürzt der Baumriese, Büsche werden mitgerissen, wenn sich schwarze Regenwolken in den Bergen entleeren und das Wasser steigt. Gleichmütig trägt der Fluss alles mit sich, was ihm auf seinem Weg begegnet. Die Ufer sind, von immer wiederkehrenden Hochwassern unterspült, unsicherer Boden. Wehe dem Kanu, das nicht rechtzeitig Schutz unter kräftigen Ästen gesucht hat, es wird verblasen, von Luftstößen gepackt, nicht selten umgeworfen und dreht sich um die eigene Achse im scharfen Takt der Wellen. Bis sich dann alles wieder beruhigt und aus dem nassglänzenden Grün des Waldes Dampf aufsteigt, sich Vögel aller Art in die Luft schwingen, schwatzend und kreischend den Fluss überflattern. Ein Adler kreist in Sichtweite. Fast umgehend überdacht ein neuer blauer Himmel die Welt, weiße Wolken treiben am Horizont, alles ist hell und grün und milchig-braun der Strom. Abends bauen sich hohe Wolkentürme zu gewittrigen Trutzburgen auf. Blitze zucken, fernab treiben dunkelviolette, fast schwarze Regenwolken dicht über den Baumsilhouetten. Dort regnet es, derweil man sich selbst noch im kräftigen Schein des abendlichen Theaters der Farben befindet. Das Ringen zwischen Nacht und Tag ist kurz und beim Schreien der Brüllaffen wird Gelb zu Orange, Blau zu Violett, Grün zu Schwarz – und es ist dunkel. Über den Horizont zuckt Wetterleuchten und zeichnet letzte Schattenrisse in den schon sternenbesetzten Nachthimmel.

Der Napo ist Poesie.

1 000 Kilometer ist der Fluss lang und einer der wichtigsten Zuflüsse zum Amazonas. Mein Flussabschnitt beginnt in der Stadt Puerto Francisco de Orellana, kurz »Coca« genannt, und endet in Nueva Rocafuerte. Dort, wo der Hund verfroren ist. Francisco de Orellana, der ursprüngliche Namensgeber der Stadt, war einer der

spanischen Konquistadoren, die unermüdlich auf der Suche nach dem sagenhaften El Dorado unterwegs waren. 1541 startete er von Quito aus mit einer aus 4000 Indios und 350 Spaniern bestehenden Mannschaft eine Expedition hinunter in das Amazonasbecken. Er war der erste weiße Eroberer, der den Amazonas von der Quelle bis zum Atlantik bereiste. Natürlich hatte er allerlei Abenteuer zu bestehen. Nur wenige seiner Leute erreichten das Ziel. Er machte mystische Bekanntschaften mit weiblichen Kriegerinnen, eben den Amazonen, die ihn und seine Gefährten aus dem Schattengrün der Uferböschungen angriffen. Nach ihnen benannte er den Fluss.

Heute steht er in Coca in Bronze mit Rüstung und Degen auf einem Sockel und zeigt mit einem Arm flussabwärts.

Nachdem die Bewohner des Dschungels Tausende von Jahren im Einklang mit den Gesetzen des Waldes in ganzheitlichen Choreografien gelebt hatten, begann die Zeit der Neuen Welt. Die Veränderungen, die sich nach der Ankunft des weißen Mannes ergaben, sollten die alten Lebensformen zerstören. Nicht auf einen Schlag, aber unaufhaltsam. Nachdem Orellana flussabwärts verschwunden war, blieb erstmal alles, wie es war. Zwar gehörten viele Hektare Regenwald jetzt offiziell den Nachfahren der Konquistadoren, doch der Besitz blieb vorerst auf Papier. Erst in den letzten Jahren des Kautschukbooms kam etwas Bewegung in die undurchdringlichen Wälder. Die, denen das Land gehörte, zückten vergilbte Dokumente, denn jetzt kam Beute in Sicht. Für deren Transport boten sich die Wasserstraßen an. Über den Amazonas hoch bis zum Napo. Die Ureinwohner allerdings, große Krieger und zu keiner Sklavenarbeit einzufangen, konnten nicht als Gummizapfer eingesetzt werden. Also verschleppte man Quechua-Indios in den Regenwald, siedelte sie entlang der Ufer des Napo an, wo sie Gummibäume zu ritzen hatten. Das war um 1900.

Der Verkauf und damit die Gewinne der Gummibarone gingen aber schon bald zurück, um 1920 war der Boom vorbei. Ruhe kehrte wieder ein im Regenwald. Die »importierten« Quechuas ließ man der Einfachheit halber, wo sie waren. Sie starben wie die Fliegen. Heute stellen die Überlebenden dieser Quechuas als Napo Runas den größten Bevölkerungsanteil der Einheimischen am Napo. Etwa 30 000 Menschen. Die Zaparos, eine andere ethnische Gruppe, gingen während des Kautschukbooms wegen eingeschleppter Krankheiten zu Hunderten, vielleicht zu Tausenden zugrunde. Ganze Dörfer verwandelten sich in Friedhöfe. Geschätzte 200 Zaparos soll es heute noch geben. Ethnologen interessieren sich besonders für die Waorani. 2 000 bis 3 000 Waorani gibt es, mit eigener Sprache und einer perfekt dem Dschungel angepassten Lebensweise. Sie machen immer wieder auf sich aufmerksam, vor allem durch ihre Kriegskultur, die faszinierend und erschreckend zugleich ist. Andere indigene Stämme mit eigener Sprache und eigene Bräuchen sind die Shuar, die Cofán, die Sionas und Secoyas.

Es gibt eine einleuchtende Theorie zum Leben im Regenwald des Amazonasbeckens. Der Dschungel ist nicht einfach ein wild wucherndes grünes Ungetüm, sondern eine uralte Kulturlandschaft, die es seit geschätzten 50 000 Jahren gibt. Die halbnomadische Lebensweise der einzelnen Völker, jedes mit eigener Sprache und einem der Umwelt angepassten Verhalten, führte zu einer intuitiven Anpassung der Natur an die menschlichen Bedürfnisse und Notwendigkeiten. Zyklisch kehrten die Bewohner alle 25 oder 50 Jahre in Lebensräume zurück, die sie verlassen hatten, als der Wildbestand zurückgegangen und die Nutzpflanzen, die man zum Bauen brauchte, abgeerntet waren. Beim Verlassen eines Habitats dachte man voraus: Bäume wurden angepflanzt und Pflanzen ausgesät in dem Bewusstsein, dass zukünftige Generationen wieder zurückkommen und eine neu gewachsene Lebensgrundlage vorfinden würden. Da nur wenige dauerhafte Materialien verwendet wurden, sind aus diesen Vorzeiten kaum Reste zu finden. Werkzeuge und Waffen waren aus Holz und Knochen, Häuser aus Bambusrohren, Körbe, Hängematten und Behälter aus geflochtenen Blättern und Lianen gefertigt. Das feuchtheiße Klima verwandelte diese Dinge wieder in Erde – mit Ausnahme von Töpferwaren aller Art.

In Coca steht ein vor wenigen Jahren eröffnetes Museum, das

Museo MACCO, wo man solche Artefakte aus Ton bestaunen kann. Die archäologische Spurensuche im Regenwald ist ein relativ neuer Wissenschaftszweig und die Hinweise sind unübersehbar. Es gibt keinen unberührten Primärwald. Die Hochkulturen des vorkolumbianischen Amerika prägten ihre Gebiete weit stärker als lange angenommen. Die ersten weißen Eroberer, die Raubritter der Conquista, stießen im 16. und 17. Jahrhundert auf große funktionierende Gemeinwesen, die sie mit Krankheiten verseuchten oder mit blanken Waffen ausrotteten. In abgelegen Regionen leben heute noch Völker, die nur deshalb verschont geblieben sind, weil der Zugang zu ihnen mehr als beschwerlich ist. Es gibt im 21. Jahrhundert Dutzende von indigenen Gruppen im Amazonasgebiet, die als »nicht kontaktiert« gelten und von deren Existenz man nur aus Luftbildern oder Erzählungen von »entdeckten« Bewohnern weiß. Zwei solcher Gruppen, Tagaeri und Taromenane, leben im ecuadorianischen Teil des Amazonasbeckens, just in den Provinzen Orellana, Napo und Sucumbíos. In den letzten Jahren kam es dort immer wieder zu kriegerischen Auseinandersetzungen – von geheimen Massakern im Dschungel war die Rede. Es geht dabei um die ständig kleiner werdenden Lebensräume. Am oberen Napo ist das Land größtenteils gerodet. Die Speerspitze der globalisierten Wirtschaft mit ihrem Hunger nach Rohstoffen ist in den späten 60er-Jahren des letzten Jahrhunderts in die Region eingefallen. Allen voran die US-amerikanische Texaco. Straßen wurden für den Transport des schweren Gerätes gebaut und Pipelines gelegt für den Abtransport des Rohöls. Entlang dieser Straßen vergab der ecuadorianische Staat Landrechte an Siedler. Man nennt sie Colonos, Kolonialisten. Sie wurden unter den landlosen Bauern der Sierra angeworben und mussten als Gegenleistung für das geschenkte Land die Straßen im Schuss halten.

Nicht umsonst hieß die erste Ölstadt im Nordosten Ecuadors »Nueva Loja«, nach der Stadt Loja im Hochland, wo die ersten Colonos rekrutiert wurden. Im Volksmund heißt die Stadt jedoch seit Beginn ihrer Existenz Lago Agrio, Bitterer See. Dieser Name ist leicht zu erklären. Die Schweinereien, die von der Texaco, später Chevron, in diesem Teil des Dschungels angerichtet wurden, führten zu einer massiven Verschmutzung der Gewässer und des Bodens. Eine wenig bekannte, aber gigantische Umweltkatastrophe. Der Schadenersatzprozess – es geht um mehrere Milliarden Dollar – wurde seit den 90er-Jahren von Gericht zu Gericht weitergeschleppt. Trotz erwiesener Verantwortung von Texaco/Chevron. Vor einem internationalen Gerichtshof ist die Sammelklage von 30 000 Ureinwohnern der Region im September 2018 endgültig abgewiesen worden. Das Schiedsgericht in Den Haag erklärte die in Ecuador verhängte Strafzahlung gegen den Konzern in Höhe von 9,5 Milliarden Dollar für unzulässig. Fertig jetzt!

Entwicklungszusammenarbeit förderte Plantagenwirtschaft und Rinderzucht auf den gerodeten Flächen. Die indigenen Gruppen wurden weiter zurückgedrängt. Nicht ohne Widerstand. Die Waorani und die Shuar kämpften gegen die Siedler, verbreiteten zwar Angst und Schrecken, konnten aber ihre Territorien nicht halten. Nicht zuletzt deshalb, weil die rituelle Kriegsführung dieser indigenen Kämpfer bestimmte Tabus beinhaltet. Vergiftete Blasrohrpfeile kamen kaum zum Einsatz, obwohl sie die ideale lautlose Waffe im undurchdringlichen Wald gewesen wären. Das Blasrohr war ein Jagdinstrument, die Beute wurde gegessen, was man mit den getöteten Petroleros nicht vorhatte. Und so zog der Waorani mit der Lanze in den Krieg. Armee und bewaffnetes Sicherheitspersonal hatten solche Bedenken nicht. Es durfte geschossen werden. Unbeachtet von der Weltöffentlichkeit wurden viele Gebiete der Indigenen in Besitz genommen. Und diese »Eroberungen« in abgelegenen Gebieten, wo Rohstoffe vermutet werden, dauern an. Nur noch etwa fünf Prozent des ursprünglichen Lebensraums der Indigenen steht diesen heute zur Verfügung. Teile dieser fünf Prozent sind als Schutzgebiete deklariert, wie der Nationalpark Yasuní, der 1989 von der UNESCO zum Biosphärenreservat erklärt worden ist. Es soll dort kein Öl gefördert werden. Hieß es. Aber mit neuer Bohrtechnik, die vertikal arbeitet, werden die noch bestehenden

Vorkommen jetzt von der Seite angezapft. UNESCO-Welterbe am Arsch! In Tausenden von Metern Tiefe gibt es keinen Naturschutz. Das Militär ist zudem angewiesen, die Rechte der mit Staatsverträgen abgesicherten Förderabkommen der meist ausländischen Erdölgesellschaften zu sichern. Indigene Gemeinden sind diesen Mechanismen hilflos ausgesetzt. Sie wurden nicht gefragt. Man speiste sie mit Geschenken ab. Die Kommunen verelendeten. Die weltweit gültige Tatsache, dass in Gebieten, in denen Rohstoffe gefördert werden, die Ärmsten des Landes leben, bestätigte sich auch im Nordosten Ecuadors.

Ein weiteres Problem ist die Nachbarschaft des bürgerkriegsgeschüttelten Kolumbien. Guerillagruppen der FARC und anderer Rebellenorganisation benutzen die Wälder auf ecuadorianischem Staatsgebiet als Rückzugsort. In den Bordellen und Kaschemmen von Lago Agrio, General Farfán und anderen Grenznestern begegnet man immer wieder Gruppen von jungen Männern, begleitet von einem etwas älteren Aufpasser, die sich von den Strapazen des Dschungelkrieges erholen. Nicht selten werden sie von kolumbianischen Paramilitärs verfolgt, und wilde Schießereien auf ecuadorianischem Boden sind die Folge. Die Grenze ist kaum kontrollierbar. Am ersten März 2008 wurden in Santa Rosa de Sucumbíos bei dem Überfall eines kolumbianischen Armeekommandos auf ecuadorianischem Hoheitsgebiet der Guerillakommandant der FARC, Raúl Reyes, und seine Begleiter getötet, mit ihnen eine Gruppe mexikanischer Studenten.

Dann gibt es noch den Drogenschmuggel. Das Dreiländereck Peru, Kolumbien, Ecuador, just dort, wo der Río Napo bei Nuevo Rocafuerte die Grenze Ecuadors überquert, ist ein kaum kontrollierbares Regenwaldgebiet. Aus beiden Nachbarländern werden Schmuggler mit großen Mengen Kokain losgeschickt. Mit Rucksack und zu Fuß bringen sie die Ware nach Ecuador zum Weitertransport in die weite Welt. Für einen Zweitagemarsch durch den Wald mit wenig Gepäck ein paar 100 Dollar einzustecken, ist mehr als eine kleine Versuchung. Reguläre Arbeit gibt es hier kaum. So es denn welche gäbe, wäre sie miserabel bezahlt. Die ständigen Konflikte zwischen den verschiedenen Protagonisten der Zone sind für die Petroleros ein Segen. Solange es keinen organisierten, politisch geführten Widerstand gegen die umwelttechnisch problematische Erdölförderung gibt, können sie schalten und walten, wie es ihnen passt. Die Strategie von Teilen und Herrschen wird mit Erfolg eingesetzt. Einzelne Kommunen oder lokale Politiker werden gezielt gefördert, andere ins Abseits gedrängt. Die durchaus gewollten Zwistigkeiten zwischen den Indigenen, zwischen Völkern, die Jahrtausende nach ihren eigenen Regeln untereinander klargekommen sind, ermöglichen die Instrumentalisierung isolierter Parteien. So lenken Staat und Wirtschaft die Situation – weder zum Vorteil der Indigenen noch zum Vorteil der Colonos – in einem quasi rechtsfreien Raum, in dem die ökonomischen Interessen klar gesetzt sind. Motto: rausholen was geht.

Inmitten dieser ständig aufflackernden Konflikte gibt es eine ganze Reihe von Organisationen und Einzelkämpfern, die eine Vision zu entwickeln versuchen, die für die Zeit nach dem Öl richtungsweisend sein könnte. Zwar werden die Zahlen ständig korrigiert, doch es ist klar, dass es in zehn bis 20 Jahren zu einem Ende der Ölförderung im ecuadorianischen Regenwald kommt. Dann ist jeder Tropfen rausgesaugt. Die Zukunftsvision für »die Zeit danach« hat zwei wesentliche Stoßrichtungen. Schadensbegrenzung ist die eine. Wie lassen sich der Urwald und die darin lebenden Menschen schützen, wie kann man die Biodiversität bewahren und einen Zusammenbruch des Ökosystems verhindern? Welche Maßnahmen sind dafür erforderlich? Diese Organisationen haben, sofern sie nicht hoffnungslos in Korruption und Eigeninteressen verstrickt sind, mit kraftvollen Statements und meist ausländischen Geldern einige Erfolge erreicht. Sie kommen dabei nicht darum herum, für hehre Ziele einen Pakt mit den Ölgesellschaften zu schließen. Alle Förderfirmen unterhalten Personal zur Kommunikations- und Infrastrukturförderung der Gemeinden. Das ändert natürlich nichts daran, dass ihre primäre Aufgabe die Ausbeutung der vorhandenen fossilen Rohstoffe ist und nicht die Verbesserung sozialer Strukturen. Am einfachsten besänftigt man mit materiellen Gaben – wie Trinkwasseranlagen, Generatoren, Transportbooten – den Unwillen der Gemeinden. Die Ausbildung der Menschen wird dem Staat überlassen, der ein funktionierendes, aber sehr konservatives Modell anbietet. Wobei kaum Rücksicht genommen wird auf kulturelle Eigenheiten und Bedürfnisse. Die Ausbildungsangebote sind dem Anforderungskatalog der westlichen Industriegesellschaft entnommen, dem, was die »Zivilisation« halt so braucht.

Neben dem Thema »Schadensbegrenzung« wird auch viel über eine ökologisch und ökonomisch mögliche und vernünftige Entwicklung nachgedacht. Wohin soll es gehen? Da alle Experten unisono betonen, dass vor allem der Erhalt eigener Identitäten, eigener Werte und der eigenen Kultur wichtig sei, man aber globale Entwicklungen berücksichtigen müsse, ist man auf den Tourismus gekommen. Den Tourismus als nachhaltigen und alles Lokale stärkenden Weg.

Am 16. November 1953 wurde das Vikariat Aguarico, ein Missionsbistum, gegründet. Die Geschichte des Bistums – mit Sitz in Coca – ist eng mit dem Orden der Kapuziner verknüpft. Alle sechs Bischöfe, die dessen Geschicke leiteten, waren ehemalige Kapuziner. Dazu muss man wissen, dass ein Ordensbruder, der in der Nomenklatura der katholischen Kirche einen höheren Verwaltungsposten einnimmt, seine Zugehörigkeit zum Orden, in diesem Falle zur Bruderschaft der Kapuziner, aufgibt.

Kapuziner ist auch Padre José Miguel Goldáraz, ein Baske, der vor knapp 50 Jahren mit seiner Arbeit am Río Napo begann. Damals war die Stille am Napo erst seit wenigen Jahren vom Lärm der Bohrtürme, Lastwagen und Fährschiffe durchbrochen worden. Padre Goldáraz, lang, dünn, unerschrocken und mit einer markanten Nase ausgerüstet, kämpft seit dieser Zeit für die Interessen der Indígenas. Er ist am Napo ein hochangesehener Mann. Er hat hier den Übernamen »Achakaspi«, das Wort für »Axtstiel« in der Sprache der Quechuas, erhalten. Unter diesem Namen kennen ihn alle.

Ich lernte ihn kennen, als wir im Zuge einer Recherchereise die Dörfer am Napo besuchten. Ihn traf ich im Missionssitz der Kapuziner in Nueva Rocafuerte, der letzten Siedlung auf ecuadorianischem Gebiet im peruanisch-kolumbianisch-ecuadorianischen Länderdreieck. Der rüstige ältere Herr – kariertes Hemd, dunkelblaue Gabardinehose und Baskenmütze auf dem Kopf – empfing uns freundlich. Ich hatte bereits angekündigt, dass ich gerne ein Abendessen für uns zubereiten würde und machte mich alsbald in der Küche der Mission zu schaffen. Ich kochte etwas Einfaches und erzählte dabei von der Cuisine und plauderte mit ihm über Möglichkeiten und Chancen eines solchen Projekts.

Es war dies der Beginn einer Freundschaft, ohne die ich im Napogebiet keinen Fuß auf die Erde gebracht hätte. Zum ersten Mal erhielt ich Informationen aus erster Hand und von jemandem, der trotz seiner langen Zeit im Urwald den Kontakt zu den politischen und wirtschaftlichen Entwicklungen in der Welt nicht verloren hatte. Jemand, dessen christliche Weltanschauung weit links von der offiziellen Leitlinie der katholischen Kirche angesiedelt war. Papst Ratzinger war gerade zurückgetreten, Franziskus noch in den ersten Monaten seiner Amtszeit, der amtierende Bischof von Coca ein pastoraler Konservativer. Padre Goldáraz sprach mit Humor, Engagement und ohne Floskeln von den vergangenen Jahrzehnten und äußerte sich kritisch zur Verantwortung der Wirtschaft, des Staates, der Kirche in Orellana. Seine hohe Wertschätzung der Kultur der Indigenen – »Sie haben einen höheren moralischen Standard als jeder Weiße oder Mestizo« – und seine vergangenen und geplanten Aktionen beeindruckten mich zutiefst. Er konnte nicht nur erzählen, er hörte auch zu. Als ich an diesem Abend in mein einfaches Gasthaus an der Mole von Nueva Rocafuerte zurückkehrte, war ich berührt und voller Bewunderung für diesen Mann, der sein Leben ohne Abstriche in den Dienst einer besseren Welt gestellt hatte.

Als wir uns verabschiedeten, gab er mir und unserem Vorhaben seinen Segen: »Ein Missionar bist du nicht, aber ich kann deine

Mission erkennen und es macht mir Freude. Wenn ich etwas für dich tun kann, werde ich dich unterstützen. Melde dich, wenn du mich brauchst.« Ich wusste da noch nicht, wie dringend ich bald seine Hilfe benötigen sollte.

Padre Jose Miguel Goldáraz, 40 Jahre Missionar im Urwald
(Antonina Gern)

Als ich im darauf folgenden Jahr mit den Planungsarbeiten fertig war und mit meinen Verträgen und etwas Geld unter dem Arm in Coca eintraf, hatte sich in mir ein Satz fest eingeprägt. Er stammte aus einem der Kriminalromane Jan Willem van de Weterings: »Man muss das Verbrechen verhindern, bevor es passiert!« Der Satz schien mir perfekt auf die Situation am Napo zu passen. Die vergangene Geschichte hinter sich zu lassen, in eine mögliche prosperierende Zukunft zu investieren, dazu war ich hergekommen. Es war bereits klar, dass ich mich mit meinem Vorhaben auf den Fluss und seine Bewohner konzentrieren wollte.

Dazu brauchte ich ein Schiff.

15 Das Schiff

Eine tief dekolletierte Sirene ... Ein Haufen altes Eisen ... Per Handschlag ... Ratgeber und Helfer ... Allerlei Dienstleistungen.

Groß genug sollte es sein, unser Schiff, mit Platz für die Schulküche, einem Klassenzimmer und Kajüten für die Köche und Freiwilligen der Cuisine, die als Wissensvermittler an Bord leben. Der Plan war, in den Ufergemeinden jeweils einmonatige Kurse zu geben, in denen einfache Grundkenntnisse: Kochen, Service, Buchhaltung und Englisch als Fremdsprache vermittelt werden. Der Gedanke, ein stabiles Floß zu bauen, wurde bald verworfen. Zu sperrig und zu schwach, um gegen die Strömung anzukämpfen. Eine romantische Huckleberry-Finn-Idee, die nicht wirklich taugte. Also kein Zusammenbinden von Benzinfässern und Bambusrohren. Eine alte Fähre kaufen und Haus und Herd draufbauen, kam der Sache schon näher. Die Suche danach führte mich von einem Wrack zum anderen. Schräg lagen sie im wuchernden Ufergras, rostig und löchrig, kaputte Dieselmotoren, durchgefaulte Holzaufbauten, keine Steuerruder und keine Schiffsschrauben. Am Napo wird ein Schiff erst ausgemustert, wenn es aus dem letzten Loch pfeift. Ich sah surrealistische Realitäten von gestrandeten Objekten, halb verweste Kadaver, die sich dem Zahn der Zeit längst ergeben hatten.

Während draußen auf dem Fluss kräftige, schwimmende Arbeitsgeräte, beladen mit Lastwagen und Frachtgut an mir verbeizogen, stand ich auf gespaltenen Blechböden und auf braunem

Metallpulver, wo wackere Flechten und eigenartige Pilze daran arbeiteten, den Fremdkörper nach und nach seiner Umgebung anzupassen. Funktionierende Fähren oder Flussfrachter gab es natürlich. Aber die Frachtschiffer hatten augenblicklich kein Interesse mehr, mit mir Geschäfte zu machen, wenn sie meine Preisvorstellungen kennenlernten. Gerade mal eine hochgezogene Augenbraue war ich ihnen wert, bevor sie mich freundlich aus ihren Büros hinauskomplimentierten.

Auftritt Raffael Galeth: »Ich denke, ich hätte da etwas, was Sie interessieren könnte«, sagte der elegante ältere Herr und stellte sich als Besitzer der SEPEGA vor. »Servicios Petroleras Galeth« ist eine Flussreederei. Herr Galeth führte mich über die am Fluss gelegenen Werkplätze der Werft, wo ein Dutzend Schiffe am steinigen Ufer lagen. Kräftige kleine Schlepper, an denen bis zu 50 Meter lange schwimmende Plattformen angehängt werden konnten, auf denen Baumaschinen, Zement, Hohlblocksteine oder Lastwagen transportiert werden. Wir kletterten über verrostete Stahlungetüme, vorbei an Kränen und riesigen Generatoren, stapften durch Pfützen, angesprüht von Funken von Schneidbrennern, es roch nach den heißen Flammen der Schweißgeräte, nach lehmiger Erde, Wasser, Farbe, Eisen und harter Arbeit. Zuletzt überquerten wir eine dieser Plattformen, an deren hinterstem Ende eine Art Doppeldeckerbus stand. Auf dessen Seitenwand hatte ein begabter Spritzpistolenkünstler eine tief dekolletierte Sirene mit einer E-Gitarre aufgesprayt. Sie sah aus wie ein Playmate der 50er-Jahre, ihre blonden Haare zausten sich vor einem Hintergrund, der an die Bühnenbilder einer Talentshow erinnerte. Blitzende Lichteffekte und Notenschlüssel tanzten um die Frau – weiße Zähne, rote Lippen – herum, die etwa so groß wie ein indischer Elefant war. Näherkommend entpuppte sich der poppig bemalte Bus als festgeschweißte Hülle, die satt auf einem rot bemalten Deck auflag. Dahinter führten ein paar Treppenstufen auf eine geräumige überdachte Terrasse. Erst jetzt sah ich, dass die ganze Konstruktion auf einem eigenen Ponton aufgebaut war. Es war ein Schiff. Ein eigenartiges Schiff.

»Das ist der Bus Nautico«, sagte Galeth und erzählte mir die Geschichte: In den 60er-Jahren hatte eine Entwicklungshilfeorganisation den öffentlichen Verkehr der Stadt Quito mit zehn englischen Leylandbussen ausgestattet, die brav 30 Jahre auf den Stadtstraßen unterwegs gewesen waren und der Hauptstadt zu britischem Flair verholfen hatten. Als die Busse ausgemustert wurden, kamen sie in die Schrottverwertung. Aber nicht alle. Vier davon erwarb die SEPEGA. Sie wurden nach Coca gebracht und als Mannschaftsfahrzeuge für die Arbeiter der Erdölindustrie eingesetzt. Sie kurvten über holprige Dschungelstraßen, transportierten weiterhin Menschen und Materialien, bis dann auch diese vier letzten den Geist aufzugeben begannen. Sie wurden zur Werft gebracht, auseinandergenommen und hier kamen die Bleche, Sitze, Reifen und Scheinwerfer noch einmal zu neuen Ehren, wurden in den Schleppkähnen weiterverwendet. Unverwüstliche Sitzbänke dienten jetzt den Kapitänen auf der Brücke, die Scheinwerfer warfen Licht auf das Treibholz und die Motoren brummten zum Betreiben von Pumpen oder Förderbändern. Der allerletzte der Busse wurde, Raffael Galeth ist offenbar ein kreativer und auch romantischer Unternehmer, auf einen Ponton geschweißt. Drinnen richtete sich ein findiger Pächter mit einer Discothek ein. Ein Steuerruder wurde mit dem originalen Steuerrad verbunden, der Busmotor mit einer Schiffsschraube – und anstelle des Busfahrers setzte sich ein Kapitän in den Führerstand. So drehte der Bus tagsüber seine Runden, bot Ausflüge von zwei Stunden auf den Flüssen um Coca an. Abends lag der »Bus Nautico« an der Hafenmauer, es wurde getanzt auf dem hinteren Deck, unten war die Bar und hinter ihr eine Imbissküche für Snacks und Fritten. Im oberen Stockwerk waren lauschige Separees eingerichtet, wo hinter zugezogenen Vorhängen allerlei Dienstleistungen angeboten wurden. Die Geschäfte liefen gut, tagsüber mit Familien und Kindern an Bord, abends mit erholungsbedürftigen Männern. So hatte der alte Bus noch ein ganz Leben, bis der Pächter sich auf eigenartige Geschäfte einließ, die zur Folge hatten, dass er Coca bei Nacht und Nebel verließ und nie mehr gesehen wurde. Galleth ankerte den Bus Nautico am Rand seiner Werft und ärgerte sich. Ein neuer Pächter ließ sich nicht auftreiben, der Zustand von Motor und Rumpf war besorgniserregend. Wind und Wetter zerfetzten bald die Dachplane der Tanzterrasse, rostfarbene Streifen zogen sich über die bunten Bilder, im Rumpf stand das Wasser kniehoch. Trotzdem wurde das Gefährt in den Inventarlisten der SEPEGA weiter mitgeführt und jährlich wurden die Papiere erneuert – sodass es nicht einfach ein Haufen alten Eisens war.

Ich sah mir alles an. Was wusste ich schon von Schiffen? Herzlich wenig. Aber die Aura des Abenteuerlichen und Ungewöhnlichen, die in jeder rostigen Schraube zu spüren war, nahm mich gefangen. Doch, daraus konnte ein Schulschiff werden. Und so begleitete ich »Don Raffa« ins Büro.

Er ließ mich die Geschichte unseres Cuisine-Vorhabens von hinten bis vorne erzählen. Und er erzählte mir auch seine Geschichte. Wie er vor 50 Jahren als ganz junger Mann nach Coca gekommen war. Als Lastwagenmechaniker. Wie er sich dann im Laufe der Zeit und mit der aufblühenden Ölindustrie hochgearbeitet hatte, zuerst mit einem eigenen Kanu, dann mit Schleppern, dann mit Angeboten aller Art für die Petroleros. Dabei hatte er sich ein Vermögen erarbeitet. Er habe Schiffe, Hotels, Lastwagen, Busse – und wahrscheinlich noch einiges mehr. Er sei zum dritten Mal verheiratet, der 70-jährige Selfmademan, mit einer 30-jährigen Frau, Vater von 17 Kindern, den Fluss entlang verteilt. Einige der Söhne arbeiteten bei ihm in der SEPEGA. Er sei jeden Tag auf der Werft, kenne alle seine Mitarbeiter beim Vornamen. Er sei für alle Don Raffa, derweil er seine Leute Pedro, Santiago oder Miguel nenne. Ein Patron von altem Schrot und Korn, ein Bilderbuchmacho, ein Mann, der sich die Hände jahrzehntelang schmutzig gemacht hat und sie jetzt manikürieren lässt.

Nach drei Stunden machte er mir ein Angebot. Er wolle mir den Bus überlassen. Als Unterstützung für das Cuisine-Projekt.

Ich müsse die gesamte Renovation selber übernehmen. Alles müsse überholt, gestrichen, geschmiert, geschliffen und das Dach neu bespannt werden. Dann werde es wie neu aussehen. In zwei Monaten sei alles fertig. Die Farbe könne ich selbst bestimmen. Sämtliche Arbeiten würden auf der Werft durchgeführt. Pauschalpreis 10 000 Dollar. Rechtlich abgesichert würde der Handel mit einem einjährigen Mietvertrag. Miete 10 000. Das Schiff bleibe in seinem Besitz, Bewilligungen und Werftarbeiten seien eingeschlossen. Dann nach einem Jahr, in dem ich weiter keine Pacht zu entrichten hätte, müsse ich das Schiff kaufen, er werde es mir dann für 15 000 überlassen. Falls ich es dann nicht übernehmen wolle, würde er es einem anderen Käufer anbieten. Er zeigte mir die Papiere. Der Versicherungswert des Bus Nautico lag bei 120 000 Dollar. Ich nahm Don Raffas Angebot am gleichen Nachmittag an. Per Handschlag.

Es ist mir bis heute nicht klar, warum mir Raffael Galeth sein Angebot gemacht hat. Eigentlich hat er mir das Schiff geschenkt. Jetzt, nach vier Jahren Erfahrung mit den Verhältnissen am Napo, bin ich in der Lage, den Umfang seiner Großzügigkeit zu erkennen. Ich bin immer noch mit ihm befreundet, gehe ab und zu bei ihm vorbei, wir trinken einen Kaffee zusammen und reden über Lokalpolitik. Er war mir stets und bei vielen Gelegenheiten ein wichtiger Ratgeber und Helfer. Vor allem bei den lokalen Behörden. Er konnte mit einem Anruf Dinge erledigen, die mich Monate gekostet hätten, und hat nie eine Gegenleistung verlangt. Wann immer ich ihn fragte, ob es einen Grund gegeben habe, warum er mir so selbstlos geholfen habe, meinte er nur, ich hätte ihn mit meinem Projekt überzeugt. Er könne so etwas von dem zurückgeben, was er in seinem Leben erhalten habe.

16 Flussabwärts

*Petroleroparadies ... Nach 10, 20, 30, 40 Jahren immer noch
hier ... Man könne es ja mal mit mir probieren ... Eine problematische Beziehung zum Alkohol ... Die Lippen blau, die Hände
klamm ... Sie wird kommen ... El barco! El barco!*

Puerto Francisco de Orellana – oder eben Coca – ist keine Reise
wert. Die Stadt ist nicht gewachsen, wie es sich für eine richtige
Stadt gehört. Bis in die 70er-Jahre des letzten Jahrhunderts lebten
dort einige wenige Missionare, eine strafversetzte Kompanie der
Armee, die Nachfahren einiger Kautschuksammler, eine Handvoll
Holzhändler, und das wars. Ein verlorenes Nest im grünen Niemandsland. Über den Fluss gelangte man nur mit einem Kanu, aber
dorthin wollte keiner, es war das Gebiet der Waorani. Und mit denen war nicht gut Kirschen essen. Im Fluss tummelten sich rosa
Delphine und mannsgroße Welse, Touristen gab es nicht. Die Reise
vom Hochland hierhin dauerte Tage. Immerhin mussten hohe Berge
überquert, Schluchten durchstiegen und reißende Flüsse überquert
werden. Dann beginnt das Amazonasbecken. Um die 300 Höhen-
meter, so hoch liegt Coca, hinabzufließen zum Atlantik, ist ein Eimer Wasser 6000 Kilometer unterwegs. Ein paar Vulkane ragen aus
dem Dschungel. Der Sumaco zum Beispiel, ein knapper Viertausen-
der, der selten mal eine schneebestäubte Kappe trägt.

In dem Gebiet haben sie dann Öl gefunden. Wenn's ums Geld-
verdienen geht, ist dem Unternehmergeist keine Grenze gesetzt.

Das war bei den Konquistadoren nicht anders als bei den ersten Prospektoren, die das Gelände erforschten. Nachdem man fündig geworden war, gab es kein Halten mehr. Hunderte von Kilometern Straßen fraßen sich durch die unwegsame, gebirgige Landschaft, Brücken wurden gebaut, der Hafen von Puerto Francisco de Orellana belebte sich mit raubeinigen Ingenieuren. Ein Übergang über den Fluss entstand, und dem lanzenbewehrten Wao blieb nur der Rückzug. Die unbefestigten Straßen waren entweder nass und schlammig oder trocken und staubig. Um den Staub an den Boden zu binden, versprühten die Einwohner Rohöl auf den Dreck, wenn es regnete, was es oft und heftig tat, schwemmte es Öl und Dreck in den Fluss, zurück blieb schwarzer Schlick. Raffael Galeth kaufte den Kapuzinern ihr altes Missionsgebäude ab und machte daraus ein Hotel, nannte es »Misión«, baute einen Swimmingpool und ein Dancing dazu. Petroleroparadies!

Ich war 1994 das erste Mal in Coca, Iris drehte einen Dokumentarfilm über die Waorani, und es war genauso wie beschrieben. An den Schuhen klebte das verklumpte Rohöl, in großen Käfigen neben dem Swimmingpool schrien Affen und Aras um die Wette, aus Lautsprechern dröhnte Musik. An jeder zweiten Ecke hatte eine Bar geöffnet, jede dritte beherbergte einen Laden mit allem, von den Gummistiefeln bis zur Brillantine, Bananen und Socken, Rum und Seifen, Macheten und Tomaten. Ein bisschen teurer, weil jeder Schnürsenkel und jedes Präservativ mit dicken Lastwagen von weiter gefahren werden musste. Eine eigene Landwirtschaft existierte damals nicht und heute auch nicht. Immerhin hat die Masse der Siedler in der Umgebung von Coca jetzt tüchtig abgeholzt. Palmöl ist trotzdem teuer. Die Straßen in der Innenstadt sind seit ein paar Jahren richtig asphaltiert. Jawohl, Innenstadt, weil die Bevölkerung in den letzten 50 Jahren von 200 Dschungelnasen auf 45 000 angestiegen ist. Da sind all die Glücksritter, die sich eine Scheibe vom Ölboom abschneiden wollen, als Taxifahrer, als Bordelliers, als Brillenverkäufer oder Schuhmacher. Nur ein paar Jahre wollten sie kommen und sind jetzt nach 10, 20, 30, 40 Jahren immer noch hier. Da sind die Flüchtlinge aus Kolumbien, die in den sumpfigen, ärmlichen Außenquartieren leben, die Indianer, die den Anschluss an ihre Stämme verloren haben, und ein ganzes Heer von in blauen Jeansstoff gekleideten Petroleros. Aus dem ganzen Land sind sie hier zusammengeströmt.

Nein, schön ist Coca nicht. Die Stromleitungen hängen in wirren Knäueln über den Straßen und es stinkt nach modrigen Abwasserkanälen. Aber lebendig ist es. Immer hat es viele Leute auf den Straßen, es riecht nach geröstetem Mais, gebratenem Fleisch, nach im Fett gebackenen Bananen. Der teuflische Verkehr gibt noch sein eigenes Aroma dazu. Lastwagen, Pick-ups, Motorräder und ab und zu ein Fahrrad.

Irgendjemand will dir immer etwas verkaufen, Schnaps, Schuhe, Autoreifen, Kleidung, Schmuck oder gegrillte Maden am Spieß. Die Außenquartiere sind anders, schäbige Holzschuppen, riesige Pfützen nach dem Regen, Staub, wenn die Sonne auf die ausgestorbene Straße brennt.

Ich wurde zum alljährlichen Treffen, der Asamblea General, der Kichwa eingeladen. Ich besuchte mit Padre Goldáraz diese Veranstaltung und stellte dort den Plan der Cuisine mit Schiff und Kursen vor. Mit offenen Armen nahm man mich nicht auf. Nur zu gut kannten die Kichwa die immer wieder antrabenden NGOs mit ihren Vorstellungen und Belehrungen. Ohne Padre hätte man mich noch nicht einmal reden lassen. Am Ende saß ich dann mit vier eher misstrauischen Napo Runas an einem wackligen Holztisch. Man könne es ja mal mit mir probieren, meinte Daysi Alvarado, die Dirigente von Alta Florencia. Ich solle doch mal in ihrer Gemeinde einen dieser Wunderkurse geben. Am ersten Mai würde es passen. Ich sagte zu. Obwohl das Schiff immer noch auf der Werft lag und es bis zum ersten Mai gerade mal zwei Wochen waren. Als Padre Goldáraz, unsere Volontärin Catalina – eine schon ältere Dame – und ich die Asamblea verließen, war die Stimmung mäßig. Die Asamblea hatte sich zu dem Zeitpunkt bereits in eine schwer besoffene Runde von ein paar 100 Männern und Frauen verwandelt. Dass die Indigenen eine problematische Beziehung zum Alkohol haben, wusste ich schon. Doch die Schnapsleichen, die auf der Erde lagen, während der Dschungelregen auf sie niederprasselte, waren ein doch herber Anblick. Catalina, der man in der Suppe, die sie gegessen hatte, ein Affenhändchen serviert hatte, war eh lausiger Stimmung. »Das schaffst du nie, das Schiff ist hinten und vorne nicht fertig!« Der Padre schaute auch ernst. »Wenn du dein erstes Versprechen nicht einhalten kannst, wirst du es hier schwer haben.«

In den nächsten zwei Wochen arbeiteten wir Tag und Nacht. Und es ging Schlag auf Schlag. Der erste Mai 2016 war ein Sonntag. Freitagnacht wurden wir fertig. Samstags in aller Frühe wollten wir ablegen, Sonntagnachmittag in Alta Florencia sein, Montag Kursbeginn. Wir brauchten zwei Tage, um nach Alta Florencia zu fahren. Der Ort lag nur eine Kanustunde entfernt vor der peruanischen Grenze.

Kapitän und Mannschaft waren angeheuert, das Schiff roch nach frischer Farbe. Die Tanks waren voll und unsere Betten im oberen Teil des Busses bezogen. Wir hatten Vorräte für den Kurs dabei, die Küche mit Herd und Arbeitstischen war eingerichtet, Messer, Töpfe, Pfannen, Siebe, sogar Putzlappen waren vorhanden. Ein Reporter und eine Fotografin von GEO waren ebenfalls mit auf dem Schiff. Es sollte eine Reportage entstehen über das Koch-Friedensprojekt.

Ich erlebte zum ersten Mal die hohe Kunst der ecuadorianischen Compañeros, entspannt mit ungebremstem Improvisationstalent alles und jedes im letzten Augenblick an seinen Platz zu bringen. Als wir um sechs Uhr morgens ablegten und auf den Napo hinaussteuerten, war der Himmel blau und wolkenlos. Flussabwärts sah man kaum mehr ein Haus, nur braunes Wasser und grünen Wald. Ich freute mich auf die Fahrt, auf der wir die Unterrichtsmaterialien ordnen, die Ufer an uns vorbeiziehen lassen, kochen und essen und einfach Pause machen würden nach den strengen Tagen hinter uns. Um zehn Uhr stieg schwarzer Rauch aus dem Maschinenraum und der Kapitän Gallo Grefa legte mitten im Urwald an einem schlammigen Ufer an. Motorpanne! Der Maschinist fand bald den Fehler, eine geplatzte Ölleitung, ein doofes kleines Kupferröhrchen hatte uns lahmgelegt. Es musste gelötet, geschweißt oder ausgewechselt werden. Der Kapitän beschloss mit dem Kanu, das wir dabeihatten, nach Coca zurückzufahren und in der Werft der SEPEGA um Hilfe zu bitten. Dort arbeitete man auch am Samstag. Ich machte mir keine Sorgen. Das Wetter war schön, das Schiff ein angenehmer Ort mit Hängematten und kalten Getränken. Eine Zeitreserve hatten wir noch.

Gallo meinte, er würde in sechs, höchstens sieben Stunden zurück sein. Eine kleine Geduldsprobe. Warten, lesen, sich von Mücken stechen lassen, essen – und wieder warten. Erst kurz vor Einbruch der Dunkelheit kam Gallo zurück. Das Schnellboot der SEPEGA mit einem Mechaniker und allem notwendigen Werkzeug an Bord war, da schneller als unser Kanu, schon seit einer Stunde da.

Während der Mechaniker den Schaden begutachtete und eine dreistündige Reparatursitzung im Maschinenraum ihren Anfang nahm, wurde es Nacht. Ich kochte für alle. Beim Abendessen erklärte der Mechaniker, die Sache sei etwas heikler als angenommen, wir dürften den Motor mit dem geflickten Röhrchen nicht auf voller Leistung fahren – und damit war unsere Zeitreserve weg. Er würde uns am Montag von Coca aus das richtige Ersatzteil nach Alta Florencia schicken. Bis dahin war Schonzeit für den Motor. Das Schiff würde doppelt so lange unterwegs sein.

Die Mahnung des Padres, mein Versprechen in Alta Florencia einzuhalten, klang mir noch im Ohr. Ich musste eine Lösung finden. Wir – Martin, Catalina und ich – beschlossen, am nächsten Morgen, sobald es hell würde, mit dem Kanu flussabwärts aufzubrechen. So wären wir am Sonntagnachmittag dort und könnten den Kurs, wenn auch nicht auf dem Schiff, so doch im Gemeinschaftshaus beginnen. Pünktlich am Montagmorgen. Der Bus sollte uns hinterherzockeln. Wir verpackten die Schulmaterialien: Jeder Schüler sollte zu Beginn des Kurses einen Schulsack erhalten mit Heften, Schreibzeug und vorbereiteten Mäppchen. Die Sachen kamen in wasserdichte Plastikkisten.

In der Nacht, der ersten Nacht, die ich an Bord unseres schwimmenden Klassenzimmers verbrachte, schlief ich gut. Vor dem Einschlafen sah ich durch die Fensterscheibe den nächtlichen Fluss und einen gigantischen Sternenhimmel. Beim Aufwachen war der Fluss um gut zwei Meter gestiegen, Buschwerk und Treibholz tanzten auf den Wellen vorbei und es regnete in Strömen. Wir tranken einen Kaffee in der feuchtkühlen Küche, rauchten eine Zigarette, hüllten uns in unsere Regenponchos, setzten uns auf die harten Holzbänke und drehten, so gut es ging, dem Regen den Rücken zu. Rodrigo, einer der Matrosen, setzte sich an den Außenbordmotor und in einer weiten Schleife zog er unser Kanu auf den Fluss hinaus. Danach waren wir sieben Stunden ohne Pause unterwegs. Es regnete ununterbrochen. Der Fahrtwind trieb die Nässe in jede erdenkliche Körperöffnung. Jeder Kleiderzipfel, jedes Hosenbein, jede Socke und jeder Kragen war durchnässt, die Lippen blau, die Hände klamm. Immer wieder musste Wasser aus dem Kanu geschöpft werden. Der Lärm des Außenborders verhinderte Gespräche. Rodrigo musste höllisch aufpassen, nicht mit treibenden Stämmen zusammenzustoßen, um nicht mitsamt dem Kanu umzukippen. Einer von uns musste also vorne am Bug in den Fluss schauen und dem hinten sitzenden Rodrigo per Handzeichen anzeigen, wann und in welche Richtung er auszuweichen hatte. Martin übernahm diese Aufgabe. Ich schöpfte fluchend Wasser. Flott vorwärts bei gutem Wetter ist anders. Es ist nie kalt in Amazonien, aber bei 15 Grad und mit dem entsprechenden Gegenwind ist es ungemütlich.

In Alta Florencia angekommen, mussten wir unsere Rucksäcke einen steilen, mit glitschigen Holzbohlen belegten Weg zum Haus emporschleppen. Es war so rutschig wie Schmierseife, man rutschte alle paar Schritte aus. Wir holten die Kisten vom Kanu, fielen siebenmal auf die Schnauze und schlugen uns Knie und Ellbogen auf. Und es regnete. Immerhin konnte ich Daysi auftreiben, die uns heißen Tee kochte. Niemand war auf unser Kommen vorbereitet.

Jeder hier hatte erwartet, wir würden mit dem Schulschiff kommen und unser eigenes Hotel mitbringen. Da dem nicht so war, wateten wir durch den Sumpf zu einem rohen Betonbau, in dem Duschen und Toiletten eingerichtet waren. Daysis Mann, Fernando, suchte uns ein paar Zelte heraus, die wir aufstellen konnten, auch einige Wolldecken und dünne, yogamattenähnliche Unterlagen. Zu Essen hatten wir nichts außer durchweichten Crackers und Dosen mit Thunfisch. War ja alles auf dem Schiff geblieben.

Catalina, eine, wie schon gesagt, elegante ältere Dame aus der Zürcher Oberschicht, kann auf ein Leben als Lehrerin und Schuldirektorin zurückblicken. Sie hatte sich als Englischlehrerin der Cuisine zur Verfügung gestellt und wollte die Erfahrung am Napo mit uns teilen. Als Seglerin hatte sie die Meere durchkreuzt und sicher den einen oder anderen Sturm mitgemacht. Allerdings war sie nach der harten Reise mit dem Kanu völlig erschöpft. Sie hatte die ganze Fahrt tapfer und ohne Klage durchgehalten. Als dann klar wurde, dass am Zielort weder ein warmes Bett noch eine heiße Dusche, geschweige denn ein halbwegs annehmbares Restaurant auf sie wartete, war sie mit ihrer Geduld am Ende. Mit letzter Energie wurde ich tüchtig ausgeschimpft. Ob ich denn ganz bei Trost sei! Jetzt war ihr klar, wie weit sie sich von ihrer Komfortzone entfernt hatte. Kein Handyempfang, kein Kontakt zur Außenwelt und kein Entkommen. Ringsum dichter Urwald, schlammige Wege, die ins Dunkel führten, keine bekannte Seele außer mir und Martin – und eigentlich kannten wir uns kaum. Wir waren alle mit unseren Kräften am Ende. In der Nacht war es dann soweit. Ihr Zusammenbruch begann damit, dass sie, alleine in ihrem Zelt unter der Wolldecke fröstelnd, zu weinen begann. Dann musste sie sich erbrechen. Dann begann sie laut um Hilfe zu rufen. Martin und ich holten sie aus dem Zelt, brachten sie in die Dusche und ließen sie allein, damit sie sich waschen konnte. Dann hängten wir eine Hängematte auf und legten sie hinein. Umwickelt mit den Wolldecken. Wir legten uns wieder hin. Sie aber musste wieder raus, es gab kein Licht, sie bekam Panik, erneut Hilferufe. Wieder in der Hängematte schien sie zur Ruhe zu kommen. Schreckte wieder hoch. Martin setzte sich neben sie auf einen Stuhl und fand eine Kerze, die er anzünden konnte. Er schaukelte Catalina sanft, blieb bei ihr die ganze Nacht. Er schickte mich schlafen, was ich auch tat.

Am nächsten Morgen war sie schwach wie ein krankes Reh. Sie rührte sich kaum mehr in der Hängematte. Martin und ich, auch wir nicht richtig frisch, tranken einen Pulverkaffe und empfingen die Schüler, erklärten die Situation mit der Motorpanne, verteilten die Schulsäcke und kamen dann auf die unpässliche Englischlehrerin zu sprechen. Daysi war sofort bereit, zusammen mit drei anderen Frauen eine »Limpia«, eine Reinigung, mit der Patientin zu machen. Man brauche, so Daysi, ein kleines Ritual, um die bösen Geister zu vertreiben. In einem großen Topf wurde Wasser mit allerlei Blättern und Kräutern gekocht. Dann holten sie Catalina, die kaum stehen konnte, aus der Hängematte und führten sie in die Küche. Sie wuschen sie von Kopf bis Fuß mit dem Kräuterwasser, rieben sie mit Gräsern ab, schlugen sie mit Büscheln und Zweigen, besprühten sie mit Schnaps. Catalina ließ alles geduldig und – als wohlerzogene Schweizerin – matt lächelnd über sich ergehen. Als sie dann wie eine Mumie straff eingewickelt in Wolldecken wieder in die Hängematte gelegt wurde, sagte Daysi: »Sie wird jetzt den ganzen Tag schlafen. Es ist gut. Am Abend bringen wir ihr eine Hühnersuppe. Sie wird Hunger haben.«

In der Nacht hatte der Regen aufgehört, alles dampfte am nächsten Morgen, die Sonne heizte das Haus und den Wald auf. Martin und ich führten nun wirklich den ersten Kurstag durch. Wir stellten den Lehrplan vor, ließen uns alles erzählen über die Ideen und Pläne ihres touristischen Vorhabens, welche Aktivitäten sie anbieten wollten und was denn alles noch fehlte. Danach ging es ans Kochen der Hühnersuppe. Wir kauften zwei fette Hennen, die routiniert geschlachtet, gerupft und ausgenommen wurden. Yucca wurde dazu vom benachbarten Feld geerntet, ein Salat mit grüner Papaya, Zitrone und Koreander zubereitet. Am frühen Nachmittag, just zur Suppenmahlzeit, traf dann das Schiff ein. Unser Bus hatte gut Fahrt gemacht auf dem Hochwasserfluss. Kinder kamen vom Fluss hochgerannt. »El barco! El barco!« Der ehemalige Bus Nautico, in strahlendem Weiß und elegant, wie es nur ein Londoner Bus sein kann, legte am Steg von Alta Florencia an. Sofort luden wir alle ein, an Bord zu kommen. Der Suppentopf wurde den steilen Bohlenweg hinuntergetragen, wir kochten noch Reis dazu und setzten uns zur ersten gemeinsamen Mahlzeit auf das ehemalige Tanzdeck. Der erste Kurstag endete mit einem kleinen Fest. Man hatte sich kennengelernt und verabredete sich für den nächsten Morgen.

Der Maito, ein im Palmblatt gegarter Fisch (Antonina Gern)

Später geleitete Martin die immer noch wacklige, aber eindeutig erholte Catalina zurück auf das Schiff. Die Suppe tat das ihre dazu. Abends konnte unsere Volontärin bereits wieder rauchen, während die Wettergötter des Napo im Sonnenuntergang noch ein entferntes Gewitter mit Blitz und Donner inszenierten.

17 Der erste Kurs

Dementsprechend »westlich« ... Kinder wollen ein Smartphone ... Wie ein Spitz auf die Hundepfeife ...Soldaten mit Maschinenpistolen ... »Vamos«, sagte der Padre ... Wir winkten zurück.

Beim ersten Kurs mit unserem selbst kreierten Schulschiff hatten wir bewusst darauf verzichtet, einen straffen Lehrplan mit entsprechenden Zielen zu formulieren. Aus allen Recherchen und Gesprächen mit den Gemeindevorstehern, Indianerverbänden, Tourismus- und Entwicklungsexperten am Napo hatte sich nicht klar ergeben, was die eigentlichen und wichtigsten Bedürfnisse waren. Die Ursachen für diese diffuse Informationslage steckte in den Worthülsen und den zurechtgelegten Beschreibungen derjenigen, mit denen wir sprachen. Das fing bei den gutbezahlten Vertretern der großen Dienste an. Sie, die sich durch Berge von Statistiken und durch ethnologische und politische Analysen durchgearbeitet haben, wissen sehr viel. Aber die Erkenntnisse wie auch die daraus folgenden Entscheidungen sind unvermeidlich durch die westlichen Filter gelaufen. Die meist hervorragend ausgebildeten Mitarbeiter, die an den besten Universitäten ihrer Heimatländer geschult worden sind, verhalten sich dementsprechend »westlich«.

Eine Pflanze, Guayusa, aus deren Blätter sich ein koffeinhaltiges, anregendes Getränk herstellen lässt, das in der Tradition der Kichwa um vier Uhr morgens im Familienkreis getrunken wird, wobei man sich die nächtlichen Träume erzählt, macht den vorausschauenden, dem globalen Wirtschaftswachstum verpflichteten Experten für nachhaltige Entwicklungszusammenarbeit neugierig. Da lässt sich doch etwas aus dieser Pflanze machen! Flugs werden die Bauern in die gewünschte Richtung gelenkt. Rasch werden Setzlinge finanziert, ein Businessplan entwickelt, wie und zu welchen Preisen das Produkt auf welchen Markt gebracht werden kann. Um diese Idee des Entwicklungsexperten in die Tat umzusetzen, braucht es eine mehr oder weniger großzügige Start-up-Finanzierung. Der Haken ist, dass von den indigenen Bauern erwartet wird, dass sie ihren Teil zur Entwicklung der neuen Erwerbsmöglichkeit beitragen. Arbeitsdisziplin wird eingefordert, Regeln werden aufgestellt, ein von der großen Organisation angestellter Tropenagronom wird ihnen als Ausbilder – man könnte auch Aufpasser sagen – zur Seite gestellt. Dieser hat einen Dreijahresvertrag und steht insofern unter Druck, als von ihm messbare Ergebnisse erwartet werden.

Alejandro Gomez, einer der Ausbilder der Cuisine am Napo (Colin Walder)

Das rituelle Guayusatrinken am Morgen hat eigentlich einen ganz einfachen Hintergrund. Die Blätter werden für den Eigenbedarf im Wald eingesammelt und getrocknet. Dafür genügt ein kurzer

Spaziergang und man hat genügend Guayusa gesammelt, um einen Vorrat für ein paar Wochen zu haben. Es ist dies eine der vielen kleinen Aufgaben, die von einem Mann oder einer Frau im Rahmen der familiären Selbstversorgung erledigt wird. Die Betreuung einer Pflanzung, um mit der Ernte Handel zu treiben, ist eine ganz andere Sache, die so nicht im Lebens- und Arbeitskonzept der Napo Runa vorgesehen ist. Die Vielfalt der täglichen Aufgaben mit all ihren verschiedenen Anforderungen, die zu erledigen sind, wird stark eingeengt. Die Plantage frisst Arbeits- und Lebenszeit. Das weit entfernte Ziel, irgendwann einem naturbeflissenen Bankangestellten in Frankfurt dieses Getränk als Alternative zum Kaffee zu verkaufen, ist für den Napo Runa nur aus einem einzigen Grund interessant: Er kann damit Geld verdienen. Die komplexen Zusammenhänge bzw. was er dafür zu leisten hat, dass ein regelmäßiger, qualitätsgeprüfter und mengenmäßig lohnender Ertrag Grundlage dieses Geschäfts ist, dass es ein paar Jahre dauert, bis sich so ein Produkt seine Nische im Markt erobern kann, ist kaum zu vermitteln. Hat eine Familie oder ein von Experten gegründetes Bauernkollektiv die erste Ernte eingefahren, stehen die Produzenten vor einem Berg. Sie sind darauf angewiesen, dass ihnen die Ernte abgekauft wird. Weil sie, um diese Plantage zu bewirtschaften, ihr normales, selbstversorgendes Leben in die Tonne geworfen haben. Aber einen eigenen Zugang zu den erträumten Märkten, den Regalen der Naturkostläden in Frankfurt, haben sie nicht. Der lokale Markt gibt nichts her, schließlich sammeln die anderen Familien nach wie vor ihr Guayusa selbst und sehen nicht ein, wieso sie etwas kaufen sollen, was vor ihrer Nase wild im Wald wächst. Auch wenn jetzt die Organisation einen Zuschuss gibt, den Lohn bezahlt, der eigentlich aus dem Ernteertrag hätte gewonnen werden sollen, erschließt sich der Sinn dieses neuen Wirtschaftszweigs für den, der ursprünglich gut zurechtgekommen ist, nicht wirklich. Da sich aber seine ganze Umgebung rasant verändert hat – es gibt einen Laden, in dem er Bier und Spirituosen kaufen kann, seine Kinder wollen ein Smartphone, er muss Schulgeld bezahlen, kann er sein Wohn-, Sammel-

und Jagdgebiet nicht einfach wechseln, die Jagd ist nicht mehr ergiebig, den letzten großen Wels hat er vor einem Jahr gefangen –, hängt er bereits am Haken der kapitalistischen Marktordnung. Jetzt schlägt die Stunde des großen weißen Geschäftsmanns. Er kauft die Ernte. Er übernimmt die mit Entwicklungshilfegeldern aufgebaute Plantage, die Bauern werden seine Angestellten, zum Mindestlohn natürlich, und er positioniert das Guayusa in verschiedenen Geschmacksrichtungen in den bereits erwähnten Regalen. Ingwer, Zitronengras und Dschungelminze. Falls es klappt, verdient er Geld, und der Bauer kann jetzt bis zum Sankt Nimmerleinstag Guayusa anpflanzen. Wenn der Bedarf steigt, rodet er ein paar Hektar Dschungel und greift zum Kunstdünger. Das ist eine Erfolgsgeschichte – aber keine interkulturelle.

Auch wenn der Auftakt zu unserem ersten kleinen Lehrgang am Napo nicht einfach war, entwickelte sich die Zusammenarbeit doch erfreulich. Das Verhältnis Männer zu Frauen war ausgeglichen, und gerade die Männer wollten unbedingt kochen lernen. Die Frauen als erfahrene Köchinnen waren bereit, uns zu zeigen, was sie können. Die jüngste Teilnehmerin war 16, die älteste 63. Im Bus Nautico waren wir die Gastgeber. Nachdem wir den Ankerplatz gewechselt hatten und nun an einer abgelegenen Stelle zwischen den Dörfern Martinica und Alta Florencia lagen, gehörte der Tag uns und der Gruppe. Wir legten Wert darauf und betonten immer wieder, dass es hier nicht um eine konventionelle Schule ginge, sondern um Wissensaustausch. Wir kannten unsere eigenen Erwartungen, konnten uns vorstellen, wer zu uns kommen würde und was das Interesse der Besucher wecken könnte. Wir selbst wussten nicht viel über die essbaren Pflanzen und Früchte des Yasuní-Nationalparks. Oder über die Gastgeberkultur der Napo Runa. Die Abmachung war: Wir stellen das Schiff, Unterrichtsmaterial, eine Wandtafel und eine Küche mit Basisprodukten wie Öl, Salz, Zucker und Reis, sie bringen täglich das Essen mit.

Die jahrhundertelange Verachtung gegenüber den Ureinwohnern äußert sich in allen Abläufen des täglichen Lebens. Stadt-

und Provinzregierung, die auf die Bedürfnisse der Industrie reagieren wie ein Spitz auf die Hundepfeife, lassen die Abgeordneten der Ureinwohner in den Amtsstuben stundenlang warten, das Gleiche geschieht in den Wartezimmern der Spitäler, beim Registrieren eines Kanus oder beim Eintragen eines kleinen Unternehmens. Anträge werden wochenlang verschleppt oder gar nicht bearbeitet. Diese ständige Missachtung führt dazu, dass viele der Indigenen bereits selbst misstrauisch auf die eigene Identität herabschielen. Sie ist mit ein Grund, warum sie sich westlich kleiden, die langen Haare schneiden und sich auch untereinander oft auf Spanisch anstelle in ihrer Stammessprache unterhalten. So ist es für sie klar, dass der Tourist Hühnchen, Spaghetti und Nescafé, Crackers und Thunfisch aus der Dose will. Er trinkt nur Wasser aus Flaschen und hat Angst vor Schlangen und Spinnen. So dauerte es ein paar Tage, bis wir für unseren Mittagstisch die Dinge erhielten, die sie in ihrer eigenen Küche verwenden. In den ersten Tagen brachte man uns nur Yucca und Kochbananen. Da wir aber jeden Tag zusammen kochten und aßen, wurden bald unbekannte Kostbarkeiten von den Fincas mitgebracht.

Der Tag begann um neun Uhr morgens mit der Englischstunde von Catalina. Ein paar Begrüßungsfloskeln wollten wir unseren Gästen beibringen, einfache Fragen wie »Wo ist das Bad«, »Wie spät ist es« sollten sie beantworten können. Es ging nicht darum, englische Dialoge führen zu können, sondern darum, ihnen die Scheu vor dem fremden Klang, den fremden Worten zu nehmen. Ein anderes großes Thema war die Buchhaltung: Wie stellt man überhaupt die Kosten für ein Essen zusammen? Woran muss man denken außer an die Preise für Yucca, Ungurahua oder Pomerosa? Wie rechnet sich das Kochgas oder das Einsammeln von Holz, die Arbeitszeit, der Aufwand für Wasser, und schließlich kostet ja auch die Prise Salz etwas.

Um halb zwölf begannen wir mit Kochen. Zuerst sahen wir uns alles an, was wir hatten, diskutierten über mögliche Zubereitungsarten, und am Ende ging die Kochgruppe in die Küche. Drei Gruppen waren von Anfang an eingeteilt: die Köche, die Kellner und die Putzmannschaft. Während die Köche mit Martin oder mir das Mittagessen zubereiteten, dekorierten die Kellner die Tische, deckten auf und schrieben mit Catalinas Hilfe eine kleine Menükarte auf Kichwa, Spanisch und Englisch. Das Mittagessen war dann das zentrale Ereignis des Tages. Wenn schließlich die Putzmannschaft fertig war – sie putzte meisterhaft, Schiff und Küche waren immer blitzblank –, setzten wir uns wieder zusammen. Erneut Rechnen, das eben gegessene Menü wurde durchkalkuliert, ein Verkaufspreis festgelegt. Dann begannen wir über Projekte zu reden. Und wir fingen diskutierend an, Hütten und Zimmer für die Gäste zu planen. »Einen Tisch braucht es dort, die Gringos sitzen gerne an Tischen!« Wir bauen auf dem Papier ein kleines Restaurant. Eine Küche. Was kostet sie? Was braucht es dazu? Was gibt es bei euch? Ja, es ist besser auf dem Feuer zu kochen, weil es besser schmeckt!

Um vier Uhr setzten sich unsere Gäste, die nach und nach Freunde wurden, zu Rodrigo ins Kanu und er brachte sie nach Hause. Am nächsten Morgen um acht würde er sie wieder abholen.

Der Rest des Tages auf dem Schiff gehörte uns. Wir bereiteten uns auf morgen vor, lasen, hörten Musik. Es gab kein Fernsehen, kein Internet, keine Stadt in der Nähe, die man hätte besuchen können. Zum Sonnenuntergang, wenn es gerade nicht regnete, versammelten wir uns auf dem Tanzdeck, kochten zusammen Abendessen, tranken einen der rationierten Cuba Libres und gingen früh ins Bett.

Die Tage kamen und gingen freundlich.

Nach den ersten zwei Wochen gab es ein Fußballspiel in Tiputini, etwa eine Stunde weit entfernt, wo eine Mannschaft der Waorani gegen eine solche der Napo Runa spielen sollte. Es waren viele Leute gekommen, und das Spiel hatte Volksfestcharakter mit viel Chicha – das Bier der Anden, Alkohol und Fähnchenschwenken. Ich saß neben einem blaugekleideten Petrolero, der sich als Kommunikationsberater der Gemeinden entpuppte. Ich war neugierig und fragte ihm ein Loch in den Bauch. Es kam zum Punkt, an dem ich wissen wollte, welche Maßnahmen sie denn bisher ergriffen hätten, um die ökonomische Situation der Stämme zu verbessern. Zunächst erzählte er mir von den Trinkwasseranlagen, den Schulgebäuden und den Kühlschränken, die sie in die Dörfer geschafft hatten. Mein Nachhaken stoppte den selbstbeweihräuchernden Redefluss des Angestellten von Petroamazonas. Er dachte kurz nach und erzählte mir dann von den amerikanischen Kakaosetzlingen, die sie in einer Gemeinde ausgegeben hatten. Eine schädlingsresistente Supersorte von Monsantos Gnaden mit angepassten genetischen Vorteilen. Obwohl er diese Neuigkeit im guten Glauben, prima Hilfe geleistet zu haben, mitteilte, platzte mir der Kragen. Ich beschimpfte den Mann nicht, aber ich ließ meiner Verärgerung freien Lauf. Ob es denn nichts anderes zu tun gäbe als Pflanzen zu verbreiten, die das ökologische Gleichgewicht der Amazonasregion durcheinanderbrächten? Ob nicht schon genug Schaden angerichtet sei mit den Straßen, den seismischen Sprengungen, den vernachlässigten Überlaufbecken, die das Grundwasser verseuchten und so weiter. Kann sein, dass ich etwas hitzig wurde. Unser freundlicher Gedankenaustausch war auf jeden Fall jäh zu Ende. Die Waorani verloren das Match und wir kehrten trotzdem fröhlich heim auf unser Schiff. Am Sonntagmorgen sollte das Imperium zurückschlagen.

Wir standen in der Regel früh auf. Es war kurz vor sieben Uhr morgens: Wir waren in der Küche und Michael, ein GEO-Reporter, hatte gerade eine Corall, eine kleine schwarzweißrote Giftschlange, in der Küche entdeckt. Sie züngelte ihn gruselig an, bevor Rodrigo sie mit einem Besen über Bord bugsierte. Er grinste, als sie mit erhobenem Köpfchen fast über der Wasseroberfläche davonschlängelte. »Una corallcito!« Und dann, unsere Blicke folgten dem eleganten Tier, das sich in den Morgennebel entfernte, wuchsen aus ebendiesem die Silhouetten von drei Booten, die auf uns zustrebten. Ein Polizeiboot, ein Schnellboot des Militärs und eine Lancha von Petroamazonas. Soldaten mit Maschinenpistolen im Anschlag kamen an Bord, zwei Polizisten in leuchtend gelben Schutzwesten und zwei Zivilisten. Einer dieser zivilen Herren zückte sofort eine Kamera und hielt das, was jetzt kam, fest. Er sah aus wie der italienische Schnulzensänger Fred Buscaglione und wirkte sehr missgelaunt. Ernst wurden wir aufgefordert, unsere Pässe und die Schiffspapiere vorzulegen. Dann begannen sie, das Schiff locker zu durchsuchen. Nicht wirklich gründlich. Die Papiere waren alle in Ordnung. Dann kam der Fred-Buscaglione-Verschnitt zum Zug. Er stellte sich nicht vor, aber es war klar, dass er zur Petroamazonas gehörte. »Wer ist hier der Chef? Wo ist die Bewilligung der Provinzverwaltung von Orellana? Wir befinden uns im Fördergebiet von Petroamazonas und praktisch auf ihrem Privatgrund. Was macht ihr hier?« Ich erklärte den Sachverhalt, das Projekt, den Kurs. Doch er war nicht zufrieden. »Wo ist die schriftliche Einladung der Indianerorganisation?« So was hatten wir nicht, sämtliche Abmachungen waren mündlich getroffen worden. Ich wusste aber, dass die indigenen Gemeinden einen Autonomiestatus hatten und solche Unternehmungen wie unser Schulschiff ohne Rücksprache mit der staatlichen Verwaltung von ihnen abgesegnet werden konnten. Das sagte ich auch und verwies auf Daysi Shawangu, die Präsidentin von Alta Florencia, die das erklären könne. »Das interessiert mich nicht, zudem sind wir außerhalb des Gemeindegebietes von Alta Florencia.« Das wusste ich, wir lagen ja am Steg einer längst aufgegebenen Militäreinrichtung, die noch aus dem Krieg von 1996 stammte. Militärgelände also – quasi Open Space. Ich war mir aber nicht sicher, wer die Verfügungsgewalt über den halb abgerissenen und verrosteten Anlegeplatz hatte. Also fragte ich den Sargento, der mit der Maschinenpistole im Hintergrund stand, ob er darüber Auskunft geben könne. Und ob man ihre bewaffnete Präsenz auf dem Schiff bitte erklären könne? Es war der Polizist, der mich aufklärte: »Señor, es gibt eine Anzeige gegen Sie wegen Flusspiraterie.« Das war allerdings dicke Post. Mir war klar, wer diese Anzeige lanciert hatte. Fred Buscaglione konnte seine Befriedigung über den gelungenen Streich nur schwer verbergen.

Ich werde der Flusspiraterie verdächtigt (Antonina Gern)

Nachdem unser Besuch weder eine halbe Tonne Kokain noch ein Maschinengewehr an Bord entdeckt hatte, wurde ich von der Polizei festgenommen und auf deren Boot gebracht. Es ginge, sagte man mir, nach Nueva Rocafuerte in die Capitania. Ich konnte gerade noch ein paar Worte mit Michael wechseln und ihn bitten, sofort mit unserem Kanu in die Kapuzinermission zu fahren und Padre Goldáraz zu bitten, zur Capitania zu kommen. Ich wusste, dass die Geschichte ein böses Ende nehmen konnte. Man würde mich nach Coca bringen und dort erstmal ins Gefängnis stecken. Bis die Sache geklärt war, konnten Monate vergehen.

In der Capitania wurde ich dem Befehlshaber, einem jungen Hauptmann, vorgeführt und musste Fragen beantworten, während Buscaglione mich ununterbrochen fotografierte und offenbar das Verhör mit seinem Handy aufzeichnete. Nach einer halben Stunde klopfte es energisch an die Tür: der Padre. Die Baskenmütze schräg aufgesetzt und mit blitzenden grauen Augen verlangte er zu wissen, welche Schweinerei hier im Gange sei und dass man mich sofort freizulassen habe. Die Stimmung schlug augenblicklich um. Der

Hauptmann, der mich bis dahin gemustert hatte, als wäre ich ein Flusspirat und Ökoterrorist, wurde unsicher. Buscaglione starrte den Padre unfreundlich an, bis der ihn darauf aufmerksam machte, dass er, wenn nur ein einziges Foto von ihm gemacht würde, ihn wegen Verletzung seiner Persönlichkeitsrechte anzeigen würde. Der Missionar war in seinem Element. Ja, die Mission, das Vicariato und die Gemeinde Santa Rosa sei über meine Tätigkeit informiert. Das könne er bezeugen. Meine Festnahme sei nicht legal, und ich solle sofort auf freien Fuß gesetzt werden. Die Anzeige sei völlig aus der Luft gegriffen. Die mich bewachenden Soldaten links und rechts von mir entspannten sich merklich. Ich mich auch!»Außerdem ist es nicht zulässig, Personal der Petroamazonas in dieser Angelegenheit mit im Raum zu haben. Der Mann«, der Padre neigte nur leicht den Kopf in Richtung des Angesprochenen, »muss rausgehen. Jetzt!« Auf eine Handbewegung des Hauptmannes hin verließ Fred Buscaglione das Büro. »Nun, die Anzeige konnte nicht einfach ignoriert werden«, sagte der Hauptmann. »Zumindest wird die Polizei den Sachverhalt prüfen müssen. Aber der Señor Honer kann, da Sie«, gemeint war der Padre, »für ihn garantieren, gehen.« Und zu mir gewandt: »Señor, Sie müssen verstehen, wir sind gezwungen, auf solche Hinweise einzugehen. Doch ich hoffe, damit ist die Sache erstmal erledigt. Ich werde meine Männer anweisen, Sie zu ihrem Schiff zurückzubringen, und wünsche Ihnen noch weiterhin gutes Gelingen mit Ihrer Tätigkeit in der Kommune.« Ich stand auf und die Soldaten machten einen Schritt zur Seite. »Vamos«, sagte Padre José Miguel Goldáraz – und wir verließen grußlos das Büro der Capitania.

Draußen tobte ein Platzregen und ich rutschte auf dem lehmigen Weg aus, zerriss mir die Hose und mein Knie blutete. Der Padre sagte nur:»Geh schnell zum Schiff zurück und komm in den nächsten Tagen nicht mehr nach Nueva Rocafuerte. Ich spreche gleich noch einmal mit dem Hauptmann, bevor sie noch weiteren Schaden anrichten können.« Sprach's und ging durch den Regen davon. Michael und Rodrigo erwarteten mich an der Anlegestelle, es waren nur ein paar Meter zu gehen. Völlig durchnässt und einigermaßen zittrig, erst jetzt merkte ich, was für endlose Scherereien mir gerade vom Padre erspart worden waren, humpelte ich also auf den Fluss zu und da stand plötzlich, ebenfalls im Regen, Fred Buscaglione vor mir. Er musterte mich verächtlich, sagte nichts … und dann spuckte er mir demonstrativ vor die Füße.

Wir arbeiteten am Montag, ohne über den Vorfall zu sprechen, weiter. Die nächsten zwei Wochen vergingen ohne Zwischenfälle, keine Schlangen, keine Uniformierten, aber tolle Sonnenuntergänge. Um den Kurs abzuschließen, war ein Fest geplant. Die Teilnehmer wollten nicht nur ihre Familien dabei haben, sondern auch die Honoratioren der Umgebung. Es war ein Sonntag und wir luden zum Almuerzo, zum Mittagessen ein. Die Mission, den Bürgermeister von Nueva Rocafuerte, den Chefarzt der ambulanten Klinik, den Schuldirektor, die Dirigentes der umliegenden Dörfer. Ich sprach mich dagegen aus, die Vertreter der Petroamazonas einzuladen. Was ein Fehler war, aber ein bisschen rachsüchtig war ich halt doch.

Wir dekorierten das Schiff mit großen Palmwedeln, bunten Blättern und Blumen. Das Team, die Kursteilnehmer und die Mitglieder der Cuisine, gab sich richtig Mühe. Hühner wurden geschlachtet, Getränke aus Ungurahua und Morette hergestellt, Kuchen gebacken, Reis fehlte nicht, alles war bereit. Der Erste, der eintraf, war der junge Hauptmann der Capitania. In Ausgehuniform, mit frisch geputzten Schuhen. Er brachte den Padre mit. Nach und nach kamen sie alle, Reden wurden gehalten, die Kinder von Alta Florencia tanzten, das Essen war eine Fusion zwischen einheimischen und europäischen Kochkünsten und, da wir kein Bier und keinen harten Getränke auftischten, blieb die Veranstaltung etwas steif. Doch so, wie es war, wollten es die Kursteilnehmer. Sie wollten etwas zeigen, das den Ansprüchen einer Welt genügen sollte, die nicht die ihre war. Wir verabschiedeten uns dann auch noch am selben Tag. Am späten Nachmittag starteten wir den Motor, Leinen los und begannen unsere Rückreise. Unsere Teilnehmer und die Kinder winkten dem Schiff nach, wir winkten zurück.

Der erste Kurs war ein Erfolg. Nicht weil die Teilnehmer nach dem Monat jetzt alles gelernt hatten, was sie brauchen konnten. Es war in erster Linie ein Akt der Solidarität, ein Besuch von uns, ohne dass Forderungen gestellt oder wegweisende Pläne entwickelt wurden. Als wir, nach Sonnenuntergang und im Regenwirbel, unterwegs das Schiff für die Nacht verankerten, waren wir weder euphorisch noch nachdenklich, einfach erschöpft. Es brauchte jetzt Zeit, um unseren Aufenthalt im Dschungel zu verarbeiten. Und den nächsten Kurs zu planen.

18 Große und kleine Politik

Zeit für Gerechtigkeit und Würde ... Alles Bilderbuchfeinde der USA ... Ishpingo, Tambococha und Tiputini ... Am Ende richtig Streit ... Aus- und Einfuhr der Göttin lief über Diplomatengepäck ... Mit schnurrendem Diesel gegen die Strömung.

Aufsehenerregende Pläne hatte 2007 der frischgewählte Rafael Correa. Nachdem in den vorhergehenden 15 Jahren acht verschiedene Präsidenten erfolglos versucht hatten, Ecuador die je nach Sichtweise erwünschten Reformen zu verpassen, trat er als großer Erneuerer und Kämpfer an. Eine Mischung aus linkem und katholischem Gedankengut. Er propagierte die bürgerliche Revolution und den langen Marsch zum Sozialismus des 21. Jahrhunderts. Eine neue Verfassung wurde nach zähem Ringen erarbeitet und dem Volk zur Abstimmung vorgelegt. Rafael Correa machte seine Wähler darauf aufmerksam, dass er, falls ihnen die neue »Constitución« nicht passen würde, gleich mit abtreten würde. Die verhaltene Drohung wirkte, man vertraute ihm. Die Vorlage wurde angenommen. Darin waren einige Artikel enthalten, die zu wilden Spekulationen führten. Zum einen wurde die Natur als juristische Person definiert, das »Sumak Kawsay«, ein indianisches Konzept, welches das Recht und die Pflicht zu einem »Guten Leben« definierte: kostenlose Gesundheitsversorgung, Gleichberechtigung, kulturelle Vielfalt. Nachdem die neue Verfassung angenommen war, frohlockte Correa: »... die finsteren Zeiten des Neoliberalismus sind vorbei!« Und mit seinem Statement: »Es ist Zeit für Gerechtigkeit und Würde« hörte das Land Ecuador auf, weiterhin die Zinsen seiner Auslandschulden zu bezahlen. Das Geld sollte für soziale und infrastrukturelle Projekte im Land selbst eingesetzt werden. Rund 30 Millionen blieben so der Staatskasse erhalten. Die Opposition warnte vor einer schleichenden Einführung kommunistischer Ideale. Die in Privatbesitz befindlichen Medien, Zeitungen und Fernsehstationen prophezeiten den Zusammenbruch der Wirtschaft. Und weil die neue Verfassung die Stationierung fremder Truppen auf nationalem Territorium nicht mehr erlaubte, kündigte Correa den Vertrag mit den USA, die in Manta am Pazifik einen großen Luftwaffenstützpunkt unterhielten. Erneuter Aufschrei. Den mächtigen Bruder vor den Kopf stoßen. Ein Ding der Unmöglichkeit! Aber es herrschte eine unbeirrbare Aufbruchsstimmung im Land. Rafael Correa hatte bis zu 80 Prozent der Wähler hinter sich.

Ein erster Versuch, diesen Siegeszug zu stoppen, wurde von der Polizei und einer kleinen Gruppe von Luftwaffensoldaten unternommen. Zum großen Putsch kam es nicht, die Armee blieb in den Kasernen, die Generäle blieben loyal. Correa selbst besuchte eine Polizeikaserne, um mit den meuternden Männern zu sprechen, wurde verprügelt, verletzt und musste fliehen. Er begab sich in ein Krankenhaus, das in der Folge von den aufständischen Polizisten gestürmt wurde, die den Präsidenten in seinem Krankenzimmer als Geisel festhielten. In der Nacht wurde er bei einer wilden Schießerei von Spezialkräften herausgepaukt. Danach trat Correa vor seine Anhänger. Vom Balkon des Präsidentenpalastes bedankte er sich für ihre Unterstützung. Der Spuk war vorbei.

Ich war zu der Zeit des Putschversuchs nicht im Land. Aber davor und danach hatte ich als Mitglied des Verbandes ausländischer Journalisten in Ecuador Gelegenheit, diesen Mann anlässlich von Pressekonferenzen im Präsidentenpalast etwas näher kennenzulernen. Der gelernte Ökonom, eine starke Persönlichkeit, machte weltweit mit seiner Politik Furore. Seine körperliche Präsenz – er ist ein großer breitschultriger Mann, der offensichtlich keinem Streit aus dem Weg geht – ist beeindruckend, ja sogar etwas einschüchternd. Er beantwortete die Fragen der Reporter ohne Zögern, war klar in seinen Aussagen und wirkte in den ersten Jahren seiner Amtszeit gutgelaunt, humorvoll und kompetent. Aber mit der Zeit wurde Correa ernster, aggressiver, bellte schon mal einen beratenden Minister vor den versammelten Medienschaffenden zusammen. Er war nicht mehr fröhlich, sondern angespannt, seine Antworten fielen ungewöhnlich scharf aus. Gerüchteweise hörte man von seinem diktatorisch-cholerischen Führungsstil. Er galt als wildes Arbeitstier, das lange vor Tagesanbruch in seinem Büro anzutreffen war und auch spät in der Nacht durch die Gänge des Carondelet, des Regierungssitzes in Quito, geisterte. Da die klassischen Verbündeten, die Amerikaner und in deren Gefolge auch die Europäer und die prowestlich regierten Länder Südamerikas, mit seiner bürgerlichen Revolution nicht einverstanden waren, musste er sich neue Freunde suchen. Chavez aus Venezuela, Morales aus Bolivien, Fidel und dessen Nachfolger Raúl Castro aus Kuba, den iranischen Präsidenten Mahmud Ahmadineschād, alles Bilderbuchfeinde der USA.

Aufsehenerregend auf dem internationalen Parkett war dann auch die ITT-Initiative Ecuadors. Kurz nach dem Amtsantritt im August 2007, die neue Verfassung war noch lange nicht in trockenen Tüchern, lancierte seine Regierung eine Idee vor folgendem Hintergrund: Gerade eben war im Nationalpark Yasuní, einem von der Unesco als Biosphärenreservat deklarierten Gebiet und dem größten Schutzgebiet Ecuadors, ein Reservoir von ca. 900 Millionen Barrels Erdöl entdeckt worden. Die drei neu entdeckten Ölquellen nannte man Ishpingo, Tambococha und Tiputini – ITT. Ecuadors Vorschlag, diese Ölreserven nicht auszubeuten, wenn die internationale Gemeinschaft bereit sei, eine Entschädigung für sein entgangenes Einkommen zu leisten, wurde ausgiebig diskutiert. So begrüßte der Deutsche Bundestag die Initiative mit einstimmiger Unterstützung aller Parteien. Auch die Europäische Union, das Umweltprogramm der Vereinten Nationen und weitere internationale Körperschaften reagierten, wenn auch mit Varianten, entsprechend. Die Entschädigung, die Ecuador beantragte, sollte 50 Prozent des zu erwartenden Gewinns aus der Ölförderung betragen. 3,6 Milliarden Dollar. Das sind in etwa die Kosten für drei B-2 Stealth Bomberflugzeuge.

In den folgenden polemischen Debatten zur ITT, die sich über Jahre hinzogen, wurden enorme Mengen warmer Luft produziert. Bis August 2013. Da sprach Correa im Fernsehen über das Scheitern: »Leider müssen wir konstatieren, dass die Welt uns im Stich gelassen hat. Bisher gibt es nur 13,3 Millionen US-Dollar in verfügbaren Geldern im Yasuní-Fonds, das sind nur etwa 0,37 Prozent des erwarteten Betrages. Außerdem gibt es Zusagen, die nicht direkt mit der Initiative verbunden sind, für weitere 116 Millionen US-Dollar. Wir haben um kein Almosen gebeten, sondern es ging um die gemeinsame Verantwortung im Kampf gegen den Klimawandel. Der Vorschlag zielte darauf ab, das Bewusstsein der Welt zu wecken und eine neue Realität zu schaffen: von der Rhetorik weg und hin zu Taten zu kommen, indem die Mitverantwortung der internationalen Gemeinschaft im Kampf gegen die globale Erwärmung eingefordert wird.«

Als die Cuisine 2014 mit den Recherchen zum Projekt am Río Napo begann, war Correa durch großangelegte Kampagnen der betuchten Rechten im Lande bereits schwer angeschlagen. Ihm wurden Nepotismus, Korruption, Verschleuderung von Staatsgeldern vorgeworfen. Immer lautere Unkenrufe verkündeten den vor der Tür stehenden Staatsbankrott. Einige seiner ehemaligen Verbündeten, auch die den Indigenen nahestehende Partei Pachakutik, hatten sich von ihm abgewandt.

In diesem Klima kam es zu einem diplomatischen Zwischenfall. Ende 2014 wollte eine Delegation von deutschen Bundestagsmitgliedern auf ihrer Reise zur UN-Klimakonferenz in Lima, Peru, einen offiziellen Besuch in Ecuador machen. Sie kündigten ihre Reisepläne bei den ecuadorianischen Gastgebern an, verschwiegen dabei allerdings, dass sie nebenbei, heimlich sozusagen, sich mit den »Yasunidos«, einer Gruppe Umweltschützer, die einen Konflikt mit Correa hatten, treffen wollten. Nachdem dieses Treffen durch eine Indiskretion oder durch die Nachforschungen des ecuadorianischen Geheimdienstes bekannt wurde, verweigerte Correas Außenminister, Ricardo Patiño, der Reisegruppe die Einreise. Der deutsche Botschafter und die Delegationsleiterin, die Abgeordnete Bärbel Höhn, trompeteten, »dass sie sich nicht vorschreiben ließen, mit wem sie sich treffen wollten«, und Patiño blökte zurück, man habe von der deutschen Arroganz eh die Nase voll und die paar Millionen Entwicklungsgelder würde man gerne zurückgeben. Auch von Neokolonialismus war bei ihm die Rede. Ein Sturm im Wasserglas? Nein, die Geschichte wurde groß im »Commercio«, im »Telegrafo«, den Tageszeitungen in Ecuador, aufgeblasen, die deutschen Medien zogen nach und am Ende hatte man richtig Streit. Der Deutschen Gesellschaft für Internationale Zusammenarbeit, der GIZ, wurde ein Arbeitsstopp verpasst, man sprach davon, die Zusammenarbeit mit Ecuador abzubrechen, die Mitarbeiter wussten nicht, ob sie nicht bald nach Hause geschickt würden und saßen Däumchen drehend in ihren Büros. Monatelang.

Correa und seine Leute hinterfragten in dem Zusammenhang nicht zum ersten Mal die Wirksamkeit der ausländischen Hilfsaktionen. Unrecht hatten sie damit nicht. Es gab allenthalben Projektkadaver, Hinterlassenschaften von gescheiterten Besserwissern, es gab auch eigenartige Vertreter dieser Institutionen, die sich im Dunst der internationalen Zusammenarbeit lukrative Posten besorgen konnten.

Ein Mitglied der Gesellschaft für Internationale Zusammenarbeit kam direkt aus Nepal nach Ecuador, Tiefbauingenieur, Spezialist für Stadtentwässerung. Spanisch sprach er kaum. Die Villa, die er sich, er war alleinstehend, in dem Nobelvorort Cumbaya mietete, dürfte inklusive Gartenanlage geschätzte 1 500 Quadratmeter groß gewesen sein. Auch dorthin wurden wir von der Cuisine zum Abendessen eingeladen. Der kahle Salon, Möbel mussten erst noch gekauft werden, wurde beherrscht von einer mannsgroßen

Statue der sechsarmigen Göttin Kali, die er aus Nepal mitgebracht hatte. Ein Museumsstück, ein Exemplar religiöser Kunst, das er, so seine Erzählung, in einem kleinen Dorftempel in den Bergen Nepals gefunden und der dortigen Dorfgemeinschaft abgekauft hatte. Der Besitz dieses Symbols einer Religion, der er nicht angehörte, machte ihm einfach Spaß. Aus- und Einfuhr der Göttin lief über Diplomatengepäck. Seine Klage darüber, dass die ecuadorianischen Ingenieure, die mit ihm zusammenarbeiten mussten, nicht auf seine Ratschläge hören wollten, befremdete mich. Waren sie doch tatsächlich der Meinung, sie wüssten besser, wie die Abwasserkanäle der Stadt strukturiert seien, als er, der er doch auf der Welt herumgekommen sei. Zum Sermon des beleidigten Experten ließ er die Eiswürfel im Glas mit dem teuersten Importrum, Flor de Caña Centenario aus Nicaragua, klingeln. Nun, von Rum verstehe ich etwas: Wer den Centenario mit Eis trinkt, ist ein Barbar. Und wer religiöse Kunstschätze aus ihrem angestammten Umfeld verschleppt, selbst wenn er dafür bezahlt, auch. Wir haben ihn nicht mehr besucht.

Das Motto der Stadt Quito lautet: »Muy noble y muy leal ciudad de San Francisco de Quito«. Sehr noble und sehr treue Stadt von San Francisco de Quito. Eine Referenz an den spanischen Königshof. Und diese Loyalität zu den Eroberern von damals spielt auch heute noch eine Rolle. Sprechen die Ecuadorianer von Heutigem und Neokolonialismus, wissen sie, wovon sie sprechen und davon, was für eine schmerzvolle, leidvolle Erfahrung das ist. Die beiden eben erwähnten Beispiele sind keine Einzelfälle. Unter den Europäern und Nordamerikanern in Quito oder Guayaquil gibt es keine armen Leute. Oft sind es Vertreter großer internationaler Konzerne, die, unterstützt von den immer noch »loyalen«, oligarchischen Nachfahren der Conquista, aus dem Land rausholen, was es zu holen gibt.

Die Entwicklungszusammenarbeiter machen hier nur einen kleinen Prozentsatz aus. Dennoch sind sie, nicht ganz zu Unrecht, unter Generalverdacht der Revolución Ciudadana von Correa geraten. Nämlich Zuträger und Lobbyisten zu sein. Dabei ist es egal, ob es eine vom CIA gesteuerte amerikanische Stiftung zur »Demokratieförderung« ist oder aber eine aufrichtig gemeinte NGO wie die Acción Ecológica, die für die Rechte der Natur und der Menschen eintritt. Correa hat sich die Freiheit genommen, solche Unternehmungen vom Geheimdienst und vom Fiskus untersuchen zu lassen. Es kam zu Steuerprüfungen, Hausdurchsuchungen, in einigen Fällen wurden ausländische Experten ausgewiesen. Einige Organisationen und deren Mitarbeiter gerieten in arge Nöte. Der Aufschrei unter den Expats war groß. Empörung, dass man ihre Rechtschaffenheit bezweifelte. Auf Botschafts- und Handelskammerempfängen zog man dann tüchtig vom Leder gegen die Regierung, und der herrschende Tenor, die Ecuadorianer seien alleine weder in der Lage, einen Staat und schon gar nicht ein internationales Geschäft zu führen, steigerte sich fast zu hysterischen Ausbrüchen. So war jedenfalls die Stimmung im Lande, als der deutschen Delegation die Einreise verweigert wurde.

Das Herzstück des Schiffes, der Dieselmotor, machte mir Sorgen. Er keuchte und machte ungesunde Geräusche, Schmieröl tropfte aus allen Nähten, Leistung brachte er kaum ein Drittel und Mechaniker kraulten sich stundenlang das Kinn. Mit Scotch Tape konnte man ihn nicht zusammenkleben und improvisierte Flickmechaniken halfen ihm zwar immer wieder über ein paar Laufstunden, doch es war ein Elend und ein Ende klar abzusehen. Bevor ich im Oktober wieder einmal in die Schweiz zu den Kitchen Battles fuhr, kam der Kapitän zu mir: »Keine Reisen mehr in die Gemeinden! Wenn der Diesel irgendwo auf dem Fluss den Geist aufgibt, ist der Schaden nicht mehr zu beheben. Ein neuer Motor muss her.« Eine sehr teure Geschichte. Ich suchte im Internet nach einem Motor. Gebraucht natürlich. Unter 20 000 US-Dollar war nichts zu machen. Die Chinesen boten allerdings neue Schiffsdiesel in meiner Kategorie an. Mächtige gelbgestrichene Blöcke, denen man die veraltete, aber solide Technik ansehen konnte. 30 000 Dollar ab dem Pazifikhafen Guayaquil. Etwas musste passieren, die Kurse für das nächste Jahr waren bereits geplant. Aber im Budget war kein Motor vorgesehen.

Dann kam der denkwürdige Abend in der Halle der Roten Fabrik in Zürich. Ich hatte die Möglichkeit, ein paar Worte zur Entwicklung am Napo zu sagen. Nachdem ich über die gelungenen Kurse, über die freundlichen Dörfer und die Kocherei am Napo berichtet hatte, kam ich, die Stimmung war gerade gut, auf den Motor zu sprechen. Ich beschrieb den gelben Motorblock und wie schön es wäre, so einen zu haben, beschrieb den letzten Kampf des dahinsiechenden englischen Busmotors, da stand einer auf und rief: »Was choscht dänn so en Chinesemotor?« Gerade noch blitzte mir die Zahl 30 000 durch den Kopf und ich sprach sie aus. Und in zehn Minuten hatte sich ein Team von Spendern gefunden, die das Geld aufbrachten.

Am Schluss war es dann doch kein Chinese. Die Mechaniker der SEPEGA rieten mir ab. Man hatte bereits einschlägige Erfahrungen gemacht. Nein, schlecht seien sie nicht, aber schwer zu reparieren. Und lange würden sie nicht halten. Schließlich erwarben wir einen generalüberholten Cummins Big Cam 350. Die Cummins-Motoren sind seit Jahrzehnten in den Fähren am Napo eingebaut, Ersatzteile leicht zu finden und die Mechaniker kennen die Wartungsvorschriften auswendig. Mitte Januar war alles erledigt. Das Schiff mit dem neuen Namen »Cocina sin fronteras« zog rauchfrei mit schnurrendem Diesel gegen die Strömung. Die »Cocina sin fronteras« wurde von der Cuisine entsprechend den Vereinbarungen im Vertrag mit Don Raffa gekauft. Nun waren wir damit flügge geworden. Es konnte weitergehen.

19 Das untergehende und das erarbeitete Paradies

Ohne Grund und Zweck eine freundliche Begrüßung verweigern ... Geschätzte fünf übriggebliebene Prozente ... Keine komplizierte Kopfarbeit ... Es macht warm, mobil, schön und gesund ... Zehn federgeschmückte Kriegslanzen.

Die Schöpfungsgeschichte der Napo Runa ist so kurz, dass ich sie hier zitiere:»Pachayaya hat das Volk der Erde erschaffen. Er ließ es mit Baumwolle bedeckt in einem Lehmtopf zurück. Dann sagte er zu seinem Helfer: ›Jetzt öffne den Topf.‹ Der Helfer hob das Tuch hoch. Er sah, dass es da viele kleine Menschen gab, alle mit Verstand, die sprachen und gingen: Pachayaya, so machte er es mit den Menschen.«

Was dann aus diesen Menschen wurde, wissen wir auch. Sie haben über viele Generationen im Dschungel in wunderbarem Gleichklang mit der um sie herumwuselnden Fauna und Flora gelebt, haben Schildkröten und Yucca gegessen, Fische in den Bächen und Flüssen gefangen, wildwachsende Früchte gesammelt.

Die Geschichte der Chonta-Palme ist ein anschauliches Beispiel dafür. Chonta-Palmen werden gefällt und aus deren oberstem Wipfel wird das delikate Palmherz geschält, aus dem Holz werden die Blasrohre, die Jagd- und Kriegsspeere hergestellt und aus den Stämmen die traditionellen Häuser gebaut. Den Strunk lässt man stehen. Nach etwa drei Monaten leben im Strunk dicke fette Maden. Kinder sammeln sie ein, essen sie roh und lebendig oder bringen sie nach Hause, wo sie auf ein Spießchen aus Chontaholz gesteckt und über der Herdkohle geröstet werden. Diese Larven, Mayones genannt, sind ein Beispiel für das Wunder der Transformation. Mayones, die tief im modernden Strunk leben, nicht von Kinderfingern herausgepuhlt werden, verpuppen sich – und es schlüpft ein großer geflügelter Nashornkäfer. Alle sechs Monate trägt die Chonta-Palme essbare Früchte, die in traubenartigen Büscheln wachsen. Die Frucht sieht aus wie ein orangerotes Ei. Man kocht sie, zieht die Schale ab, teilt sie von Hand und entfernt den Kern. Das Fruchtfleisch ist tieforange, in der Konsistenz einer festkochenden Kartoffel ähnlich, hat einen Geschmack nach Gras, Nüssen, mit einer feinen, angenehm bitteren Note. Es gibt dafür kulinarische Verwertungsmöglichkeiten ohne Ende.

Mayones, die delikate Raupe des Hirschhornkäfers, und Maitos auf dem Grill (Antonina Gern)

Die Frauen und Mädchen kauen die gekochte Chontafrucht und spucken den halbflüssigen Brei in eine größere Schüssel. Das ist ein sozialer Event, bei dem viel gelacht und erzählt wird, wo Freundschaften geknüpft oder vertieft werden. Wenn die Tagesernte durchgekaut ist, gießt man Wasser zum Brei und lässt ihn stehen, abgedeckt mit Blättern, damit keine Insekten hineinfallen und darin ertrinken. Die Chicha braucht nun je nach Gusto Stunden oder Tage, um sich mit ein paar Prozenten Alkohol anzureichern. Dem Besucher wird zur Begrüßung ein Napf davon gereicht. Den sollte man austrinken. Wer wird schon ohne Grund und Zweck eine freundliche Begrüßung verweigern? Falls die Chicha schon ein paar Tage alt ist, kann das schwierig sein. Der Geschmack ist etwas zwischen Limburger Käse und Schwarzpulver. Das mit der Spucke muss man lernen. Wir kommen ja auch in unseren Breitengraden bei intensivem Küssen mit dem Speichel anderer Leute in Kontakt. Zur Gesundheitsvorsorge ist die Chicha jedenfalls sehr zu empfehlen. Die Bakterienflora, die in der Chicha vor sich hin fermentiert, vertritt aufs Beste die immunologische Entwicklung der Gemeinschaft, deren Boden man gerade betreten hat. Das eigene Abwehrsystem wird mit der Chicha aufgefordert, die notwendigen Abwehrmechanismen – zumindest zu einer Reserveübung – zu aktivieren. So wird der eigene Bauch den Bäuchen der Kommune angeglichen und man empfängt gleichzeitig einen Kalorienschub für Marathonläufer. Das macht es leichter, beim gebratenen Flusswels herzhaft zuzugreifen.

Die Chonta-Palme – deutsch »Pfirsichpalme« – braucht mindestens drei Jahre, bis sie Früchte trägt, darf aber auch 20 Jahre stehenbleiben, steigt pfeilgerade hoch und ist nützlich und schön zugleich. Eine in jeder Hinsicht noble Palme, ein wichtiges Glied der Ernährungskette für Menschen und Tiere im Regenwald. In den letzten Jahrzehnten veränderten sich die Lebensgewohnheiten der Napo Runa, der Shuar, der Secoyas, der Cofan und der Waorani, doch die Chicha und die Chonta-Palme sind nach wie vor feste Bestandteile des Lebens im Regenwald.

Die Eingriffe in die natürlichen Abläufe des Dschungels, die zu drastischen Veränderungen führen, kommen ausnahmslos von außen. Es sind die Straßen, die Außenbordmotoren auf dem Fluss, die Abfälle der Holz- und Ölgesellschaften, die Einführung der Schrotflinte, des Kanus aus Fiberglas, der T-Shirts aus Polyester etc. Die Liste ließe sich endlos weiterführen. Kommt hinzu das Geld – die Stammesgesellschaften Amazoniens kannten kein Geld, sie lebten vielmehr mit einem sozio-kulturellen Tauschschema –, das die wichtigste Veränderung ist; und dazu noch die Einführung des Grundbesitzes. War der Dschungel in seiner unendlichen Vielfalt früher ein kosmisches Geschenk für alle, sind es heute staatliche oder private Unternehmer, die hektarweise Besitzansprüche angemeldet und sich auch gleich selbst bewilligt haben. Den Indigenen wurde dabei kaum Beachtung geschenkt. Erst in den letzten 30 Jahren haben vor allem katholische Missionare dafür gekämpft, dass den Dörfern eigene Territorien zugesprochen wurden. Mit der schleichenden Enteignung über Jahrhunderte steht den verschiedenen Stämmen heute allerdings nur noch ein Bruchteil des ursprünglichen Lebensraums zu. Geschätzte fünf übriggebliebene Prozent von allem, was mal da und ihres war.

Die Gebiete, in denen sammelnde Frauen wildwachsende Chonta geerntet haben, sind weg. Nicht nur kleiner geworden, sie sind einfach weg. Betreten verboten! Propiedad privada! Der Jäger muss sich hüten, eine Rinderweide zu betreten. Wird er dabei erschossen, wird kein ecuadorianisches Gericht den Schützen zur Rechenschaft ziehen. Der Mann hat nur sein Eigentum verteidigt. Und die wildwachsende Chonta, die ein exakt auf die Anzahl und auf die Bedürfnisse der Menschen im Dschungel zugeschnittenes Produkt liefert, wird ersetzt durch Hunderte von Hektar mit Palma Africana, der Palmölpalme. »Es geht darum, den Menschen eine wirtschaftliche Grundlage zu schaffen, wir unterstützen keine Projekte, die nicht mit konkreten, ökonomischen Perspektiven verknüpft sind.« Hinter diesem Zitat steht eine klare Denkweise. Wer nichts verdient, kann auch nichts kaufen. Dann stottert die Wachstumsmaschine, welkt das Unternehmertum. Die Chonta-Palme ist nicht eingeordnet in die renditespendenden Businesspläne der Weltwirtschaft.

Nachdem die Napo Runa es geschafft haben, Tausende von Jahren in der Dschungelregion am Río Napo in ausgeglichener Balance mit der Natur zu leben, so ist es zweifellos an uns, etwas von ihnen zu lernen und nicht umgekehrt. Das passt leider nicht in ein globales kapitalistisches Konzept. Westliche Unternehmen reißen Chonta-Palmen aus und legen riesige Monokulturen an. Wohl wissend, dass dieses Vorgehen gegen jede Umwelt- oder Menschenrechtspolitik verstößt. Aber im Guten wie im Schlechten gehen wir invasiv vor. Ein Werkzeug ist die Entwicklungszusammenarbeit. Ich gehöre zu den Piraten unter den Gutmenschen. Ich halte mich weder an politische noch wirtschaftliche Vorgaben, sondern urteile, plane und agiere aufgrund ganz anderer Parameter als die der Geberländer der Europäischen Union. Meiner Meinung nach geht es darum, gewachsene Formen der Gemeinschaft mit deren Strukturen zu erhalten, auch wenn sie nicht gewinnorientiert funktionieren. Es braucht keine komplizierte Kopfarbeit, um zu erkennen, dass die Parameter, die zu einer Entwicklung im wirtschaftlichen, internationalen Kontext führen, nur realisierbar sind, wenn sich die Muster hergebrachter Lebensweisen radikal verändern. Und dies ist tödlich für die ursprüngliche kulturelle Basis.

Der Kichwa, nennen wir ihn Pedro Sintierra, dessen sozialer Gerechtigkeitssinn auf dem Gemeinschaftskonzept beruht und für den Gemeinschaft kein abstraktes Steuersystem ist, hat schon verloren. Er versteht weder das kapitalistische System noch kennt er die egoistisch-individuelle Prägung des globalisierten Menschen. Er kann nur nachahmen, nachmachen. Seine eigenen Werte sind nicht mehr gefragt, seine Wünsche und Bedürfnisse werden von einer ausgeklügelten Propaganda gesteuert. Gut, jetzt stellt man in sein Dorf eine kleine Schokoladenfabrik, in der er eine Basisschokolade herstellen kann. Fabrik fertig, der Entwicklungshelfer geht, und das war's dann. »Jetzt haben sie doch ihre eigene Schoggifabrik! Sie müssen fleißig schaffen, planen und wirken, vor allem produzieren. Von der Stirne heiß …« Nach und nach, in einem mühsamen und unzureichend begleiteten Prozess, schafft es die Kooperative, eine marktfertige Schokolade herzustellen. Gerade mal 300 Kilo im Monat. Da kommt die kühle Ablehnung von Seiten des Marktes. Keiner will das Produkt abnehmen. Für einen richtigen Exportpartner sei es zu wenig. Nicht bio, nicht Fairtrade-zertifiziert. Geld für solche Zertifikationen hat hier keiner. Pedro und andere Mitglieder der Kooperative fahren selbst nach Coca, verkaufen 200-Gramm-Portionen, verdienen nichts, geben auf, und Pedros Selbstwertgefühl ist im Keller.

Weil nämlich gar keiner will, dass sie auf eigene Beine kommen. Weil das kapitalistische System keine Marktanteile zu verschenken hat. Die Schoggifabrik ist am Ende reine Augenwischerei. Marketing, Vertrieb, Exportlizenzen, Zertifikationen und Qualitätsstandards sind die zu nehmenden Hürden für unsere Kooperative, für Pedro Sintierra, die sie nicht überspringen können. Aus der Traum. Weil die Hilfe dort aufhört, wo die Eigeninteressen der Helfer bedroht werden könnten. Am Ende verkaufen sie ihre Produktion günstig an einen Großaufkäufer und werden Teil des Hershey-Schokoriegel-Imperiums. Damit hätten wir das Wachstum endlich am richtigen Ort, nämlich in der amerikanischen Schokoladenindustrie. Und darum geht's doch. Pedro verdient jetzt gerade genug, um sich ab und zu ein paar Gummistiefel, einen Rausch und einen Bordellbesuch in Coca zu leisten. Bei allen dreien dieser Transaktionen wird er betrogen. Die Kooperative ist auseinandergefallen. Interne Streitereien und der kulturelle Grabenbruch zwischen alter und neuer Zeit haben gründlich alles zerstört. Die Fabrik wurde nicht aufgegeben. Sie wird jetzt von einem Geschäftsführer geleitet. Der kommt ab und zu vorbei. Aus Quito.

»Wir sollten die Leute in ihren Lebensräumen einfach in Ruhe lassen. Die brauchen uns nicht.« So hört man es an den Stammtischen im Ochsen und im Hirschen. Vor allem wenn sich wieder einmal ein populistischer Abgeordneter über die Millionenausgaben in der Entwicklungspolitik echauffiert. »Auch bei uns gibt es arme Leute, für die der Staat verantwortlich ist. Aber lieber schmeißen wir denen unser sauer verdientes Geld in den Rachen. Bedanken tut sich da keiner. Und korrupt, wie sie sind, stecken die Gauner dort sowieso alles in die eigene Tasche. Von mir kriegen die nichts!« Solche und ähnliche Tiraden schaffen es nicht selten auf die Seiten seriöser Medien. Und der Kern solcher Aussagen ist tief rassistisch, oft auch mit einem Hinweis auf die eigene Tüchtigkeit, den eigenen Fleiß verbrämt. »Mir schenkt auch keiner was!« Ich erspare mir die Gegenrede, woher unser Reichtum kommt. Wer mitdenkt, weiß es selbst. Die Zutaten zu den Pralinen aus der Konditorei an der Ecke kommen bekanntlich nicht aus dem Garten der obigen Stammtischrunde. Dort wächst vor allen das Kräutlein Arroganz und der Busch Vorurteil.

In Italien war's. Ein Freund sagte, lass uns jemanden besuchen. Es ist nicht weit. Auf einer kleinen und immer schmaler werden Straße kurven wir auf einen Hügel hinauf. Viel Landwirtschaft, Felder mit Getreide, Obstbäume, Wiesen mit roten Mohnblumen und violettem Lavendel, Weiden mit wohlgenährten Rindern. Wir kommen zum Haus, gepflegter Vorplatz, großzügige Wendefläche für große Autos. Man sieht weit und von oben über Grün in allen Schattierungen, Haine mit Ginster, Waldstücke. Von oben – weil man oben ist. Rundherum kann das Auge schweifen. Vogelgezwitscher, Bienensummen, leuchtend rot die Granatäpfel in ausladenden Büschen, sonnengelb das zweistöckige Haus mit Veranda, rundum verschiedene nützliche Gebäude. Ein Riesengrill, um ein ganzes Schwein zu braten, ein Sitzplatz mit einem Rebendach, Ginsterbüsche mit gelben Blüten. Natürlich scheint die Sonne, nicht zu stark, Schatten gibt es überall. Nicht arm, nicht reich. Die gepflegte Mittelstandsidylle tüchtiger Menschen.

Der Hausbesitzer kommt uns entgegen. Ein gepflegter Landmann in seinen späten 50ern, derbe Schuhe, kariertes Hemd, Strohhut und Brille mit dunklen Gläsern. Ein graugesprenkelter Schnurrbart im von der Sonne und einem vollen Leben gezeichneten Gesicht. Der Mann ist mittelgroß, kräftig gebaut, hat den leichten Schmerbauch des Wohlgemuten. Wir sind zu viert, mein Freund, ein Freund des Wohlgemuten, ein Bauer und Metzger aus der Nachbarschaft, und ich, der Gast von weit. Im Partyhaus, einem rustikalen Bau mit weit offenen Fenstern und allerlei Gerätschaften zum Trinken, Grillen, Kartenspielen, Fußballschauen und geselligen Zusammensein, lassen wir uns an einem langen, mit buntem Wachstuch bedeckten Tisch nieder. Die Motive des bedruckten Plastiktuches sind sinnigerweise Geldscheine aus aller Welt. Der Landmann stellt die Flasche auf den Tisch, rosafarben trüb der Inhalt, kleine Likörgläschen werden eingeschenkt. Der Mann hat eine Passion. Er stellt aus hochprozentigem Alkohol seinen eigenen Schnaps her. Mit Granatapfelkernen. Die zermörsert er, füllt die Masse mit den zermatschten Kernen und der Granatapfelpulpe in einen Glasbehälter und füllt diesen mit dem Hochprozentigen auf. Dann lässt er das Gemisch ein paar Tage – oder Wochen – stehen, filtert es durch ein feinmaschiges Tuch und zieht es auf Flaschen. Das Getränk brennt in der Kehle und auf der Zunge, hinterlässt einen angenehmen Geschmack im Mund, die herbe Süße der Granatäpfel klingt nach. Die Wirkung setzt fast augenblicklich ein, die Stirn wird heiß, die Ohrmuscheldurchblutung nimmt zu und man wird plötzlich fröhlich geschwätzig. Seine Frau bringt Brot, Wurst, Speck und Käse, eine Steingutkaraffe mit kaltem Wasser funkelt quellfrisch. Er, der schnapskreative Gastgeber, nimmt auch einen Kleinen, blinzelt fröhlich durch seine Brille und erzählt von seinem Leben.

Da gibt es viel zu berichten. Als junger Mann trat er in die Dienste einer internationalen Erdölförderfirma ein. Der gelernte Schlosser arbeitete sich hoch, wurde Bohrmeister, richtete Förderplattformen in der Wüste, im Dschungel und auf See ein, durchlebte politische und wirtschaftliche Höhen und Tiefen, bohrte sich Tausende von Metern in die Erde. Er glaubte und glaubt ohne Einschränkung an die Richtigkeit seiner Arbeit, schließlich wird das »schwarze Gold« zum Segen der Menschheit verwendet. Es macht warm, mobil, schön und gesund. Und er leistet seinen Teil dazu. Die Arbeit ist hart, doch einem tatkräftigen Mann ist es nicht zu viel, die Bezahlung ist großzügig, die Vergünstigungen auch. Er

lernt abgelegene Regionen nicht nur kennen, er erlebt sie. Sand-
stürme und tropische Regengüsse, Hurrikane zu Wasser, Tornados
zu Land, er trotzt unbekannten Gefahren, wird von wilden Einge-
borenen bedroht, von giftigen Tieren gebissen, von Malariamücken
gestochen. Wochen, Monate und Jahre ist er weit weg, weg von
zu Hause wie ein Seemann oder vielleicht wie ein mutiger Soldat,
der dem König, der Company, dem Vaterland und dem Fortschritt
dient. Die Seinen sehen ihn wenig. Kaum ist er zu Hause, wo Frau
und Kinder geduldig seiner harren, packt er auch schon wieder
seine Siebensachen und bricht auf zu Orten, die seine heranwachsenden Söhne und Töchter nicht einmal in ihren Schulatlanten finden. Er lebt nicht im Kreise der Familie, im Umfeld seiner Sprache
und seiner Kultur, er lebt in einer rigorosen internationalen Män-
nergesellschaft. Unbehelligt bleibt er von der Erziehung der Kinder,
von den täglichen kleinen Pflichten und Notwendigkeiten des All-
tags. Das ist Sache der Frau zu Hause. Die Company ist seine Heimat, die Arbeitskollegen sein soziales Umfeld. Die Schecks, die er
erhalten hat, haben diesen Landsitz ermöglicht, wo der Tisch steht,
an dem wir an diesem Nachmittag Granatapfelschnaps trinken.

Die Company sorgt für ihre Mitarbeiter wie ein zuverlässiger Vater für seinen Nachwuchs. Für jedes Jahr auf der Plattform wird ihm
ein zusätzliches halbes Jahr gutgeschrieben. Jede Reise wird bezahlt,
er ist bestens versichert, seine Familie auch. Er braucht sich weder
um Kleidung noch um Essen zu sorgen, nicht um das Schulgeld,
nicht um die Arbeitsbewilligung. Er wird rundum medizinisch betreut, Weiterbildungen werden regelmäßig angeboten. Sein Lohn
ist hoch und wächst mit jedem Jahr noch höher. Als er mit der gut-
geschriebenen Zeit nach 30 Jahren in treuen Diensten pensioniert
wird, ist er noch keine 50. Bei bester Gesundheit, ausgestattet mit
einer Pension, die es ihm erlaubt, bis zu seinem Lebensende ein gutes Leben ohne Arbeit zu führen. Jetzt reist er gerne. Aber nicht
nach Ouagadougou oder ins Nigerdelta, auch nicht in die Wüsten
des Iran oder in den Dschungel Venezuelas. Er macht Kreuzfahr-
ten mit seiner Frau, die nicht mehr so gut zu Fuß ist, oder verbringt

ein Wochenende mit ihr in Paris. Er besucht eine Fußballweltmeisterschaft und ärgert sich über die Preise. Er ist gesellig, macht immer mal wieder ein Fest, lädt ein, ist ein liebenswerter Nachbar, ein interessierter Bürger. Seine Kinder, sie sind unterdessen erwachsen, sind seine besten Freunde, seine zwei Enkel sind geradezu heilig. Lokalpolitik ist keine Angelegenheit der anderen, er macht mit. Konservativ, von den westlichen Werten überzeugt. Und er macht Schnaps.

Zurück im Regenwald sagt einer meiner Schüler: »Lass uns meinen Onkel Dabo besuchen. Es ist nicht weit.« Wir fahren zwei Stunden über Schotterstraßen und Schotterwege. Auf einer Anhöhe, von der aus man weit übers Land blicken kann, steht ein viereckiges Betonhaus. Es liegt viel Zeugs herum, alte Autoreifen, Plastikeimer, rostige Werkzeuge und ein Schuppen voller Gerümpel. Eine Kette ist über die Straße gespannt. Als wir davor stoppen, kommt ein sehniger, älterer Mann mit nacktem Oberkörper aus dem Schuppen. »Holá Dabo«, ruft mein Schüler und Dabo macht ein finsteres Gesicht. Er sieht nicht mehr so gut wie früher. Erst als er seinen Neffen erkennt, grinst er kurz. Dann steigen wir aus dem Wagen.

In seinem Haus fällt mir ein Sammelsurium abgelegter Zivilisationsmerkmale auf, ein paar Stühle, ein mit Fliegenkot zugeschissener Kalender, ein verbeulter Gasherd. Gekocht wird draußen, auf der Feuerstelle. Es gibt Kaffee in angeschlagenen Porzellantassen. Mit viel Zucker – man hat's ja! In einer Ecke zehn federgeschmückte Kriegslanzen. Die einzigen Gegenstände, die Würde ausstrahlen. Dabo ist einer der alten Krieger und Anführer der Waorani. Er hat viele Leute getötet und verbringt in diesem Haus seinen Lebensabend. Mit der Frau, einer Kichwa, die er sich als junger Mann geholt hat. Sie ist immer noch bei ihm. Dabo legt sich in die quer durch den Raum gespannte Hängematte, wir sitzen auf Bierkisten. Dabo und sein Neffe reden auf Waorani, unaufgeregt, langsam. Zwischendurch übersetzt mein Schüler. Die Geschäfte würden gut gehen, erzählt der Alte. Er hat die Kette über die Straße gespannt, um von den Fahrzeugen, die passieren wollen, einen Wegzoll zu erheben. Vor allem von den Lastwagen der Company. Geld natürlich. »Je nach Gusto und Laune«, grinst er. Sie würden immer etwas rausrücken. Sie hätten Angst vor ihm. Das sei sein Land. Nein, Strom habe er nicht. Einen Generator, aber der sei immer kaputt. Taugt nichts. Ich betrachte die Lanzen und frage, ob die bunten Federchen, etwa eine Ellenlänge von der Spitze weg angebracht, eine besondere Bedeutung hätten. »Die Federn müssen blutig sein, sonst hat man nicht richtig zugestochen.«

20 Vom Wilden und vom Zivilisierten

Die kontrollierte Zone ... Ein Krieger und Jäger, kein Bauer ...
Weiße Männer mit gelben Gummistiefeln ... Benzin von der Tank-
stelle ... »*Willst du sterben?*« *... Man bietet uns kein Essen an.*

Die kleine Waorani-Gemeinde Guyero am Tiputini hat uns an-
gefragt, ob wir ihr beim Aufbau eines kommunalen Touristen-
zentrums helfen könnten. Ein Krieger, der uns in Coca besuchte,
brachte die handgeschriebene Einladung – wir sollten bei ihnen
vorbeikommen.

Drei Wochen später machen wir uns auf den Weg. Einfach ist
das nicht, es braucht einen einheimischen Führer, jemanden, der
den Weg kennt, der die Leute, die wir besuchen, informiert, dass
wir kommen. Das Zelt wird eingepackt, Essen, Wasser und Kleidung für ein paar Tage, Taschenlampen, Streichhölzer und Mü-
ckenmittel, Macheten, ein Kanu muss angemietet werden.

Der Zutritt zum Fördergebiet wird scharf kontrolliert. Es braucht
dafür eine Bewilligung der Compania. Das Schutzschild, das von
den Betreibern der Ölindustrie und vom ecuadorianischen Staat
aufrechterhalten wird, funktioniert. Die Fördergesellschaften lassen keine Zuschauer in die Nähe. Es ist ja keine öffentliche Zirkus-
vorstellung, sagen sie. Ihre operative Tätigkeit findet in schwer be-
wachten Camps statt. Militär und private Sicherheitsfirmen sorgen
mit modernsten Überwachungstechnologien dafür, dass jeder Un-
befugte entdeckt und aus dem Sektor hinauskomplimentiert wird.

Mit der Einladung aus Guyero wagten wir uns in die kontrollierte Zone. Die Gesetzeslage ist nicht klar, die Autonomie der Gemeinden müsste eigentlich höher zu bewerten sein als die Restriktionen der privaten Ölförderer.

Die erste Etappe. Von der Provinzhauptstadt Coca fuhren wir vier Stunden flussabwärts im Kanu auf dem Río Napo bis Pompeya. Am nächsten Morgen geht es früh um fünf Uhr weiter. Wieder mit dem Kanu ein paar Stunden flussaufwärts auf dem Río Tiputini durch Urwaldwunderwelten. Dann kommen wir in Guyero an. Dort fördert im »Bloque 16« die spanische Gesellschaft Repsol seit den 70er-Jahren aus zahlreichen Ölbrunnen das schwarze Gold.

Das Dorf liegt auf einer grob geschlagenen Lichtung. Mehrere mit Palmblättern gedeckte Häuser. Mitten drin – unter einem Wellblechdach – ein betonierter Volleyballplatz. Daneben drei rechteckige Häuser aus grauen Hohlblockziegeln, die als Schul- und Gemeindebauten dienen. Ein paar scheue Kinder spielen hier mit Hunden, die sich mit eingezogenem Schwanz vor uns verstecken. Barfüßige Frauen kommen aus den traditionellen Häusern auf uns zu. Sie tragen Shorts, bunte T-Shirts mit aufgedruckten Wahlslogans vom vorletzten Jahr. Im Gemeinschaftshaus, einem Bau aus Holz und Palmblättern, warten wir. Groß und hoch ist es, angenehm kühl. Es ist schattendämmerig. Der, der uns geschrieben hat, wird bald kommen, heißt es. Man bietet uns Chicha aus gekochter Yucca an. Es riecht nach Rauch, in einer Ecke glimmt ein Feuer. An Drähten befestigt schaukeln undefinierbare Stücke Fleisch im Rauch. Eine Schrotflinte hängt ebenfalls da, trocken gehalten von der Wärme des Feuers. Geflochtene Hängematten sind zu erkennen, ein Bündel Lanzen steht in der Ecke. Über uns, im Dachgestänge, zwei etwa drei Meter lange Blasrohre. Ein Strunk mit grünen Kochbananen baumelt an einer gelben Schnur von der Decke, in einem Korb liegen frisch ausgegrabene Yucca. Zwei Plastikeimer stehen daneben, mit Wasser aus dem Fluss, zugedeckt mit großen Blättern. Und wie ein Bote aus einer anderen Welt ein weißer neuer Kühlschrank.

Kinder stehen jetzt im niedrigen Eingang. Schauen. Kichern, rennen weg, kommen wieder, schauen, kichern, rennen weg …

Es dauert gut zwei Stunden, bis unser Mann von der Jagd aus dem Dschungel zurückkommt. In einem aus Blättern geflochtenen Beutel bringt er eine Schildkröte mit. Bevor er uns begrüßt, gibt er den Beutel einem der Kinder. Die rennen lachend davon. Mit der Schildkröte kann man spielen. Abends wird sie im Topf landen.

Waorani, Großmutter und Enkelin, ein Wandgemälde in Guyero (z.V.g.)

Umberto trägt eine Militärhose, Gummistiefel und auf dem Kopf ein geflochtenes Stirnband mit zwei bunten Federchen. Ich schätze ihn auf etwa 50 Jahre. Er spricht spanisch und nach ein paar Fragen, woher wir kämen und was wir auf der Reise erlebt hätten, beginnt er zu erzählen. Andere Krieger kommen dazu, die Frauen liegen mit den Kindern in den Hängematten. Alle hören zu: Die Jagd ist schlecht, beginnt er, auch gibt es nicht mehr viele Fische im Fluss. Früher wäre man jetzt von hier weggegangen.

Anpflanzen, so wie es die Colonos machen, Mais oder Yucca, das sei nicht ihre Sache. Auch hätten sie nie Tiere gehalten wie die, Hühner, Schweine, Kühe, bloß weil sie schlechte Jäger seien und im

Wald nicht überleben könnten. Ein Waorani ist ein Krieger und Jäger, kein Bauer. Der Wald gibt ihnen alles, was sie brauchen.

Seine Großväter hätten noch gekämpft gegen die Eindringlinge. Aber heute? Schon sein Vater habe begriffen, dass der Widerstand gegen die Colonos zwecklos sei. Mit dem Militär seien sie gekommen. Und hätten den Tod gebracht. Er wisse, dass die Zeiten sich geändert hätten. In Coca sei er gewesen, auch in Quito mit einer Delegation der Waorani, und er habe gesehen, wie die Menschen dort lebten. Nein, gefallen hat es ihm nicht. Das sei nicht seine Welt. Dieser Platz hier gehöre ihnen. Mit Eintrag im Grundbuch. Auch wenn zu wenig Platz sei. Der Rest des Waldes gehöre den Erdölfirmen, die mit ihren Lastwagen die Tiere verscheucht hätten. Ja, sie hätten auch Strom.

Ein junger Mann geht aus dem Haus, kurz darauf beginnt nicht weit entfernt ein Generator zu hämmern und eine Glühbirne leuchtet auf. Der leere Kühlschrank beginnt zu brummen. Die Repsol hätte ihnen den Generator geschenkt. Auch den Kühlschrank. Die Regierung habe die Schule und den Volleyballplatz gebaut, als ob

Die Studenten des Kurses in Pompeya (Samuel Schläfli)

sie das bräuchten. Eine Schule ohne Lehrer und einen Volleyball-platz ohne Bälle. Aber die Regierung will, dass die halbnomadische Lebensweise aufhört. »Wir sind jetzt Ecuadorianer mit Identitäts-karten und müssen auch abstimmen. Wozu, weiß keiner so genau. Vor den jeweiligen Wahlen gibt es Geschenke.« Er zuckt mit den Achseln.

Trotzdem: Umberto glaubt an seine Chancen. »Schau«, sagt er, »ich habe sogar einen Facebook-Account, immer, wenn ich in Coca bin, gehe ich ins Internetcafé. Ich habe Freunde auf der ganzen Welt.« Wir reden über die Pläne der Communidad. Er beschreibt mir – wie ein begeisterter Verkäufer – die Vorzüge seines Dschun-gels. Erzählt von den Tieren, der Jagd, den Kriegen. Ich möchte nicht wissen, wie viele Menschen er getötet hat. Sein Quanten-sprung vom speertragenden Krieger zum freundlichen Touristen-führer ist noch nicht abgeschlossen. Was er, wie ich seinen Worten verwundert entnehmen kann, ohne Verbitterung gelernt hat, ist, dass kein Waorani die westliche Zivilisation überleben kann, wenn er sich nicht anpasst an die Wunder der Globalisierung.

Als Dorfvorsteher hat Umberto zusammen mit seinen Leuten die Idee mit den Touristen entwickelt. Vor allem die jungen Frauen und Männer sind überzeugt von dieser Möglichkeit. Man hat da-von gehört, wie es die anderen machen. Zudem grenzt das Waora-ni-Gebiet an die Kichwa-Gemeinde Añangu, wo eine große kom-munale Dschungellodge entstanden ist. Die haben gezeigt, wie es geht. So möchten auch die Waorani zahlende Gäste zu sich einla-den. Wir sollten ihnen helfen, ihnen zeigen, wie man das macht.

»Keiner kennt sich besser im Dschungel aus als ein Wao.« Und: »Wir haben einen Wasserfall, einen kleinen See, eine Lagune. Mit Kaimanen. Dort wohnt auch die große Anakonda. Im Tiputini schwimmen Flussdelphine.«

Sie wollen ein Haus bauen für die Touristen. Und kochen für sie. Mit ihnen zum Wasserfall und zur Lagune gehen. Ihnen den Wald zeigen. Eine Frau erzählt von ihren Kindern, von den drei Söhnen, den drei Töchtern, die jüngste, gerade mal fünf Jahre alt, sitzt jetzt neben ihr auf dem Boden, den Kopf an ihre Knie gelegt. Ein junges Mädchen, die 17-jährige Tochter, bringt ein Bündel. In das Tuch eingeschlagen sind farbige, aus verschiedenen Samenkörnern gefertigte Halsketten sowie aus Pflanzenfasern geflochtene Armbänder. »Schmuck«, sagt die Frau und legt mir eine der Ketten um den Hals, »machen wir auch, willst du die Kette kaufen?«

Die Generation Umberto ist die erste, die in den 70er-Jahren zur Schule gegangen ist. Die Waorani wurden von wenigen Missionaren unter die Fittiche genommen. Einige davon haben sie getötet. Trotz aller Gegenwehr konnten sie nicht verhindern, dass ihr Lebensraum immer kleiner geworden ist. Die weißen Männer mit den gelben Gummistiefeln haben Schritt für Schritt die Kultur der »Jäger des Jaguars« diskreditiert und fast vernichtet.

Jetzt geben sich die Waorani artig. Zumindest an der Oberfläche. Wie sich Umberto allerdings zurechtfinden wird, wenn er auf die Beamten in der ecuadorianischen Zivilverwaltung trifft, ist noch offen. Zumindest im Moment greift er vorsichtig nach den Möglichkeiten, die ihm die Begegnung mit der Stadt Coca, dem »Tor zum Amazonas«, bieten. Gleichzeitig ist es spannend zu sehen, was die ihn prägenden traditionellen Denkweisen und Fähigkeiten mit ihm machen. Privateigentum oder Landbesitz gibt es nicht in der Vorstellung der Waorani. Geld ist nebensächlich, es kommt darauf an, was man für Fertigkeiten hat. Auch ein junger Mann heute kann noch ein Wildschwein mit der Lanze jagen, ein Blasrohr bauen und damit Affen in Baumkronen erlegen, die Fische im Fluss mit einem Pflanzengift betäuben. Er kann in ein paar Minuten einen Korb aus Blättern flechten, findet den Weg durch den Wald, kennt die Pflanzen und kann Pfeilgift kochen. Wenn es ums Töten geht, erzählen sie zum Beispiel diese Anekdote: Ein junger Krieger geht an einem ihm fremden Ort in einer Kichwa-Lodge zum Kühlschrank und nimmt sich ein kaltes Bier. Der Besitzer eilt herbei, nimmt ihm das Bier aus der Hand und stellt es wieder in den Kühlschrank zurück. Entrüstet: »Das ist mein Bier, du solltest wenigstens fragen!« Der Wao schaut ihn an und fragt: »Willst du sterben?«

Die Begegnungen mit den wichtigsten Protagonisten am Río Napo beinhalten alle Elemente eines spannenden Spionageromans. Unbekannte Mächte, Verschleierungstaktiken, Überwachungskameras und internationale Verflechtungen einer Bruderschaft, die einem gemeinsamen Ziel verpflichtet ist.

Einmal mehr komme ich auf die Ölgesellschaften zu sprechen. Das Beispiel Repsol: Die spanische Ölgesellschaft, einer der kleineren Player im Ölgeschäft, ist seit der Jahrtausendwende in der Provinz Orellana tätig. Der Jahresumsatz von ca. 43 Milliarden Dollar (2016) wirkt geradezu bescheiden, verglichen mit dem der größten Firma auf dem Markt, der saudi-arabischen Aramco, die bald 500 Milliarden bewegt. Es ist aufschlussreich, sich die Welt der Ölförderung bei einem Spaziergang durchs Internet anzusehen. Hier wird schnell klar, warum diese Industrie in der Lage ist, die geopolitische Lage nach ihren Vorstellungen zu gestalten. »Money makes the world go round«, sang Liza Minelli 1972 und man kann ihr glauben. Astronomische Summen werden verschoben und wer zur Tankstelle fährt, um sich seine wöchentliche Ration Treibstoff zu zapfen, macht sich keine Vorstellungen, was für ein winziges Teilchen er ist in diesem Spiel. Hauptsache, der Motor brummt. Beim Benzin von der Tankstelle denkt das Menschenhirn nicht mehr mit. Es ist einfach so, wie es ist. Die Abläufe im Ölgeschäft sind intransparent, schwer nachvollziehbar.

Der Hauptsitz der Repsol in Quito hat nichts Protziges. Ein relativ bescheidenes, vielstöckiges Geschäftshaus im modernen Teil Quitos. Zentral gelegen, umgeben von guten Restaurants und Hotels. Der Eingang ist bewacht, doch das ist normal. Der Empfangsdame, sie trägt eine Uniform, gibt man den Namen seiner Kontaktperson. Ohne Termin geht hier nichts. Erst wenn man den Ausweis abgegeben hat, erhält man eine Plastikplakette mit der Aufschrift »Besucher«. Diese Plakette drückt man dann gegen das Piktogramm auf der schusssicheren Glastür, es macht »klick« und man kann eintreten. Mit dem Lift geht es jetzt bis zum angegebenen Stockwerk. Im Aufzug muss die Plakette nochmals benutzt werden, sonst fährt der Lift nicht. Im 10. Stockwerk steigt man aus und wird abgeholt. Teppichetage.

Silvia, eine der Mitarbeiterinnen der Abteilung »Relaciones Comunitarias«, burschikoses weißes Männerhemd, silberne Armreifen, sportliche Uhr, kunstvoll zerrissene, enge Bluejeans und mindestens acht Zentimeter hohe Absätzen an den feuerwehrroten High Heels, holt mich ab. Ich werde ins Konferenzzimmer gebracht, Silvia gibt mir das Passwort für »Repsol Guest« und verabschiedet sich charmant: »Bis gleich, ich werde schnell nachschauen, ob die anderen schon so weit sind, es kann ein paar Minuten dauern.«

Ein bisschen Warten muss sein. Immerhin, die Aussicht ist wunderbar. Die Scheiben sind getönt, man schaut wie durch eine Sonnenbrille hinab auf die Stadt. Die Fenster sind nicht zu öffnen, alles ist klimatisiert. Die Tischplatte schimmert in dunklem Rotbraun. »Caoba«, denke ich, als sich die Tür öffnet und der Chef der Relaciones Comunitarias erscheint, begleitet von seiner Buchhalterin und von Silvia. Ich werde herzlich und mit Handschlag begrüßt. »Kaffee, Mineralwasser?« »Danke gerne.« Silvia steht auf, holt das Gewünschte, und wir anderen klappen unsere Mappen auf. Remigio heißt der freundliche Mann im legeren karierten Hemd. Er hat seine Hausaufgaben gemacht, die Webpage der Cuisine studiert, mein Gesuch um Unterstützung des Kurses bei den Waorani geprüft. Was er nicht sagt, ist, dass er meine persönliche Geschichte von A–Z nicht nur aus dem Internet gefischt hat. Wer glaubt, dass eine Firma wie die Repsol keinen eigenen Auskunfts- und Sicherheitsdienst unterhält, ist naiv. Relativ rasch wurde mir klar, dass er über mich einiges mehr wusste als ich über ihn.

Die Sitzung mit Remigio dauerte keine halbe Stunde. Dann habe ich erst mal die Erlaubnis der Repsol, im Block 16 in der Comunidad Guyero einen Kurs abzuhalten. Von den Lehrern und mir brauche man freilich sämtliche Daten, eine Passkopie, eine Kopie des Einreisestempels und einen Impfschein. Dazu gültige Fahrzeugpapiere für den Wagen, gültige Fahrausweise für den Fahrer.

Lastfähre auf dem Río Napo (z.V.g.)

Da der Kurs in Guyero nicht auf dem Schiff stattfinden kann, der Fluss ist dort für unseren Bus Nautico nicht tief genug, hatten wir bei Repsol nachgefragt, ob sie uns mit Küchenmaterial für eine Gemeinschaftsküche ausstatten könnten. Wert ungefähr 1 000 Dollar, es geht um Herde, Schneidbretter, Schüsseln und Töpfe, Arbeitstische etc. Das Übliche. Wir hatten eine entsprechende Liste vorgelegt. Auch dieses Gesuch wird schnell erledigt. Die Politik der Repsol lasse es generell nicht zu, uns direkt Geld für solche Sachen zu geben. »Política de la empresa.« Aber Repsol selbst wolle diesen Einkauf erledigen. Wir sollten uns keine Sorgen machen, alles sei zu Kursbeginn vor Ort. Danke und geschäftiges Papiere Zusammenkramen, Laptops Zuklappen, Händedruck und vor dem Lift der ecuadorianische Gebrauchskuss, von Silvia auf die Wange gehaucht. »Ruf mich an, wenn du etwas brauchst!«

Die Einreise in den Block 16 ist, wenn man den Vorschriften der Repsol folgt, vergleichbar mit der Einreise in die damalige DDR. Man muss von Coca aus nach Pompeya fahren. Das sind nur knappe zwei Stunden. Gute Straßen, kurze Verbindungen, und man steht an der Fährenablegestelle, um mit dem Auto und den mitgebrachten Materialien den Fluss zu überqueren. Die Fähre wird von der Repsol unterhalten. Alles hat ab diesem Moment sein Protokoll. Anmelden, Papiere vorlegen. Dann wird der Wagen kontrolliert, Blinker links, Blinker Recht, Bremslichter, Hupe, Handbremse. Wie voll ist der Tank? Der blaugekleidete Kichwa, der uns anhand einer Checkliste kontrolliert, ist nicht freundlich. Nun gibt es einen kurzen Halbkreiskurs. Rückwärts auf die Fähre fahren, Licht einschalten, Anweisungen des Personals folgen und parken. Riesige Lastwagen, Anhänger mit Baumaschinen und mein kleiner roter Cherokee dazwischen. Ich muss etwas schmunzeln, als die Matrosen der Fähre und die Kontrolleure, alle mit weißen Helmen, den Sitz der Schwimmweste checken und aufpassen, dass man nicht auf der falschen, der Flussseite, aus dem Wagen steigt. Nein, mitfahren auf der Fähre geht nicht. Ein kleines Schnellboot liegt an der Mole, mit dem Chauffeure und Passagiere über den Fluss gesetzt werden. Das Schnellboot und sein Pilot sind bei diesem Einsatz von Langeweile geplagt. Gerade mal auf einem Kilometer zur anderen Seite dürfen sie zeigen, was sie draufhaben. Da zieht man einen großen Bogen über den Fluss und lässt die beiden 80-PS-Außenborder aufheulen. Spritzen muss es, schäumen soll der Fluss! Auf der anderen Seite dann Schwimmwesten abgeben, Kontrolle der Papiere, persönliches Gepäck durch einen Scanner laufen lassen. Willkommen im Block 16. Die Fähre kommt etwas später und ich hole meinen Cherokee wieder von Bord. Jetzt hoch zum Parkplatz vor dem Büro. Hier muss ich dann, wie jeder andere Fahrer auch, einen mobilen Sender abholen, der mit vier Saugnäpfen an die Windschutzscheibe geklebt wird. Er überwacht ständig meine Geschwindigkeit und meinen Standort. Die Resultate werden in die Überwachungszentrale des Blocks 16 übermittelt. Fahre ich zu schnell, beginnt der Sender zu tüteln. 50 km/h ist die Generalgeschwindigkeitsvorschrift. 30 km/h über Brücken und in den Gemeinden. Ein 45-minütiger Kurs über das Fahrverhalten im Fördergebiet muss noch absolviert werden. Dafür gibt es einen Aufkleber auf dem Führerschein. Gute Fahrt und Tschüss. Knappe zwei Stunden später erreichen wir Guyero.

Wohltuend wird es, wenn sich das Geschehen von der verwalteten Zivilisation entfernt. Wenn alle amtlichen Hürden übersprungen sind. Wenn die Häuser Hütten weichen, der Wald dichter wird und World Wide Web wideweg ist. Das Handy bleibt stumm. Die Coca-Cola-Grenze ist erreicht. Da stehen sie nun in Griffnähe, die riesigen Ceibos. Dschungelbäume mit weit ausladenden Kronen. Mannshohe Farne, vielstämmiges Gewächs, Lianen, undurchdringliches Gestrüpp. Wo der Boden mit einem dichten, federnden Blätterteppich bedeckt ist. Morastige, schwarzbraune Tümpel, Myriaden von Insekten, Sonnenstrahlen zeichnen geometrische Muster in die Halbdämmerung. Unbekannte Tiere machen fremde Geräusche, ein Zirpen, Schnarren, Piepsen, Surren, Knarzen. Der sich ständig verändernde, dreidimensionale Klangteppich des Dschungels. Ein Durchkommen auf den engen Trampelpfaden ist nur möglich, wenn der Erste den im Gänsemarsch Folgenden den Weg frei haut. Die Machetenschläge haben einen singenden Klang. Pling, plong, pling, plong.

Es ist heißfeucht, Hemd und Hose kleben an der Haut, die Füße schmatzen in den Gummistiefeln. Es ist bequemer, wenn wir mit dem Kanu einen der zahllosen Wasserläufe hochfahren. Das Wasser kann schwarz und unergründlich sein, dann wieder braun und schlammig. Manchmal ist der Fluss gänzlich bedeckt mit grellgrünen, fettblättrigen Wasserpflanzen. Mit gelben Blumen. Das Kanu teilt die Wasserwiesen wie ein sanfter Pflug. Dunkelbraune Flussschildkröten haben sich warme, sonnige Flecken auf abgestorbenen Bäumen am Ufer als Ruheplatz gewählt.

Es ist Nacht. Draußen tönt der Dschungel. Umbertos Clan ist zu Hause. Frauen, Männer, Brüder, Schwestern, Söhne, Töchter, Enkel, Großmutter, Großtante und Vater. Wir haben unser Zelt auf dem Volleyballplatz unter dem Wellblech aufgebaut und sprühen uns mit Mückenschutzmittel ein. Man bietet uns kein Essen an.

Diese Art Gastfreundschaft ist nicht Teil der Tradition hier. Zur Begrüßung eine Schale Chicha. Danach ist jeder für sich selbst verantwortlich. Wir kochen uns Makkaroni mit Tomatensauce. Gönnen uns einen Schluck Rum.

Um Mitternacht schleicht der Jaguar ums Zelt. Er trägt ein Stirnband mit der Aufschrift »Repsol«. Er kann sprechen. Er sagt: »Morgen fress ich euch alle auf!«

21 Ein Tag im Leben von Padre Goldáraz

Touristen, Einheimische und Taschendiebe ... Kein Vogel mehr in den Bäumen ... Kleine Religionskriege ... Jesu in Jerusalem ... Dann soll man ihnen die Reifen durchstechen ... Stimmt es, dass Steine auch leben?

Ostern ist im katholischen Ecuador eine der wichtigen religiösen Veranstaltungen, selbst hartnäckige Fleischesser verzichten zumindest am Karfreitag auf Fleisch. Ein spezielles Gericht, die »Fanesca«, wird im ganzen Land zubereitet. Verschiedene Getreide, Bohnen, Mais, Erbsen werden nach unterschiedlichen Familien- und regionalen Rezepten zu einer Suppe verkocht, in der der Löffel steckenbleibt. Dazu gehört, als gegensätzliche Komponente zum leicht gesüßten Brei, gekochter Stockfisch. Gekochte Eier, frittierte kleine Teigtaschen, gefüllt mit Käse, gebackene Bananen und Avocadostücke liegen obenauf, begleitet von einem verdauungsfördernden Petersilienblättchen. Die »Fanesca« ist Teil der ecuadorianischen Osteridentität. Nachbarn und Freunde werden dazu eingeladen und das Gericht wird geteilt. Wer dann fünf Teller davon gegessen und ausgiebig über die kleinen und großen Geheimnisse der Zubereitung getratscht hat, braucht dringend einen Spaziergang. Die »Fanesca« ist kein leichtes Mahl. Der Bauch beginnt zu grummeln, bereitet sich auf sturmartige Blähungen vor. Am besten hält man sich im Freien auf.

Dazu eignet sich der Besuch der Osterprozession in Quito. Die spitzen violetten Cucuruchos, die Kapuzen mit den Augenschlitzen erinnern an den Ku-Klux-Klan, und die Büßer, die schwere Kreuze durch die Gassen der Altstadt schleppen und sich gerne noch mit dornenbestückten Geißeln traktieren, wirken wie bedrohliche Boten aus der Vergangenheit. Eine archaische Demonstration religiöser Machtentfaltung. Weihrauchgefäße werden geschwenkt, die Marienfiguren und andere Heilige werden für die Prozession aus den kleinen Kirchen und Kapellen auf die sonnendurchglühte Straße getragen. Ein Spektakel mit Tausenden von Schaulustigen, bei dem sich Touristen, Einheimische und Taschendiebe ein Stelldichein geben.

Die Katecheten und Padres des Vikariats von Coca sind jetzt im Dauereinsatz. Nicht nur in den Kirchen in Coca, auch draußen in den abgelegenen Dörfern wollen Messen gelesen sein. Am Palmsonntag beginnt der Ostermarathon der Geistlichen.

So verwunderte es mich nicht, dass Padre José Miguel mich bat, ihn am Ostersonntag zu einer kleinen Gemeinde zu fahren, um dort dem Leiden und der Auferstehung Christi zu gedenken. Ich war gerne bereit, ihm diese Bitte zu erfüllen. Als ich ihn frühmorgens abholte, waren kaum Leute auf der Straße. Gekleidet wie immer, kariertes Hemd, blaue Hose, Baskenmütze und Turnschuhe, erwartete mich der über 80-Jährige bereits auf dem Gehsteig vor der Einfahrt zur Bistumsverwaltung. Der Cherokee schnurrte zuverlässig, als wir den Fluss überquerten und an der Garnison der Dschungelbrigaden vorbei in die Via Auca einbogen. Die berüchtigte Via Auca wurde in den 80er-Jahren mitten durch den Dschungel geschlagen. Einmal mehr eine Errungenschaft der modernen Zeiten. Heute ist es eine asphaltierte Fahrbahn für Busse und Schwerverkehr.

Es ist angenehm, mit dem Padre unterwegs zu sein. Jede Kurve und jede Anhöhe ist für ihn mit Erinnerungen verknüpft, mit Geschichten über Menschen, die er kennt. »Schau, dort drüben liegt das Dorf San Carlos, dort hat der Prozess gegen die Texaco ihren Ursprung. Zwei Kälber sind hier in die Lagune gefallen, deren Wasser wie Säure war. Die Kälber wurden verätzt, verloren ihr Fell und sahen aus wie abgeflämmte Schweine. Natürlich sind sie gestorben. Ich war dort. Alles stank nach Chemikalien. Es war totenstill und es gab keinen Vogel mehr in den Bäumen, kein Fisch mehr im Wasser, kein Wild, noch nicht mal Moskitos. Die Lagune war die Trinkwasserquelle von San Carlos – und so war das ganze Dorf krank. Wir mussten etwas unternehmen. Die Anzeige, die wir lancierten, war die erste von den vielen, die später zur großen Sammelklage führten.«

Die Landschaft um uns herum war kein Dschungel mehr, schon längst waren weite Flächen frei von Bäumen. Kakao- und Bananenpflanzungen überall und die rostroten Rohre der Pipeline säumten die Straße. Ab und zu Häuser, aus Brettern zusammengenagelt, manchmal bunt bemalt, meist in verschiedenen Stadien der Verwitterung bis kurz vor dem Verfall. Viele standen leer und wurden zum Verkauf angeboten. »Die Landwirtschaft bringt nicht viel. Der Boden ist ohne Wald kaum fruchtbar. Es braucht Dünger. Und der ist teuer. Große Unternehmer kaufen ganze Landstriche. Die Kleinbauern verlumpen. Die Colonos siedeln alle auf der rechten Seite der Straße, links ist Indianerland. In der Regel angesiedelte Kichwas, die damals von den Gummibaronen hergeholt wurden. Es gibt hier viele Konflikte zwischen den Colonos und den Kichwas. Die Kichwas sind keine Krieger, sie sind freundlich, fast harmoniesüchtig, und haben den Colonos und deren Landhunger nichts entgegenzusetzen. Wenn einer kommt und sagt, gib mir doch diesen Hügel, ich würde gerne Mais anpflanzen, sagt der Kichwa: Mach doch, ist ja genug Platz da. Ein Jahr später lässt der Colono das Land vermessen und trägt es auf seinen Namen ein. Wir haben dann dafür gesorgt, dass die Gemeinden ihr Territorium auch eintragen lassen. Die Straße wurde danach zur Markierung der Grenzen. Du siehst den Unterschied.« So muss es tatsächlich gewesen sein – auf den Gemeindegrundstücken stehen mehr Bäume, dazwischen die Bananenbüsche. »Die Kichwas hauen keinen Baum um, der Früchte trägt. Grund zur Reklamation für den Mestizo von der anderen Straßenseite. Die Indianer machen nichts richtig. Sie lassen alles verkommen, sagen sie. Dabei haben die Kichwabauern die besseren Erträge. Ihre Landarbeit dient der Selbstversorgung, die Mestizos bauen an für den Markt. Das sind die verschiedenen Sichtweisen, die sich einfach nicht vertragen.« Wir biegen ab in die Via Yucca, auch das eine asphaltierte Straße, die einige Kilometer tiefer in die Hügel führt und im Dorf Yucca endet. »Hier in diesem Dorf hat sich alles zugespitzt. Den Colonos wurde von den Companys Land zugeteilt, ohne dass man die Kichwas gefragt hat. Es gab ja keine Besitznachweise. Die meisten Kichwas hatten noch nicht mal ecuadorianische Papiere. Juristisch gab es sie gar nicht. Also konnten sie auch nichts besitzen. Wir Missionare waren die einzigen, die gegen diese Ungerechtigkeit gekämpft haben. Als sich die Schlinge um den Hals der Kichwas immer mehr zuzog, haben sie zuletzt doch die Geduld verloren. Sie haben den Mestizos die Felder angezündet. Auch mal die Häuser. Bis die Armee eingeschritten ist. Es gab sogar Tote. Heute sind die indigenen Gemeinden eingetragen. Sie besitzen das Land im Kollektiv.«

In Yucca endet die geteerte Straße, wir biegen auf eine einspurige Schotterstraße ein. Jetzt ist links und rechts Wald. Die Straße wird schlechter, Pfützen, Schlaglöcher und rutschige Erde machen mich vorsichtig. Hier zieht mich keiner aus dem Straßengraben! Zwei junge Männer mit weißen Hemden und Jeans kommen uns entgegen und winken uns freundlich zu. Der Padre lächelt zurück, hebt die Hand. »Das waren zwei«, sagt er dann. »Wieder zwei Evangelisten. Adventisten oder Mormonen, könnten auch Zeugen Jehovas gewesen sein. Sie sind auf Werbetour. Jetzt an Ostern sind sie fast so beschäftigt wie wir. Mir ist es eigentlich egal, welche Religion einer hat. Das Problem liegt darin, dass die Evangelisten mit Geschenken, Kleidern, Süßigkeiten und Werkzeugen ihre ›Kunden‹ an Bord holen. Das stört das ohnehin schon heikle Gleichgewicht in den Kommunen. Kleine Religionskriege nagen an der Einigkeit. Es kommt zu Spaltungen. Die Gemeinschaften blockieren sich mit Streitereien und einige gründen dann eigene Siedlungen. Dabei helfen ihnen die Evangelisten. Die meisten sind politisch eher rechts.«

»Na ja, die katholische Kirche ist ja auch keine revolutionäre Bewegung«, sage ich. Doch weil der Padre ein Padre ist, sagt er mir nicht, dass ich die Klappe halten soll. »Ja … es gibt die pastoral-religiöse Richtung, das ist – zugegeben – weltweit eine Mehrheit bei uns, der es um die religiöse Mission geht, um die Bekehrung zum Christentum. Aber ich bin Teil der pastoral-sozialen Fraktion. Wir kümmern uns zum Beispiel um Menschenrechte, um soziale Verbesserung der Gemeinschaften, um eine gerechte Verteilung der Güter. Sicher gehört dazu eine spirituelle Verbindung zum Ganzen. Welcher Religion man folgt, ist letztendlich egal. Du muss nicht Ostern feiern, um Christ zu sein. Aber Rituale, Zeremonien und Regeln erleichtern uns den Zugang zum Geist, der über uns schwebt. Ich selbst verstehe mich als Bindeglied, als Werkzeug. Viele der Fortschritte, die in den letzten Jahrzehnten zugunsten der Indigenen erzielt wurden, sind mit unserer Arbeit verbunden. Wir sind keine Politiker, was nicht heißt, dass wir nicht politisch denken. Alejandro Labaka dachte so, Bischof Proaño aus Rio Bamba auch – und der Papst Franziskus gibt Anlass zur Hoffnung. Die Theologie der Befreiung ist als Bewegung wieder am Kommen.« Der alte Mann neben mir ist hellwach und leistet gerade einen Teil Missionsarbeit an mir. Und sie fällt durchaus auf fruchtbaren Boden.

Unser Dorf ist, obwohl wir keine zwei Stunden von Coca entfernt sind, auf Google Maps nicht mehr zu entdecken. Im Gemeinschaftshaus, einem Betonbau mit Wellblechdach, soll der Gottesdienst stattfinden. Es ist noch niemand da. Rund um das Gemeinschaftshaus ist der Dschungel gerodet, ein weitläufiger Platz wurde angelegt, den gackernde Hühner für sich in Anspruch nehmen. Ein kleines Schulhaus steht am Rande. Es hat keine Fenster, nur grobe Gitter aus schmalen rostigen Eisenstäben. Drinnen sehe ich kleine Sitzpulte, auf denen wohlgeordnet die Schulsachen liegen. An den Wänden hängen bunte Papiere mit Kichwa-Worten. Auch auf der Wandtafel, einer alten Schiefertafel, auf die mit Kreide geschrieben wird, stehen Worte in ihrer eigenen Sprache und der dazugehörigen Übersetzung ins Spanische. Offenbar wird hier in Kichwa unterrichtet. Es gibt zwar ein Gesetz, wonach in den indigenen Schulen zweisprachige Lehrer eingesetzt werden sollen, aber es gibt nicht viele davon. Überall fehlt es an Lehrern. Unter dem Regime Correas wurden die kleinen Dorfschulen nach und nach aufgelöst und durch moderne Internatsschulen ersetzt. Die Kinder sollten von Montag bis Freitag dort wohnen und lernen. Die Rechnung wurde ohne den Wirt gemacht: Die Kinder wollen nicht weg aus den Familien. Die »Milleniumsschulen« stehen halb oder ganz leer. Da sie mit billigem, nicht dem Klima angepassten Material schnell gebaut wurden, sind die Dächer bereits undicht. Rostflecken verunstalten die Wände. Gips funktioniert nicht im Regenwald.

Kichwafamilie am unteren Napo im Ölgebiet (Antonina Gern)

»Die Fincas sind weiterum verstreut«, sagt der Padre. »Die Leute sind stundenlang zu Fuß unterwegs bis hierher. Ein bisschen Geduld gehört zur Ostermesse.« Vereinzelt kommen jetzt die Familien an. Sie tragen lange Palmwedel mit sich, deren Blätter kunstvoll miteinander verflochten sind. »Wir feiern hier den Palmsonntag, den Einzug Jesu nach Jerusalem. Du weißt schon, auf dem Esel und so. Dazu bringen sie ihre Palmwedel mit, die sie zu Hause geflochten haben.«

Wir sitzen bereits auf den Sitzgelegenheiten, die entlang der Wände aufgestellt sind. Allerlei Stühle und roh gezimmerte Bänke. Das große Holzkreuz wird aufgestellt. Unter den Besuchern sind kaum ältere Leute, der Weg sei zu weit für sie, sagt José Miguel, als ich ihn danach frage. Wer da ist, trägt seine Sonntagskleidung. Bei den Männern dominiert durchgängig der Brad-Pitt-Haarschnitt, der auf dem Helvetiaplatz in Zürich genauso präsent ist wie hier. Die Frauen tragen einfache bunte Kleider, generationengemäß entweder einen mittellangen Rock oder die bunte Lycrahose aus chinesischer Fertigung. Kinder in allen Altersklassen wuseln herum. Es wird viel gelacht und gescherzt. Die Palmwedel werden erst einmal an die Wände gelehnt.

Dann beginnt die Verwandlung des Padre in einen offiziellen Vertreter der Kirche. Zuerst setzt er die Baskenmütze ab. Aus seinem kleinen Sportrucksack zieht er die sorgfältig gefaltete, bodenlange Soutane in Schneeweiß. Er zieht sich das priesterliche Gewand über den Kopf und schließt es mit einem Reißverschluss. Dazu kommt die Stola, ebenfalls weiß, bestickt mit indianischen Mustern. Das alles passiert vor den Augen der Messebesucher. Offenbar hat er auch einen Gehilfen. Der Mann mit der schwarzen Brille in mittleren Jahren stellt jetzt eine blaue Plastikschüssel auf den Tisch und füllt sie mit Wasser. Die Besucher haben eigene Flaschen mit Wasser mitgebracht, die jetzt auf den behelfsmäßigen Altar, einen einfachen Holztisch, gestellt werden. Kraft seines Amtes als Priester kann der Padre alle diese Wasserflaschen jetzt weihen. Der Helfer wickelt jetzt eine Trommel und zwei große Bündel mit Blättern und Kräutern aus einem Tuch und legt sie dazu. Dann verteilt er kleine buntbedruckte Hefte an die Gläubigen, in denen die Lieder und Texte, die während der Zeremonie benutzt werden, in Kichwa abgedruckt sind.

Und schon beginnt der Padre mit dem Ritual. Vor dem Tisch stellen sich die Besucher auf mit ihren Palmwedeln, die sie wie einen grüngelben Wald vor sich tragen. Wir anderen sitzen an der Wand. Mit den Kräuter- und Blätterbüscheln, die er ins Weihwasser getaucht hat, bespritzt der Padre die vor ihm stehenden Menschen, die ihrerseits die geflochtenen Palmwedel schütteln. Jeder kriegt etwas ab. Zum Klang der Trommel geht dann der Padre zu den sitzenden Besuchern und bespritzt sie mit dem Wasser. Dazu werden Gebete in Kichwa gesprochen. Ich erkenne die Abläufe, es gibt Gebete, Gesänge, und der Gehilfe liest die Geschichte der Ankunft Jesu in Jerusalem vor. Auch wenn ich die Texte nicht verstehe und bei den Liedern nicht mitsingen kann, so sind doch die Melodien die gleichen, die ich aus der Kirche meines Heimatdorfs kenne. Kinder laufen unbeschwert zwischen den Leuten herum, eine Mutter gibt ihrem Säugling die Brust. Und doch hat das nichts Leichtfertiges, alle sind bei der Sache. In einer Reihe stellt man sich an, um das Abendmahl zu empfangen, womit die Zeremonie so unspektakulär zu ihrem Ende kommt, wie sie angefangen hat.

Der Padre verwandelt sich jetzt wieder in José Miguel Goldáraz und setzt sich die Baskenmütze auf. Und ist bereit, sich die Beschwerden der Gemeinde anzuhören. Sofort geht es um eine Sache, die der Gemeinde Unfrieden und Zwistigkeiten gebracht hat. Eine Holzfällerfirma hatte vor einigen Monaten eine Versammlung besucht und den Antrag gestellt, einige große Bäume zu fällen, die auf dem Territorium der Gemeinde standen. In der Versammlung herrschte darüber keine Einigkeit. Die Vertreter der Holzfirma ließen ein Papier herumgehen, das von den Teilnehmern der Asamblea unterschrieben wurde. Man nahm darin zur Kenntnis, dass ein solcher Antrag gehört wurde. Nichts weiter. Dieses Dokument tauchte später – mit den Unterschriften der Comuneros – wieder auf. Allerdings mit verändertem Inhalt. Die Firma hatte sich der Unterschriften bedient, um eine Fällgenehmigung beim zuständigen Ministerium zu erschleichen, und dort behauptet, die Comunidad sei einverstanden. Zum Beweis legten sie die Unterschriften der Comuneros vor. Ein erster Versuch, diesen Betrug zu entlarven, misslang. Nachdem einige Vertreter der Gemeinde bei der staatlichen Beschwerdestelle vorstellig geworden waren, wurden die Vertreter der Holzfirmen vorgeladen. Sie kamen in einer ganzen Gruppe und mit Anwalt und bestanden auf der Gültigkeit der Unterschriften. José Miguel war auf Seiten der Gemeindevertreter bei dieser Aussprache dabei und beanstandete das Vorgehen der Holzverkäufer. Es kam zu keinem Ergebnis. Wochen später wurde der Versuch unternommen, einige der Comuneros mit Geld und Geschenken dazu zu bringen, die Bäume doch individuell zu verkaufen.

Die Dirigentes der Gemeinde sind kurz vor der Aufgabe. Soll die Firma sich doch die blöden Bäume holen. So kommt etwas Geld in die Kasse. José Miguel Goldáraz wird energisch. Wenn der Gemeinderat ohne Beschluss der Asamblea einem solchen Verkauf zustimmen werde, würden sie alle hier ihre eigenen Prinzipien verraten.

»Ihr müsst sie anzeigen. Bei der Polizei. Das ist ein Betrugsversuch. Die Beschwerdestelle ist nicht auf eurer Seite. Und wenn sie kommen und Geschenke verteilen, soll man ihnen die Reifen durchstechen. Ihr seid im Recht. Sie sind auf eurem Land und versuchen euch zu korrumpieren.«

Zustimmendes Gemurmel. Aber eine Anzeige kostet Geld. Jemand muss nach Coca fahren und einen Anwalt nehmen. Keiner hat dafür Zeit und Nerven. Der Einwand, dass es hier um die Werte und die Autonomie ihrer Gemeinschaft geht, ist für viele zu abstrakt. Und José Miguels Aufruf zum Widerstand ist zwar schön und gut, aber die Erfahrung sagt, dass sie am kürzeren Hebel sitzen. Auch jetzt kommt es zu keinem Ergebnis. Die Firma wird sich die Bäume holen – viel kann man da nicht ausrichten.

Wir werden noch zu einer Hühnersuppe eingeladen. Am Tisch löffeln wir die die gute Brühe mit Yucca und Kochbananen, während die Diskussion weitergeht. Resignation macht sich breit. Man kann halt nichts machen. Der Padre überlegt, ob er selbst die Anzeige machen soll. Ja, das wäre gut, auf ihn würde man hören, so könnte vielleicht noch eine Lösung gefunden werden.

Als wir später im Auto sitzen und bereits wieder auf dem Weg nach Coca sind, sagt er: »Wir sind zu fünft. Fünf alte Männer die versuchen, sich diesen Machenschaften entgegenzustemmen. Fünf alte Kapuziner, zuständig für 70 Gemeinden. Überall die gleichen Probleme. Neuerdings versuchen Goldsucher entlang des Napo, von den Gemeinden Schürflizenzen zu erhalten. Es wird viel versprochen und nichts gehalten. Man vermutet viel Gold im Kies und Sand des Flusses. Die Indigenen werden von allen Seiten bedroht und betrogen.«

Ich blicke den Padre von der Seite an. Der alte Kämpfer für Recht und Gerechtigkeit sitzt müde da und starrt durch die Windschutzscheibe auf die schlechte Straße. Neben uns taucht ein großes Holzhaus auf, ganz neu, hellgrün gestrichen mit einem kleinen Türmchen. Durch den Eingang sehen wir in Reihen aufgestellte beige Plastikstühle, Blumenarrangements links und rechts. »Die Adventisten des siebenten Tags haben sich hier ein Zentrum gebaut. Die interessieren sich nicht für die Goldgräber und Holzfäller. Sie arbeiten denen höchstens in die Hände.« Wir schweigen. Hinter uns auf dem Rücksitz sitzen einer der Ratsmitglieder und seine Frau. Sie haben uns gebeten, mitfahren zu dürfen. Sie wollen ihren Sohn besuchen, der in der Kaserne in Coca ist, er ist Soldat geworden, ein Unteroffizier der Dschungelbrigaden. Er fehlt auf der Finca.

»Padre«, höre ich plötzlich von hinten die Stimme des Mannes, »stimmt es, dass Steine auch leben?« Da richtet sich der dösende Mönch neben mir auf. »Sicher haben Steine ein Leben. Denk nur, was sie alles tun und können. Sie sind unsere Werkzeuge, wir bauen damit und sie enthalten Mineralien und Stoffe, die wir zum Leben brauchen. Die uns heilen können. Sie sind Teil der Welt und weil die Welt eine Seele hat, gehören natürlich auch die Steine dazu. Genauso wie die Bäume und Tiere.« Jetzt hält er eine kleine Predigt über die Allmacht der Natur, und schon kommt das Lächeln wieder zurück in sein Gesicht. Wenn er vom Wasser und den Sternen, den Steinen und den Tieren spricht und davon, dass wir alle dazugehören und alles und jedes ein Teil der Schöpfung ist, der wir vertrauen dürfen und in der wir als Kinder Gottes leben. »Alle Achtung«, denke ich, »er lebt das alles wirklich, er hat diesen Gedanken sein Leben gewidmet.«

Spätnachmittags kommen wir wieder im Vicariato an und gehen ins Refektorium, um eine Tasse Kaffee zu trinken. José Miguel möchte mir noch einen Text geben, den er im Computer hat. Er hat viel geschrieben über das Leben der Napo Runa. Unter anderem auch über die alten, geldlosen Zeiten. Er hat sie noch erlebt, die intakten Kommunen. Ich begleite ihn in sein Zimmer. Etwa zwölf Quadratmeter, ein Bett, ein Schrank, ein Stuhl, ein Tisch, darauf ein Laptop. Mehr nicht. Während er die Datei aufruft und einen USB-Stick einsteckt, stelle ich mich neben ihn. Draußen hat es angefangen zu regnen. Als ich mich später verabschiede, sagt er: »Man darf nicht aufgeben. Weder zu kämpfen noch zu hoffen!«

22 Touristen und andere Volontäre

Ich war da, ich habe gesehen ... Federn, die sich der Schamane in die Federkrone steckt ... Disneylandisierung des Primärwaldes ... Weg vom Helfersyndrom ... Gemeinsamkeiten zu entdecken.

Ich könnte jetzt mit vielen Momentaufnahmen von Reisenden dienen, die sich in ihren Ferien ins Ausland begeben, um fremde, bunte und andere Welten kennenzulernen. Wieder zu Hause erzählen sie ihren Freunden davon, während ihres Aufenthaltes teilen sie ihre Eindrücke auf Facebook, per Instagram oder Twitter jedem Bekannten mit. Sie reisen um den Globus und nehmen ihre Erinnerungen mit nach Hause. Mal waren es schöne Ferien, mal hat es geregnet. Fredy hat sich den Magen verdorben und Doris sich in den Schamanen verliebt. Fernreisen sind in Mode. Abenteuerurlaube auch. Und ganz egal, ob man sich in einem durchorganisierten Feriendomizil aufhält oder ob sich der Rucksackreisende auf eigene Faust und mit öffentlichen Bussen durch unbekannte Gegenden bewegt, das Resultat ist immer das gleiche: »Ich war da, ich habe es gesehen.« Die Neugier auf das »Andere« hat eine ganze Branche entstehen lassen. Reisebüros verkaufen Tickets, Reiseleiter helfen beim Einkauf von Souvenirs und der Auswahl von Hotels. Lokale Führer tauchen mit ihren Gruppen in den Dschungel ein, Gastwirte bieten Essen an und Taxifahrer bringen den Fremden zu gewünschten Zielen. Zweifellos gibt es viel zu entdecken in den abgelegenen Regionen unserer Erde. Doch die Frage stellt sich: Was hat derjenige, der da entdeckt wird, davon? Von »einfallenden« Touristenhorden ist die Rede, die rücksichtslos alles niedertrampeln und frei von jeder Empathie ihre Gewohnheiten leben. Nur ist auch dieses Urteil selten wahr. Touristen sind, selbst wenn sie in großen Gruppen auftreten, keine Invasoren. Sie tragen keine Waffen, sondern Kameras mit sich herum und begegnen dem Unbekannten meist aufgeschlossen und freundlich. Sicher haben sie ihre Erwartungen und sind enttäuscht, wenn das Krokodil sich nicht zeigen will oder wenn Unannehmlichkeiten die Erlebnisfreude trüben. Doch sie sind auch dankbare Gäste, bezahlen ihre Rechnungen, geben Trinkgelder und lassen sich wie Kinder bei der Hand nehmen auf dem Weg zu Gletschern oder unbekannten Stränden. Der interkulturelle Austausch ist, zumindest für die Reisenden, Teil der gesuchten Erfahrung. Anders erfahren die Ortsansässigen, die Einheimischen den Besuch. Gerade dort, wo sich das Eigene völlig von der westlichen Lebensart unterscheidet, kommt es zu Ärger und Konflikten. Genauer betrachtet sind diese Konflikte denen ähnlich, die uns stören, wenn eigenartige Besucher auftauchen. Würde es mich nicht brüskieren, wenn ein nackter Waorani am Dorfschützenfest auftaucht, eine Wurst anbeißt, das Gesicht verzieht und den Bissen auf den Boden spuckt? Und gibt es nicht gute Gründe, dem Menschen zu misstrauen, der meiner siebenjährigen Tochter ein Stück Schokolade schenkt? Als Kichwa am oberen Amazonas ohne eigene touristische Sehnsüchte oder Erfahrungen frage ich mich: »Was wollen diese Leute hier?«

Giovanni Rivadeneira, ein Napo Runa aus Añangu, hat sein Handwerk von der Pike auf gelernt. Als Jugendlicher war er Kanuführer und gehörte zu den ersten Einheimischen, die mit begeisterten Ornithologen über die kleinen Flüsse paddelten. Sie schätzten ihn, er konnte mit seinen scharfen Augen die Vögel in den Baumkronen ausmachen, lange bevor sie von den Besuchern entdeckt wurden. Sie richteten dann ihre Ferngläser auf die Tiere, lobten Giovanni und verlangten in der Unterkunft in Coca nach dem jungen Mann, dass er sie auf ihren Expeditionen begleite. Giovanni liebte es, als Scout für die Vogelexperten unterwegs zu sein, kannte die Nistplätze, die Salzlecken, wo sich die großen Aras treffen, und die Lagunen, in deren Schilfgräsern sich Spezies verbargen, die man lange und geduldig suchen musste. Mit der Zeit lernte er die lateinischen Namen der Vögel und konnte fehlerlos über ihre Gewohnheiten, ihr Paarungs- und Brutverhalten reden. Er kannte die Bedeutung der Vögel in der Mythologie und wusste, welche Federn sich der Schamane in die Federkrone steckt. Giovanni begann sich Gedanken über seine Zukunft und die seiner Leute zu machen und schlug bei einer Gemeindeversammlung vor, eine eigene Lodge einzurichten. Selbst Gäste zu empfangen und dieses Geschäft nicht auswärtigen Agenturen zu überlassen. Selbst Geld zu verdienen. Aber kaum jemand teilte seine Vision. Wie er denn so etwas bewerkstelligen wolle? Ohne Geld und überhaupt. Immerhin erlaubte man ihm, seine verrückte Idee zu verfolgen. Giovanni fand ein paar Freunde und Brüder, die bereit waren mitzuarbeiten. Langer Rede kurzer Sinn. Nach Jahren der Entbehrung, mit einer kaum erwähnenswerten finanziellen Unterstützung von ein paar ehemaligen Kunden, britischen Ornithologen, und praktisch ohne weitere Hilfe von außen entstand die Lodge.

David auf dem Schiff (Samuel Schläfli)

Das Napo Wild Life Center ist heute eines der begehrtesten Ziele am Río Napo. Praktisch alle Mitarbeiter kommen aus der Gemeinde Añangu, die selbstständig ihre Mitarbeiter schult. Mit den Einkünften aus dem Gästebetrieb baute die Gemeinde sogar eine eigene Grundschule auf, bezahlt die Lehrer, die sie aussuchen, aus der eigenen Kasse. Die Lodge ist architektonisch an die Bauweise der Napo Runas angepasst, ein Aussichtsturm lädt den Besucher ein, von oben auf die Baumkronen zu schauen. Neben den Angeboten für Ornithologen gibt es auch zahlreiche Tourangebote in den Dschungel, begleitet von im Ort ausgebildeten, zum Teil mehrsprachigen Führern. Die Zimmer und Bungalows sind luxuriös ausgestattet und verhältnismäßig teuer. Eine Übernachtung kostet rund 300 Dollar. Dank eines modernen Marketings und ständig erneuerter Angebote ist die Lodge praktisch das ganze Jahr ausgebucht. Zu den touristischen Aktivitäten kommt das Engagement der indigenen Unternehmer für Natur- und Klimaschutz, die auf dem eigenen Territorium ein Jagdverbot erlassen haben.

Giovanni ist nach wie vor der Kopf des mehrfach preisgekrönten Unternehmens. Immer unterwegs, heute in Berlin, morgen in New York, leitet er »sein« Napo Wild Life Center. Mittlerweile ein Mitfünfziger voller Ideen und Energie, um die ihn manch jüngerer Mann beneiden könnte. Er ist ein Vorbild für die Napo Runas, die an ähnlichen Projekten arbeiten. Añangu hat den Beweis erbracht, dass es möglich ist, allen Widerständen zum Trotz ein selbstverwaltetes, erfolgreiches Geschäft zu etablieren, das die eigene Herkunft mit einbezieht. So ist das Napo Wild Life Center nicht nur ein wirtschaftlicher, sondern auch ein sozialer Faktor der Naporegion.

Wer nun mäkelt, dass die Disneylandisierung des Primärwaldes eine falsche Entwicklung sei, urteilt anmaßend. Es spielt keine Rolle, dass der indigene Bauer sich eine Übernachtung im Wild Life Center nicht leisten kann. Der Bündner Bergbauer übernachtet aus dem gleichen Grund nie im Grand Hotel Palace in Sankt Moritz.

Der Fremdenverkehr, richtig gedacht und gemacht, dient allen. Der Erhaltung der Natur, der Schaffung von Arbeitsplätzen und last but not least einem weitreichenden Verständnis der globalisierten Welt. Die Arbeit mit Besuchern aus aller Welt ist per se offen und gastfreundlich, ganz im Gegensatz zu der Ausplünderung ganzer Landschaften durch Öl-, Gold- und Kupfergewinnung oder durch eine Pervertierung der Landwirtschaft, die Flora und Fauna vernichtet. Die eine Branche zeichnet sich aus durch offene Türen, gedeckte Tische, Vermittlung des Eigenen an das Andere, die andere Branche ist gekennzeichnet durch Stacheldraht, Geheimistuerei, Ausbeutung der Natur, der Arbeiter und Zerstörung der Umwelt. Tourismus ist verknüpft mit der Schönheit und Besonderheit einer Gegend und ihrer Bewohner. Um Touristen empfangen zu können, braucht es Frieden, organisierte Abläufe und Gastgebertum. Rohstoffe werden in der Regel gewonnen in Gebieten, in denen Chaos herrscht und Kriege und soziales Elend die von jeder Gemeinschaft abgekoppelte Tätigkeit begleiten. Das ist das toxische Umfeld, in dem es um Börsenkurse und Gewinnmaximierung geht.

Deshalb, glaube ich und glaubt auch die Cuisine sans frontières, ist eine Förderung touristischer Projekte in der Ölregion Orellana eine wegweisende und friedensfördernde Aufgabe. Sie beginnt mit dem Empfang und der Bewirtung des Fremden. Damit sind wir wieder in der Küche angelangt.

Eine ganz besondere touristische Arbeit ist die Mitarbeit von Freiwilligen in sozialen Projekten. Diese Helfer kommen aus verschiedensten Kreisen. Ein großer Teil rekrutiert sich aus jungen Leuten, die gerade einen Abschluss, sei es an einer Universität oder in einem Handwerksbetrieb, gemacht haben. Andere sind gestandene Berufsleute, die sich eine Auszeit nehmen, oder auch jung gebliebene Pensionäre, die ohne materielle Interessen ihre Erfahrung einbringen. Eines ist ihnen allen gemeinsam: Sie kommen aus Ländern, in denen keine Armut herrscht und das durchschnittliche Bildungsniveau hoch ist. Mehrsprachig, unternehmens- und abenteuerlustig. Auf verschiedenen Internetseiten werden von Vermittlern Angebote gemacht, die im Auftrag von örtlichen Non-Profit-Organisationen nach unentgeltlichen Mitarbeitern suchen. Die gefragten Aufgaben sind äußerst vielfältig: Englischunterricht, Kochhilfe in Waisenhäusern, Landdienst bei Bergbauern, Betreuung von Straßenkindern in Brasilien, Auswildern von Wildtieren, soziale Betreuung von Strafgefangenen und so weiter und so fort. Die Arbeitsbedingungen werden dabei oft nicht weiter definiert. Die Aufenthaltsdauer im Gastland ist ebenfalls unterschiedlich. Kostenfrei ist eine solche Freiwilligenarbeit mitnichten. Wer zum Beispiel acht Wochen lang in Südafrika kranke Affen betreuen möchte, bezahlt dafür 3 000 Euro. Unterkunft, Verpflegung und ein T-Shirt sind inbegriffen, auch ein Billigflug nach Johannesburg. Arbeitszeit sind 40 Stunden die Woche. Solltest du dich eher für Raubkatzen interessieren, zahlst du für den gleichen Zeitraum 4 500 Euro. Volunteering in einem Altersheim in Goa? Zwei Wochen für 850 Euro, allerdings ohne Flug. Der Verdacht drängt sich auf, dass hier mit dem guten Willen engagierter junger Leute Schindluder getrieben wird. Es ist natürlich praktisch, den Affenkäfig von einer jungen Norwegerin putzen zu lassen und dafür noch Geld zu erhalten.

Grundsätzlich halte ich den Einsatz von Volunteers für sinnvoll. Allerdings liegt der Sinn manchmal mehr in der Erfahrung, die man macht, als in der faktischen Mitarbeit. Ich hatte einige Volontäre bei mir in Coca. Ohne dass wir dafür Geld verlangten. Wenn jemand sich für mehr als drei Monate verpflichtet, übernehmen wir den Flug und natürlich auch die Unterkunft. Was das Essen betrifft, gibt es zur Zeit einen Unkostenbeitrag von 90 Dollar im Monat, das ist mehr als manche dreiköpfige Familie zur Verfügung hat. Wenn jemand auf dem Schiff lebt und arbeitet, ist das Essen inklusive. Wir können – als anerkannte und registrierte NGO – einen solchen Einsatz auch zertifizieren. Als Studienaufenthalt oder als Praktikum.

Die Cuisine hat in den letzten Jahren immer wieder mit Freiwilligen gearbeitet. Mit unterschiedlichen Erfahrungen. Gerade bei kurzen Einsätzen ist es für das Projekt kaum sinnvoll, einen »Lehrling« mitzunehmen. Bis sich die Person auf die Umstände und die zu leistende Arbeit eingestellt hat, ist der Monat vorbei. Wenn jemand von Zürich oder Berlin nach Coca kommt, ist er von einem auf den anderen Moment an einem Ort, der nichts von dem bietet, was man vom Amazonasdschungel erwartet. Es ist heiß, es hat viele Autos und Lastwagen, der Fluss ist schmutzig, das Internet träge und die Dusche kalt. Nur wer länger bleibt, hat die Chance, sich in einen Alltag einzuleben. Und es ist nicht einfach. Mal sind es die Moskitos, mal die ecuadorianischen Mitarbeiter, die stören, dann wieder die langen Zeiten, in denen es einfach nichts zu tun gibt. Ich kann keinen Volontär einsetzen, um Verhandlungen mit dem Dorfhäuptling zu führen, ebenso wenig kann ich sie oder ihn mit einer Einkaufsliste auf den Markt schicken. Die Stadt Coca kennenzulernen, flussabwärts zu fahren und eine Nachricht zu vermitteln, in Quito eine Bewilligung beim Ministerio de Trabajo zu holen, am Schiff einen Ölwechsel vorzunehmen oder ganz einfach das Schiffsdeck mit einer Bürste abzuschrubben, sind Aufgaben, die ich nicht an einen Freiwilligen weitergeben kann. Englischunterricht geht immer, aber schon bei der Buchhaltung und der Küchenkalkulation wird es schwierig. Wo es immer klappt und zu meinem Erstaunen auch ohne große Spanischkenntnisse, ist bei den Köchen. Ihr Handwerk kommt gut an, wird gerne gelernt, und es ist erstaunlich, wieviel Küchen- und Kochkenntnisse problemlos vermittelt werden können.

Jede und jeder, der mit auf dem Schiff gearbeitet hat, kennt die beengten Verhältnisse, es gibt keine Privatsphäre. Damit können alle gut umgehen und alle sind bereit, auf engstem Raum zusammenzuleben. Aber die üblichen Angebote der vertrauten Zivilisation fallen weg. Sobald der Reiz des Exotischen verflogen ist, bleibt für die Neugier nicht mehr viel Spielraum. Die Normalität in der Fremde bindet sich an Kleinigkeiten. Das vertraute Essen macht viel aus. Das Früchtemüsli am Morgen zum Beispiel. Eintauchen in eine andere Welt, in der andere Parameter als die gewohnten den Alltag beherrschen, ist auf die Dauer anstrengend. Und auch für kurzfristige Freundschaften braucht es eine starke Motivation. Für die Kommunikation mit den Freiwilligen reicht es nicht, dass man den Menschen etwas beibringen möchte. Bevor man etwas unterrichtet, und sei es nur etwas Simples, muss ein ganz anderer Prozess in Gang gesetzt werden. Eine Art soziales Lernstück. Colin, ein Volontär, der sechs Monate bei uns war, schaffte es in kurzer Zeit, sich mit den einheimischen Jungs zusammenzutun. Er ging ins Cross-fit. Damit war er bei den Leuten. Man kann auch tanzen gehen oder Karaoke machen. In Coca sind Karaokebars sehr beliebt. Es muss ja möglich sein, aus dem Schema »I tell you, don't tell me«, das von einer oberflächlichen und überheblichen Grundeinstellung diktiert wird, auszubrechen. Man muss von diesem hinderlichen und am Ende leicht rassistischen Helfersyndrom weg. Wahrscheinlich komme ich nicht darum herum, mit zukünftigen Volontären zuerst einen Kultur-Crashkurs zu machen. Darauf vertrauen, dass sie den Weg aus ihrer Whatsapp-, Netflix-, Facebook-Komfortzone selbst finden, werde ich in Zukunft nicht mehr. Vor allem brauchen sie klar strukturierte Aufgaben, die sie in der Zeit, in der sie bei uns sind, auch bewältigen können.

Zwei junge Frauen, Cecile aus der Schweiz und Lorena aus Deutschland, fuhren, nachdem sie bereits drei Monate mit der Gegend vertraut waren, mit dem ihnen bekannten Kanuführer für zehn Tage ein Dorf nach dem anderen ab, um die Informationen zu den einzelnen – entstehenden oder bestehenden – touristischen Angeboten zu sammeln. Bilder mussten gemacht, Ansprechpersonen gesucht werden. Das Ziel war: Eine Webpage zu erstellen, die dann auch als Werbeplattform genutzt werden konnte. Als schließlich die Webpage stand, ein Klacks für die internetgeschulten, kreativen und schnell denkenden Frauen, ging es darum, die Seite in die Verantwortung der Organisation zu übergeben. Das aber entpuppte sich als die große Crux. Warum es wichtig ist, eine solche Seite zu unterhalten, zu aktualisieren und zu bewirtschaften, war und ist dem jungen Indigenen, mit dem sie zusammenarbeiten, nicht beizubringen. Die Seite steht, ist auch im Internet. Aber wenn Cecile oder Lorena nicht jeden zweiten Tag vorbeischauen, passiert nichts damit. Und bald kommt der Tag, an dem die beiden Frauen nicht mehr im Büro der Organisation auftauchen – ja, alle Räder stehen still …

Mein ecuadorianisches Team am Napo besteht aus der Schiffsmannschaft mit dem Kapitän, einem erfahrenen Küchenchef, einer Buchhalterin und einer Anwältin in Quito, die mir den Rücken freihält. Diese Leute werden aus dem Budget der Cuisine bezahlt. Sie leben ihren ecuadorianischen Alltag und bewegen sich dementsprechend wie Fische im Wasser. Ich habe, mit Unterbrechungen, bald 26 Jahre in diesem Land verbracht und bleibe der Fremde, der Gringo. Nach wie vor steigen die Preise, wenn ich mit einem Bund Zwiebeln dastehe und mir die Marktfrau in die Augen schaut. Da nutzt auch mein akzentfreies Spanisch nichts. Nicht nur ihre Uhren gehen anders, sie halten nicht viel von Pünktlichkeit, auch ihre Herzen scheinen in einem anderen Rhythmus zu schlagen. Einem langsameren. Sie wollen nicht das Gleiche wie wir. Sie haben andere Sehnsüchte, andere Wünsche, spielen andere Spiele und glauben an andere Götter. Wohlstudierte Sozio-, Anthropo-, Ethno- und andere Logen können sich Äste abbrechen und Beine ausreißen. Natürlich ist der Versuch, das andere zu verstehen, lobenswert. Aber es geht nicht darum, die anderen zu erkennen und zu analysieren. Sie sind keine interessanten Käfer, die ihren Weg in den Katalog suchen. Es geht darum, unser Eigenes nicht zu verstecken und deren Eigenes nicht zu unterschätzen. Dann gibt es Wege, Gemeinsamkeiten zu entdecken. Karaoke zum Beispiel. Oder Cross-fit. Oder Essen und Trinken.

23 Die großen Pläne

Brot gebacken, Hühner gerupft und darüber nachgedacht ... Don Angel, Sie sind ein guter Mensch ... Ich bedankte mich für die Visitenkarte ... Der Dschungel, Lebensraum und Zukunft ... Nach Hause in das eigene Projekt.

Drei Jahre lang ist das Schulschiff bereits auf dem Napo unterwegs. Rund 250 Teilnehmer haben in den einmonatigen Kursen Englisch radebrechen gelernt, haben nach eigenen und unseren Rezepten Yuccapüree gestampft und danach den Verkaufspreis errechnet. Haben Brot gebacken, Hühner gerupft und darüber nachgedacht, wie viele Töpfe ein Koch in der Küche braucht, warum Gas praktisch und Holz günstig ist, wenn es ums Wasserkochen geht. Wir haben über die fremden Gäste geredet und über die Aufgaben, die damit verknüpft sind. Unsere Absolventen treffen wir immer wieder an, sie arbeiten in ihren kleinen Gästehäusern oder sind bei den Ölfirmen untergekommen als Küchenhilfen, als Kellner in den Kantinen oder in den Küchen der Restaurants in Coca. Doch mit der Zeit ist uns klar geworden, dass das, was wir vermitteln nicht ausreicht, um einen Schritt auf eine nächsthöhere berufliche Stufe zu machen. Das hat nicht nur mit unserer knappen Ausbildung zu tun, es gibt noch Gründe die eine andere, wichtigere Rolle spielen.

Ramon, ein Mestizo vom unteren Napo, ist ein begabter Koch, er hat bereits bevor er bei uns war, in verschiedenen Küchen gearbeitet, kann mit Lebensmitteln umgehen, ein Küchenmesser füh-

Das Schulschiff am frühen Morgen (Samuel Schläfli)

ren, und man braucht ihm nicht zu sagen, dass er eine Schürze tragen soll, wenn er am Herd steht. Nach dem Monat bei uns konnte ich ihn im Restaurant »Papées« in Coca unterbringen. Das »Papées« wird von einem ehemaligen Petrolero, Angel Losado, geführt, der westlich denkt. Seine Speisekarte ist international. Spaghetti Carbonara, Steaks vom Grill, reichhaltige Salate und knusprige kleine Empanadas. Die Küchenbrigade wird von Angels Frau Magalli geleitet, die für die Rezepte zuständig ist und die Küchenabläufe dirigiert. Magalli ist halb Kichwa, halb Italienerin, eine gut aussehende, freundliche Gastgeberin. Der Laden der beiden läuft. Gastgeberei aus Leidenschaft, die belohnt wird von einer zahlungskräftigen Klientel aus Ingenieuren, lokalen Politikern und was man so die Oberschicht nennt. Zumindest sind es die Leute, die in Coca Geld haben. Schließlich bezahlt man für ein Chateaubriand vom Grill 23 Dollar. Mit goldgelben Pommes frites, Broccoli, Karotten und Spinat. Ein Klassiker. 23 Dollar sind ein stolzer Preis in Puerto Francisco de Orellana, wo ein währschaftes Mittagessen hinter dem Busbahnhof mit Suppe, Reis und Huhn zwei Dollar kostet. Magalli kauft das Fleisch auf dem Markt, lässt es selbst reifen. Ich wills nicht beschwören, aber ihr Filetstück kann sich jederzeit messen mit einem vergleichbaren Filet in einem guten Restaurant in Düsseldorf, Hannover oder Hamburg.

Nein, Produkte aus der Region bieten sie nicht an. »Würden wir gerne«, sagt Magalli, »aber von dem Rindsfilet leben wir.« Kein schlechtes Leben, vor dem eigenen Lokal steht ein weißer Allrad-Pick-up und die Familie kann sich auch mal Ferien leisten. Ich gehe selbst hin, wenn mir die Yucca und die gekochten Bananen zum Hals heraushängen. Das »Papées« ist vergleichbar mit dem Napo Wild Life, ein Beweis dafür, was hier möglich ist.

Dort haben wir Ramon hingebracht. Er war gleich begeistert und fügte sich – schweigsam, aber effizient – in das »Papées«-Team ein. Bis eines Tages einer der anderen Köche an einem ruhigen Abend auf Angels Handy anrief und hastig sagte, dass etwas passiert sei. Magalli und Angel, die bei Freunden eingeladen waren, sprangen daraufhin in ihr Auto. Als sie kurz danach am Ort des Geschehens eintrafen, war Ramon nirgends zu sehen. Er sei, so teilte der Kochkollege mit, in der Toilette verschwunden, man habe klirrende Geräusche gehört und offenbar habe er sich dort eingeschlossen. Er reagiere nicht auf Klopfen oder Rufen, man mache sich Sorgen. Woraufhin Angel, breitschultriger Petrolero, kurzerhand die Toilettentür aufbrach. Dort lag kaum bei Bewusstsein und blutüberströmt, Ramon auf dem Fußboden. Er hatte tiefe Schnittwunden im Gesicht. Der Spiegel über dem Handwaschbecken war in Scherben. Ramon wurde umgehend in den Wagen verfrachtet, ins Unfallkrankenhaus gebracht, wo die Wunden im Gesicht versorgt und genäht wurden. Angel blieb die ganze Zeit da. Als die Ärzte Ramon spät nachts entließen, nahm er den immer noch Benommenen wieder mit und brachte ihn nach Hause ins Personalzimmer. Damit er sich erst einmal ausruhen konnte.

Und so geht die Geschichte weiter: Lange vor Sonnenaufgang klopft es am Garagentor von Angel Losada. Draußen steht, sauber gekleidet und gewaschen, Ramon. Er tritt einen Schritt zurück, als der verschlafene Angel öffnet. »Don Angel, Sie sind ein guter Mensch. Aber ich kann nicht bei Ihnen bleiben. Gestern Nacht, Sie haben es gesehen, ist ein böser Geist aus dem Spiegel gesprungen und hat mich angegriffen. Fast hätte er mich umgebracht. Ich muss nach Hause, man wartet dort auf mich. Es tut mir leid, ich war gerne bei Ihnen. Ich bedanke mich und wünsche Ihnen und der Doña Magalli nur das Beste.« Spricht, wirft sich den Rucksack mit seinen Habseligkeiten über die Schulter und geht davon, bevor Angel auch nur zu einer Antwort ansetzen konnte.

Später, als Magalli das Zimmer betritt, in dem Ramon gewohnt hat, kommt es ihr vor, als hätte nie jemand darin gewohnt. Er war keine zwei Monate im »Papées«.

Monate danach treffe ich ihn. Dort, wo er wohnt, am Fluss mit seiner Frau und den drei Kindern, acht Kanustunden von Coca. Er ist mein Freund.

Weder Angel noch Magalli noch meine Schiffsmannschaft noch die Anwältin in Quito haben seine Geschichte je in Frage gestellt. Ja, solche Geister gibt es, ja, er musste gehen, nein, man kann ihm keinen Vorwurf machen. So ist das Leben.

Gute höhere Fachschulen, meist private und teure Institute, gibt es. Aber auch dort sind die Kurse und Lehrgänge nicht wirklich auf die Bedürfnisse der Bevölkerung zugeschnitten. Interkulturalität scheint in einem Land, in dem Dutzende von Sprachen gesprochen werden und ein indigener Bevölkerungsanteil von fast 40 Prozent täglich sichtbare Realität ist, nur eine folkloristische Rolle zu spielen.

Zwar wurden wir von allen Seiten gelobt. Der Plan, die Schule per Schiff in die Dörfer zu bringen, leuchtete ein. Doch den Schülern wurde, unter anderem wegen der fehlenden staatlichen Anerkennung, kein Anschluss an bereits bestehende Programme offeriert. Für Gastronomie und Hotellerie gibt es in Ecuador nur Ausbildungsangebote an den Universitäten. Die Unis aber sind teuer. Und verlangen wie überall einen Mittelschulabschluss. Der ist im Urwald nicht selbstverständlich. Zudem verlangen die Unis Gebühren, die kein Kichwa, kein Waorani und kein Cofan aufbringen kann. Wenn sich ein junger Kichwa auf den Weg zur Uni nach Quito macht und Glück hat, erhält er einen Studienzuschuss – und schon verändert sich sein Umfeld radikal. Das unter Mitstudierenden durchzuhalten, die oft verächtlich auf den Indio herabsehen, ist hart. So sind Studienabbrüche vorprogrammiert. Nur wenige schaffen es, und wenn sie es geschafft haben, kehren viele nicht in ihre Gemeinden zurück.

Die Lehrgänge sind an internationalen Vorbildern ausgerichtet. Ein ausgebildeter Universitätskoch, der sich jetzt offiziell »Chef« nennen darf – das ist die Berufsbezeichnung in seinem Abschlussdiplom –, hat ein enormes theoretisches Wissen, weiß, wer Escoffier und Boçuse sind, kann einen computergesteuerten Umluftofen bedienen und ist über die neuesten Entwicklungen im Gourmetbereich auf dem Laufenden. Er hat aber noch nie einen Küchenboden aufgenommen oder einen Herd geputzt. In den meisten europäischen Ländern ist Koch ein Lehrberuf. Der Lehrling arbeitet in einem funktionierenden Betrieb und als Teil einer Küchenmannschaft. Da gehört Bodenputzen dazu. Ein studierter Chef, der sich nicht auch als Handwerker versteht, wird kaum mehr selbst am Herd stehen und einen Mittagsservice schmeißen. Er organisiert, kauft ein, schreibt Rezepte und jammert darüber, dass er keine erfahrenen Mitarbeiter findet. Genau hier wollen wir ansetzen. Wollen junge Leute zum Tourismus-Allrounder ausbilden, der auf verschiedenen Arbeitsgebieten – wie Service, Küche, Rezeption, Buchhaltung, Marketing – genügend Grundkenntnisse mitbringt, damit er an jeder Ecke seine Aufgabe erfüllen kann. Wir reden hier nicht von Hoteldirektoren, die Tausend-Betten-Burgen auf den Malediven leiten. Es braucht dringend Leute, die einen Kleinbetrieb effizient führen können. Und das in der eigenen Dorfgemeinschaft.

Dazu gibt es keine Angebote. Dreitägige Schnellkurse im Kuchenbacken oder Küchenhygiene, von der SECAP zertifiziert, gibt es ohne Ende. Aber sie sind die fotokopierten Blätter nicht wert, die den Schülern zum Lesen daheim mitgegeben werden.

Rauchen verbindet. Während eines Kitchen Battle in Zürich stellte mir Martin, der Präsident der Cuisine, einen Mitarbeiter einer großen Firma vor, der sich wie ich in einer der Pausen vor den Eingang stellte und eine Zigarette rauchte. Wir gerieten kurz ins Gespräch und er meinte, ich solle mich doch mal melden. Ich bedankte mich für die Visitenkarte und steckte sie ein, ohne sie genauer zu betrachten.

Ein paar Wochen später machte ich einen Besuch am Firmensitz der Gate Group, dem weltweit größten Zulieferer von Bordverpflegung für Airlines jeder Provenienz. Da das Airline Catering eine internationale Sache ist, unterhält die Gate Group auch in den beiden größten Flughäfen Ecuadors, in Guayaquil und in Quito, entsprechende Produktionsstätten. Von diesem ersten Besuch bis zum Unterschreiben eines Kooperationsvertrages, der es der Cuisine ermöglichte, die Schule für gastronomische und touristische Ausbildung in Santa Rosa am unteren Napo aufzubauen, vergingen knapp zwei Jahre.

Doch ich greife vor. Im vollen Vertrauen darauf, dass wir jetzt für die Cuisine Geld bekommen würden, plante ich schon mal auf gut Glück. Dabei hatte ich alle Hände voll zu tun. Die Universität in Esmeraldas erklärte sich schließlich bereit, ihren guten Namen herzugeben und ein technisches Diplom auszustellen, wenn wir den Lehrplan mit der Uni koordinieren würden. Franklin Cox, der Vorsteher des Kantons Aguarico und Alcalde des Städtchens Tiputini, ließ sich überzeugen, uns eine verlassene Schule in Santa Rosa, einer indigenen Gemeinde am unteren Napo, zur Verfügung zu stellen. Die entsprechende Vereinbarung mit der Gemeinde Santa Rosa lag fixfertig auf dem Tisch. Ich hatte ein Team am Start, das nur auf mein Zeichen wartete. Eine Schulküche und Unterkünfte für die Studenten mussten gebaut, Verträge ausgehandelt und unterschrieben werden. Ich hatte in den letzten Monaten mit Dutzenden von Organisationen gesprochen und ihnen, mich auf dünnem Eis bewegend, Versprechungen gemacht. Am Tag der entscheidenden Sitzung mit den Vertretern der Gate Group – es ging um »to be or not to be« des ganzen Projekts – funktionierte in Tiputini kein Internet. Dort war ich nämlich und versuchte immer wieder, mich in die bewusste Sitzung einzuschalten. Schließlich klappte es ganz banal mit dem Handy und über eine miserable Telefonverbindung. Martin teilte mir mit: »Es hat leider nicht geklappt, die Gate Group ist nicht dabei!« Das war ein richtig schlechter Scherz, der mich kurz an einem Herzkasper vorbeischliddern ließ. Dann erklärte mir Martin, von atmosphärischen Interferenzen gestört, dass er eben einen sacklustigen Witz gemacht habe und die Gate Group dabei sei.

Ich hatte grünes Licht.

Die Gemeinde Santa Rosa, in der »El Fogon« – so der Name der Schule – erbaut wird, liegt am unteren Napo im Nordosten Ecuadors. »El Fogon« bezeichnet die Herdstelle und das Feuer, um das sich die Familien zu gemeinschaftlichen Aktivitäten treffen. Es ist der Mittelpunkt indianischen Lebens. Der Nationalpark Yasuní liegt ein paar Paddelschläge entfernt auf der anderen Seite des Flusses. Zur Grenze nach Peru ist es eine gute Kanustunde. Dort liegen auch die Stadt Nuevo Rocafuerte und die Kapuzinermission. Es ist eine Stadt, weil es dort einen Laden, ein Hotel, eine Mittelstufenschule, eine Kaserne und ein Spital gibt. Lenin Moreno, der jetzt, während ich dies schreibe, noch Präsident Ecuadors ist, stammt aus dieser Stadt, die etwa 300 Einwohner hat. Früher war Nuevo Rocafuerte Verwaltungshauptstadt des Kantons Aguarico. Jetzt ist es das Städtchen Tiputini, das zwar nur 150 Einwohner und keine Schule und kein Spital sein eigen nennt. Wieso diese Rochade gemacht wurde, weiß niemand genau. Im ganzen Kanton wohnen rund 5 000 Menschen. Fast ausschließlich indigener Abstammung. Sämtlicher Verkehr wickelt sich über den Fluss ab. Die nächste Straße liegt 250 Kilometer weiter im Süden. Der Dschungel, der uns dort umgibt, ist Lebensraum und Zukunft der Bewohner.

Die Ausbildung, die wir anbieten, gliedert sich in vier Abschnitte. Drei Monate lang lernen wir in Santa Rosa auf einfachen, aber modernen Holzherden die Küchen- und Ernährungsgewohnheiten des Urwaldes. Holzherde deswegen, weil in jeder Familie mit Holz gekocht wird. Wenn wir die ursprünglichen Zubereitungsarten mit den saisonalen Produkten und dem Hintergrund der Region kennenlernen wollen, ist es sinnlos, mit Gas oder gar mit Strom zu arbeiten. In Santa Rosa haben wir Gelegenheit, mit den indigenen Bauern, Fischern und Jägern in direktem Kontakt zu arbeiten, von ihnen zu lernen und mit ihnen Gerichte zu kreieren. Die verschiedenen, für den Tourismus spannenden kulturellen Eigenschaften der Bewohner um uns herum werden in der Ausbildung berücksichtigt. Zwei Hektar Dschungel stehen für eine »Chacra« zur Verfügung. Ein Modellgarten, in dem die umweltangepasste Bewirtschaftung der Bäume, der Büsche, Kräuter und der traditionellen Gemüse und Früchte wie Yucca, Papaya und Bananen demonstriert wird. Es gilt, die verschiedenen Pflanzen, die in der Ernährung hier eine Rolle spielen, zu kennen und ihre Zeiten und ihre Verwendung zu erlernen. Dieses Wissen ist in den Coca-Cola-Zeiten verloren gegangen. Gleichzeitig werden Basishygiene, Werkzeugkunde und Küchenorganisation in Theorie und Praxis gelehrt und angewendet. Die Schule ist in sich geschlossen, der nächste Ort, Tiputini, nur durch einen Fußmarsch von eineinhalb Stunden zu erreichen. Leben, Lernen und Arbeiten findet in der Gemeinschaft von Schülern und Lehrern statt. Die Schüler kochen unter Anleitung der Lehrer dreimal am Tag für alle. Die ganzen Unterhaltsarbeiten werden ebenfalls von ihnen erledigt und auch in der »Chacra« pflanzen sie an, jäten Unkraut und ernten als praktische Arbeit.

Nach drei Monaten wird der Kurs mit 25 Schülern für die nächsten drei Monate nach Coca verlegt. In Coca steht die Casa Albergue indígena, ein vom Vicariato unterhaltenes Seminarzentrum mit Unterkünften, Schulungsräumen und einer Küche. Die gastronomische Ausbildung wird hier fortgeführt, jetzt aber mit dem Schwerpunkt »einfache internationale Basis« und diese wird dann mit den Erfahrungen der ersten drei Monate verknüpft. Lagerung, Konservierung und Verarbeitung von behandelten Lebensmitteln ist ein weiteres Thema. Wir besuchen Märkte und Supermärkte. Schauen uns alle Fertigprodukte an, vom Keks bis zur Lasagne. Der

Englischkurs, der in Santa Rosa bereits am ersten Tag begonnen hat, geht hier weiter. Da ein guter Gastgeber über seine Region Bescheid weiß, machen wir uns daran, die Verkehrsverbindungen, die Sehenswürdigkeiten, die Feste und was es sonst noch alles gibt, anzuschauen, und wir befassen uns mit Geschichte und Staatskunde. Jetzt verwandeln wir uns bereits in Gastgeber, mal lädt die eine Hälfte der Gruppe die andere ein, dann umgekehrt. Gäste kommen von außen zu einem Fest auf dem Schiff. Und immer weiter kochen, einkaufen, putzen, waschen, die Menüs berechnen und die Angebote der Reiseagenturen analysieren.

Die letzten drei Schulmonate finden in der Universität in Esmeraldas statt. Diesmal in einer ganz anderen Welt – in der afroecuadorianischen Stadt am Pazifik. Jetzt geht es ans Eingemachte: Umgang mit dem Internet, Aufbau einer Webpage, Buchhaltung mit allen Schikanen, Steuer, Personal und Lohnwesen, Marketing und Administration, Projektplanung, Businessplan, internationale Organisationen und Ansprechpartner, Planen von Touren, Umweltschutzmaßnahmen. Gewohnt wird auf dem Campus, gekocht wird in der Schulküche, und auf dem Campus gibt es auch ein Restaurant, das probeweise geführt werden kann. Und jeder spricht inzwischen Englisch. Die monatelange Ausbildung ist im Flug vorbei.

Doch bevor die Schüler nun ihr Diplom erhalten und endlich ihren Abschluss feiern dürfen, werden sie im Land verschickt. Drei Monate Praktikum. Zum Beispiel bei der Gate Group. Oder im Swisshotel in Quito oder in einem Resort in Baños oder in einem Hippiehotel in Montanita. Vielleicht auch in einer Reiseagentur oder als Verkäufer in einem Souvenirladen an der Avenida Amazonas in Quito.

In Coca auf dem Schiff findet dann die Diplomfeier statt. Auch dabei müssen sie noch einmal selbst Hand anlegen. Einladungen verschicken, ein Programm entwickeln. Und dann hinaus in die Welt zur Gesellenzeit oder nach Hause in das eigene Projekt.

Der ganze Lehrgang ist gratis. Wir bemühen uns um Stipendien. Gerade die Interessierten aus den kleinen Projekten, die miteinander an einer Zukunft für die Gemeinde arbeiten wollen, haben kein Geld. Was sie auch nicht haben, ist Zeit. Sie sind eingebunden in die Aufgaben der Gemeinde, haben oft bereits als junge Leute eigene Kinder. Sie können nicht einfach weg. Wir versuchen daher, den Lehrplan so intensiv wie möglich vollzupacken, doch unter einem Jahr ist das Pensum nicht zu schaffen. Persönlich halte ich das Praktikum zum Schluss für unentbehrlich. Schauen, wie es die anderen machen. Dank der Gate Group und dank der guten Vereinsführung in Zürich bin ich zuversichtlich, diese Aufgabe jetzt und in Zukunft zu meistern.

24 Das Haus am Fluss

Ein struppiges, katzengroßes, weißschwarzbraunes Beuteltier ...
Was gestern richtig war, kann morgen falsch sein ... Völlig sinnlo-
ses Funkgerät ... Ein Hoffnungsträger, ein Macher, ein Mensch ...
Harmonie, Frieden und ein voller Bauch.

Drei Jahre lang hatten wir in Coca in einem schrecklichen Betonwürfel gewohnt, der sich bis zur Unerträglichkeit erhitzte und in
dem bei Regenstürmen das Wasser von der Decke tropfte. Für dieses Elend, das ich mit meinem Assistenten und den wechselnden
Freiwilligen aus Europa bewohnte, bezahlte ich eine viel zu hohe
Miete. Ich war neu in Coca gewesen, und nach dem Grundsatz
»Jeder Ausländer ist eine Milchkuh« wurde berechnet. Schließlich
brachten die täglichen Stromausfälle und die Ratten in der Küche
das Fass zum Überlaufen.

Neidisch hatte ich immer wieder die Wohnsitze der deutschen
Entwicklungshelfer in Coca beim Vorbeifahren betrachtet. Holz-
häuser, zweistöckig mit kleinen Terrassen und gepflegten Gärten.
Direkt am Río Payamino, wo die Fischer ihre Netze auslegen und
am anderen Ufer grün und freundlich der Wald steht. Als dann die
Gesellschaft für Internationale Zusammenarbeit ihren Sitz in Coca
aufgab, wurde das Objekt meiner Begierde frei. Es war das reine
Glück, dass ich den Vermieter auf der Straße traf. Gerade war der
Ölpreis auf nie gekannte Tiefen gefallen und wer voller Gottver-
trauen auf gute Geschäfte nach Coca gewandert war, wanderte jetzt

wieder davon. So brach auch der Markt für zahlungsfreudige Mieter zusammen – und das erträumte Haus stand schon seit drei Monaten leer. Ob ich denn noch Interesse hätte? Für einen guten Preis? Wir wurden schnell handelseinig. Verhandeln hatte ich mittlerweile gelernt. Der Preis war am Ende der gleiche wie für den Betonwürfel mit Nagern in der Küche und Pfützen im Schlafzimmer.

Ab und zu spaziere ich heute noch am Würfel vorbei. Er bleibt wohl unbewohnt. Grüner Schimmel kriecht an seinen Außenmauern hoch.

Das Haus am Fluss steht auf niedrigen Pfählen und unter ihm wohnt ein struppiges, katzengroßes, weißschwarzbraunes Beuteltier. Ein Zarigüeya, ein Opossum. Meist schleicht es in den frühen Morgenstunden durch die Büsche, Blätter und Blumen des Gartens. Neuerdings trägt es Junge auf dem Rücken mit sich herum. Wenn es mich sieht, bleibt es stehen und schwarzäugt mich an. Offenbar haben wir zu einer guten Nachbarschaft gefunden.

Ich sitze gerne mit meiner Tasse Kaffee auf der gedeckten Küchenterrasse und schaue auf den Fluss hinaus, auf dem die letzten Nebelfetzen der Nacht verdampfen. Ab und zu verirren sich ein paar Kapuzineräffchen in die große Akazie, die dem Haus Schatten spendet. Dann springen sie zu meiner Unterhaltung von Ast zu Ast. Sie sind scheu und vergreifen sich nicht an meiner Brille oder dem Feuerzeug auf dem Tisch.

Mein Cherokee Chief, 35 Jahre alt und feuerwehrrot, steht auf dem Kiesplatz, der zum Haus gehört. Das ideale Auto, um damit in den Dschungel zu fahren. Jeder Dorfschmied kann ihn flicken, und hat das Auto auch ein paar Rostflecken, so sind es doch echte Narben vergangener Zeiten. Patina. Der Payamino steigt und fällt mit dem Regen in den östlichen Kordilleren, sein Ursprung liegt in den Abhängen und Schluchten des mächtigen Vulkans Gran Sumaco. Große rote, gelbe und weiße Blumen wachsen im Garten, der vom Besitzer liebevoll gepflegt wird. Auch er hat nichts gegen das Beuteltier, es frisst Mäuse, sagt er. Die Idylle am Fluss scheint mir wie eine Bestätigung dafür, dass wir auf dem richtigen Weg sind. Die Arbeit fühlt sich leichter an, seit es einen Rückzugsort gibt, wo man sich ausruhen, Gäste auf der Küchenterrasse empfangen kann und wo es sich in angenehmer Umgebung arbeiten lässt. Ich teile das Haus mit seinen fünf Zimmern und den drei Badezimmern mit meinen Mitarbeitern.

Das eigentliche Büro ist auf dem Schiff. Dort werden Besprechungen abgehalten, Verhandlungen geführt und Entscheidungen gefällt. Nachdem ich in den letzten Jahren meine Buchhaltung mit Ach und Krach so geführt habe, dass von Seiten des Fiskus keine Gefahr drohte, konnte ich diese Aufgaben mittlerweile abgeben und freue mich immer, wenn ich am Monatsende die computerausgedruckte Bestätigung in Händen halte, dass alle Löhne, alle Versicherungen und alle Abgaben pünktlich bezahlt worden sind. Der Schiffsmotor läuft perfekt, die Wartungsarbeiten am Schiff werden ohne Diskussionen durchgeführt, die Papiere sind in Ordnung, das Dach ist dicht und die Kurse laufen. Die Cuisine hat sich am Napo einen Namen gemacht, man schätzt unsere Arbeit.

Regen am Napo (Colin Walder)

Ecuador ist, seit ich es kenne, kein stabiles Land. Wenn auch die Regierungszeit Correas einige Fortschritte gebracht hat, so ist mit Präsident Moreno der Klammergriff des Neoliberalismus wieder neu angesetzt worden. In welchen rechtlichen Zusammenhängen unser Gastgeberkonzept zu funktionieren hat, ist immer wieder unklar. Korruptions- und Justizskandale vermitteln ständige Unsicherheit. Politische Richtlinien, die zu einer gesunden Verwaltung gehören, werden im Halbjahrestakt neu definiert. Was gestern richtig war, kann morgen falsch sein. Meine geburtsbedingte Sicherheit, als Schweizer jederzeit jammernd zur Botschaft laufen zu können, meine relativ klare Aufgabe, die ich mir zusammen mit dem Verein in Zürich selbst erarbeitet hab, stößt immer wieder auf unbekannte Hindernisse. Plötzliche Gesetzesänderungen – Unkenntnis schützt vor Strafe nicht – bedrohen immer wieder das Projekt. Die ständige Abwehr dagegen, von irgendeiner Kommission, einer Partei oder einem Gschaftelhuber vereinnahmt zu werden, ist eine Sisyphusarbeit. Und kommt die Gefahr nicht von außen, kommt sie von innen. Trotz Küchenterrasse und Beuteltier gibt es Tage voller Selbstzweifel oder Ohnmacht. Ständig lauernde Unbekannte drehen Kreise um uns herum, sind nicht zu fassen. Der Gedanke, mit einer gastgeberischen Geste Impulse zu setzen, Menschen an einen Tisch zu bringen, um sich dort in Tischgesprächen spielerisch mit sich selbst und mit der Utopie einer neuen Gemeinsamkeit zu beschäftigen, ist manchmal schwer aufrechtzuerhalten. Was einfach und einleuchtend erscheint, kann in seiner Ausführung angesichts des Marineunteroffiziers, der die Macht hat, mich und mein Schiff per Dekret an der Landestelle festzuhalten, plötzlich wahnsinnig kompliziert werden. Ich bin nicht uneinsichtig, ich bin bereit, den Vorschriften und Auflagen, die mir gemacht werden, Folge zu leisten. Sträubt sich auch alles in mir, kaufe ich doch zu einem irrsinnigen Preis ein völlig sinnloses Funkgerät oder 40 Schwimmwesten, damit die jährliche Inspektion des Schiffes klar geht. Tatsache ist, dass man sich auf diese Weise in den Augen derjenigen, die diese kleinlichen Machtspiele ausüben, zum Idioten macht. Ich könnte es auch anders lösen, ich könnte den beiden Inspektoren je eine Flasche Whiskey und einen Hunderter in die Hand drücken. Und gut ist! Sollte ich aber, was ich mich bisher nicht getraut habe, die

Herren Inspektoren anzeigen, nach erfolgter Bestechung natürlich, bräuchte ich nicht zu hoffen, je wieder eine Inspektion zu überstehen. Irgendetwas findet sich immer. Die Korruption ist eine Hydra, die sich nicht zum Abendessen einladen lässt. So wie sich der Handwerker beim Einkauf von Material für den Bauherren eine kleine Kommission in die Hand drücken lässt, so kauft sich der Landesvater auf Staatskosten eine hübsche Eigentumswohnung in Panama. Kleine Vorbereitung aufs Exil. Das heimliche Geben und Nehmen zieht sich durch alle Schichten und Klassen, verhindert jede vernünftige Kostenabrechnung und treibt unverschämt üppige Blüten.

So vermutet jeder hinter den Absichten der Cuisine einen Plan B. Es kann doch gar nicht sein, dass solche Mittel in Bewegung gesetzt werden ohne einen hinterhältigen Plan. Misstrauen ist besser als Vertrauen, so haben Mann, Kind und Frau es bitter erfahren müssen. Schlaflose Nächte haben genau in diesem Misstrauen, das uns immer wieder entgegenschlägt, ihren Ursprung. Um das Misstrauensaxiom zu brechen, braucht es Zeit, Geduld und, da schließt sich der Kreis, lange Tischgespräche.

Die Cuisine braucht für ihre Vorhaben Verbündete vor Ort. In einer korrupten Gesellschaft, wo die Netzwerke überaus fragil sind, sind alle Verbindlichkeiten unverbindlich. Franklin Cox ist seit 19 Jahren Präsident des Kantons Aguarico. Er ist beliebt, kennt auch die abgelegensten Gemeinden, unterstützt verschiedenste Initiativen im Yasuní und sieht im Tourismus eine Möglichkeit für »seinen« Kanton. Als er vom Schulprojekt der Cuisine gehört hatte, lud er uns ein, an der Gemeindeversammlung von Santa Rosa teilzunehmen und dort unser Projekt vorzustellen. Dank seiner war die schwierige Frage nach dem Standort lösbar und stimmten die Einwohner von Santa Rosa dem Projekt zu. Alleine hätte ich das nicht geschafft. In den letzten 20 Jahren ist es ihm gelungen, eine Balance zu erarbeiten zwischen den ständig expandierenden Firmen, die fossile Rohstoffe ausbeuten, und den sich wehrenden Dorfgemeinschaften. Beide Seiten haben ihn als Mediator akzeptiert. Ihm ist es auch zu verdanken, dass die indigenen Gemeinden Zugang haben zu den Entschädigungen, die Teil der Konzessionsvereinbarungen mit dem Staat sind. Mit dem Geld konnten infrastrukturelle Verbesserungen wie Trinkwasseranlagen, Transportmöglichkeiten, Schulen, ambulante Gesundheitszentren und Verkaufswege für die landwirtschaftliche Produktion aufgebaut werden.

Cox ist natürlich nicht unumstritten. Man wirft ihm vor, seine Position ausgenutzt, Kommissionsgelder abgezweigt und bei jedem Geschäft seinen Schnitt gemacht zu haben. Kann sein. Was aber unumstritten bleibt, sind seine Verdienste für den Kanton. Er wurde viermal wiedergewählt. Die ersten drei Amtszeiten dauerten fünf Jahre, die letzte noch vier Jahre, nachdem unter Correa die Mandatsperioden um ein Jahr verkürzt worden sind. Bei den letzten Kommunalwahlen im März 2019 konnte er nicht mehr kandidieren, denn nach vier Perioden im Amt erlaubt die Verfassung keine weitere Kandidatur. Er machte sich stark für einen indigenen Kandidaten, begleitete den während der Kampagne, doch am Wahltag unterlag sein Favorit. Danach zog ein neuer Kantonspräsident in den Verwaltungssitz in Tiputini ein und praktisch die ganze Beamtenschaft wurde ausgewechselt. Nun sitze ich wieder in diversen Vorzimmern.

Franklin Cox ist für mich ein gutes Beispiel eines Mannes, der seine Fähigkeiten zum Vorteil seiner Region einsetzt. Die Waorani haben ihn zum Ehrenstammesmitglied gemacht, er hat mit Rat und Tat den Kichwa-Gemeinden beigestanden und war bis zum letzten Tag in seinem Büro für jeden Bewohner seiner Region zu sprechen. Als Mestize und damit den Colonos verbunden hat er seine politische Karriere dem Brückenbau zwischen den verschiedenen Kräften gewidmet. Ob Kichwa, Colono, Waorani oder Ölmanager, als »Elder Statesman« ist er ein noch immer unverzichtbarer Politiker im Kanton und in der Provinz Orellana. Und für die Cuisine wird er weiter ein wichtiger Ansprechpartner sein und bleiben. Als Persönlichkeit ist Franklin Cox ein Hoffnungsträger, ein Macher und ein Mensch, dem ich Vertrauen schenke. Er war im Ausland, denkt sowohl lokal als global, hat sich seine Welt, in der er unterwegs ist, selbst ausgesucht und sich seine Stellung erarbeitet. Glaubwürdig hatte er nie nur seinen eigenen Vorteil im Auge, sondern war und ist Teil einer Utopie, für die er mit friedlichen Mitteln kämpft. Versprechungen zu machen, daran zu glauben, damit zu scheitern und die Aufgabe neu anzupacken, zielstrebig zu sein und sich ein Umfeld zu gestalten, in dem er und seine Mitmenschen mitgestalten können, ist bewundernswert. Neben ihm sind alle Entwicklungshelfer, die sich mit großen Plänen im Dschungel herumtreiben, nur Pappkameraden. So verstehe ich meine Aufgabe nicht zuletzt darin, Franklin Cox mit dem, was ich mache, zu verknüpfen, seinen Ratschlägen zu folgen. Ich vertraue ihm. Und er mir.

Das ist der springende Punkt. In den letzten Jahren, sei es am Napo oder bei den anderen Projekten der Cuisine, immer stehen und fallen die Pläne mit den Verbündeten, die man für eine Idee begeistern kann oder von denen man begeistert wird. In einem Klima der Korruption, der geschürten Existenzangst und der schlechten Nachrichten mit den dazugehörigen Zukunftsvisionen die richtigen Partner zu finden, ist eine Herausforderung. Grundsätzlich gibt es ja keine Mitmenschen, die bewusst schlechte Absichten haben. Der Wunsch nach Harmonie, Frieden, Liebe und einem vollen Bauch ist Gemeingut. Und wenn man sich einmal darauf geeinigt hat, wenn sich unsere Vorstellungen auf den kleinsten gemeinsamen Nenner bringen lassen, ist alles in Reichweite. Das setzt zwei Dinge voraus: Erstens, dass alle Menschen die gleichen Rechte haben, und zweitens, dass alle den guten Willen mitbringen, diese Menschenrechte zu leben und leben zu lassen. Das ist nun kein wirklich neuer Gedanke. Aber allenthalben hapert es an der Umsetzung. Niemand wird sich vernünftigen Regeln zum Zusammenleben widersetzen. Schon gar nicht in einem persönlichen Gespräch. Auch nicht der Pilot des Kampfjets, der gerade eine afghanische Hochzeit in die Luft gejagt hat. Er wird irgendetwas Schwammiges im Sinne von »man muss diese Aktion in einem größeren, übergeordneten Rahmen sehen. Es ist komplexer, als man meint« murmeln und noch einen Donut mit Glasur nehmen. Arme Opfer, auch der am Raketenabfeuerknopf. Eine falsch gestellte Weiche in der Evolution? Eine Gier- und Gewaltkonditionierung? Der Teufel? Wenn wir aufhören, den paar Wenigen zuzuhören, die mit ihrer furchterregenden Propaganda glauben, über unser aller Schicksal entscheiden zu dürfen, wird alles gut. Naiv? Wenn es naiv ist, an die gute Option zu glauben und auf sie zu hoffen, bin ich gerne naiv. Das Schöne an dieser Naivität ist, dass ich sie mit fast allen Leuten teile, die auf der Welt herumkrabbeln. Egal welcher Nationalität, Hautfarbe oder Konfession. Der Mensch ist nicht böse und hat auch keine Erbsünde abzubüßen.

Es braucht keine Welt-Konferenzen, keine Wirtschaftssymposien, keine Gipfeltreffen unter Polizeischutz. Im Kleinen liegen alle Anfänge. Miteinander reden genügt, ohne Druck und vielleicht sogar ohne Ziel. Sich zuhören. Teilen statt Übervorteilen. Selber denken statt gedacht werden. Da sind wir wieder bei den Tischgesprächen. Bei uns im Haus am Fluss. Ich koche selbst.

25 Entwicklung und Konsolidierung

Als ich aus dem Vorstand mit trüben Gedanken austrat ... Leberwurstmöglichkeiten ... Eine zehnjährige Aufbauarbeit verabschieden ... Als ernstzunehmendes Hilfswerk ... Weil wir Geld von der Wirtschaft nehmen.

Im November 2015 bin ich nach zehn Jahren Aufbau und Projektarbeit als Präsident des Vorstandes der Cuisine zurückgetreten. Dem sind lange Diskussionen mit den anderen Vorstandsmitgliedern vorausgegangen. Die voraussehbaren Interessenskonflikte als Projektleiter in Ecuador und gleichzeitig Mitglied des Vorstands spielten eine Rolle. Eine andere Rolle spielte die statutenbedingte Tatsache, dass ein Vorstandsmitglied grundsätzlich keinen Lohn beziehen darf, auch nicht als Projektleiter. Ich war gerade 60 Jahre alt geworden. Meine Gesundheit war stabil, mein Engagement für die Cuisine ungebrochen. Aber ich konnte es mir schlicht und simpel nicht mehr leisten, ständig mit irgendwelchen Nebentätigkeiten auf dem absoluten Minimum zu leben und ohne jede finanzielle Absicherung, von Altersvorsorge gar nicht zu reden, meiner liebsten Iris auf der Tasche zu liegen. Die Pläne in Ecuador und am Napo hatten zudem einen Umfang, der vollen Einsatz verlangte. Aber hatte ich nicht San Josecito und Kenia aufgebaut, während ich zugleich das Schifflein Cuisine mitsteuerte? Doch wie auch immer: Wir konnten uns nicht darauf verständigen, zu einer Regelung in meinem Sinne zu kommen, nämlich die Projektleitung

Ecuador und Vorstandsarbeit mit Spesenentschädigung zu vereinen. Als ich dann aus dem Vorstand mit trüben Gedanken austrat, war ich nicht gut gelaunt. Es fiel mir verdammt schwer loszulassen.

Martin Roth, langjähriges Vorstandsmitglied und vielbeschäftigter Inhaber eines Werbebüros sowie Geschäftsführer des Kosmos, eines brandneuen Kino- und Kulturzentrums in Zürich, übernahm meinen Posten. Sein fabelhaftes Netzwerk sollte wesentlich dazu beitragen, die Csf weiterzubringen. Ich hatte ab sofort keinen Zugang mehr zu den internen Abläufen. Der neue Vorstand handelte durchaus korrekt, denn die Geschäftsführerin durfte mir keine Auskunft mehr geben über die finanziellen und strategischen Absichten des Vereins, den ich gegründet hatte. Ich war beleidigt.

Das Napo-Projekt wurde streng nach Vorgabe finanziert. Als ich 2016 eine Budgetüberschreitung von ein paar 1 000 Franken produzierte und das Geld aus eigener, genauer: aus Iris Tasche vorgeschossen hatte, wurde dieses Geld nicht ersetzt. Es war klar, dass die Zeiten des kleinen flexiblen Piratenhilfswerkes vorbei waren. Offenbar hatte der Vorstand es sich zum Ziel gesetzt, in Richtung meiner Person erzieherisch tätig zu werden. Während plötzlich Dinge passierten, die ich vorher immer vermieden hatte. Es wurden Projekte finanziell unterstützt, ohne dass die Csf sich mit eigenen Leuten beteiligte. Es wurden hier ein paar Tausender an ein Waisenhaus in Südafrika gegeben, dort eine Küche unterstützt, die an der Österreichisch-Ungarischen Grenze die Flüchtlingsströme zu regulieren half. Das war natürlich für die Administration des Vereins einfacher. Neue, eigene Projekte wurden nur zögerlich aufgebaut. Ich fühlte mich ausgeschlossen, schlimmer noch: Ich hatte den Eindruck, dass die ursprüngliche Idee der Cuisine, nämlich mit ihrem Konzept direkt in Krisengebieten zu intervenieren, um vor Ort etwas zur Lebensqualität der Betroffenen beizutragen, gerade dabei war unterzugehen.

Was machte diese Entwicklung mit mir? Meine Identifikation mit der Cuisine sans frontières und ihrer Entwicklung rauschte in den Keller. Blieben mir nur noch Beleidigte-Leberwurst-Möglichkeiten? So schrieb ich im Dezember 2016 ein langes Mail an den Vorstand. Unter anderem:

»Kann es sein, dass die momentanen Cuisine-Mitglieder sich eigentlich vor allem dafür interessieren, einfacher zu Kitchen Battle Tickets kommen? Meinetwegen …«

Und: »… administrativer Aufwand einer NPO oder NGO darf eigentlich 20 Prozent nicht überschreiten. Dazu kommt die Gratisarbeit, die geleistet wurde und wird. Ich habe praktisch zehn Jahre lang gratis gearbeitet. Was ist da los? Hier ist etwas passiert, was der Csf ein miserables Zeugnis ausstellt. Wie ich es auch drehe und wende, es ist eine Schweinerei, die für die ganze Csf existenzgefährdend ist! Ich wäre froh, wenn meine Überlegungen dazu widerlegt werden könnten …«

Und: »… wie ich dem Newsletter zu Weihnachten entnehme, wird … nun auch eine weitere Zusammenarbeit mit Flüchtlingshilfsprojekten angedacht. Aus dem Leitbild und den Statuten ergeben sich die Richtlinien für Projekte. Da passiert etwas, was den eigentlichen und ursprünglichen Vorgaben der Csf widerspricht. Wir waren uns lange Zeit einig, dass wir nicht für Flüchtlinge arbeiten, sondern dort, wo die Flüchtlinge herkommen. Es zeigt sich jetzt, dass sich die Csf, anstatt sich um die Einrichtung von gastronomischen Einrichtungen (Treffpunkte und Ausbildung vor Ort) zu kümmern, darum kümmert, den Empfang von Flüchtlingen in den entsprechenden Ländern abzufedern. (Juch, Spittelberg, Lecce.) Abgesehen davon, dass dies nicht den Csf-Aufgaben entspricht, halte ich persönlich diese Ausrichtung für politisch sinnlos. Diese Aufgaben, die von großen staatlichen Hilfswerken mit enormen Budgets erledigt werden müssen, gehören nicht zu unserer Kernkompetenz. Zwar ist es ungleich schwieriger, in Dauerkrisengebieten (Armut, Ausbeutung, Klima und Umweltkatastrophen, Postkriegsgebiete etc.) etwas auf die Beine zu stellen, aber, und das ist Vorstandsarbeit, diese Aufgaben nicht mehr wahrzunehmen, sich nicht um die statutengerechten Einsätze der Csf zu kümmern, ist falsch. Es verwässert die Grundidee und schlussendlich braucht es im Flüchtlingsgeschäft nicht noch eine NPO, die sich hier profilieren möchte.«

Und: »… habe Kolumbien oder Nigeria vorgeschlagen. Das interessiert offensichtlich nicht genügend. Warum wohl? Weil keine Csf-Mitglieder da etwas unternehmen wollen?«

Und: »… lange sind wir der Meinung, wir sollten uns mehr um die Rekrutierung und Ausbildung von Csf-Mitarbeitern kümmern, die man losschicken kann. Ich werde in diesem Bereich ein eigenes Projekt aufbauen. Aber vom Vorstand gibt es keine Signale. Dieses wichtige Aufbauprogramm kommt nicht vor. Und an Aktivisten ist landauf, landab kein Mangel. Es geht darum, Struktur und Aufgaben zu schaffen.

Und: »Als Gründer der Csf macht es mich fassungslos zu sehen, wie sich eine gute Konzeptidee und eine zehnjährige Aufbauarbeit gerade verabschieden.«

Es sind dies nicht die einzigen Kommentare, welche die beleidigte Leberwurst dem Vorstand entgegenquäkte. Hier manifestierte sich etwas, was ich von mir selbst nicht erwartet hatte. Ich hatte Mühe, mich damit abzufinden, nicht mehr großer Zampano zu sein. Mir vorzustellen, wie sich die Vorstandsmitglieder kopfschüttelnd mit meinen Elaboraten auseinandersetzen mussten, macht mir im Nachhinein große Mühe. Es ist Martin, Monique, Ivo, Eva und Sebastian hoch anzurechnen, dass sie unbeirrt von den Kommentaren meines beleidigten Egos an der Sache selbst weiter arbeiteten. Was ich nicht wahrhaben wollte, war die Tatsache, dass ich vor lauter Aktivismus und getragen vom Schwung der ersten Jahre einige wichtige Aspekte vernachlässigt hatte.

Die Cuisine war weit weg davon, ein stabiles Gebilde zu sein. Die eingesetzten Mittel waren zu knapp. Da half auch die dauernde und selbstausbeuterische Gratisarbeit nicht. Es war Tom Gfeller, der sich als Erster mit einer vernünftigen Buchhaltung auseinandersetzte und die Idee der Kitchen Battle umsetzte. Anna Hofmann musste als Geschäftsführerin das von mir hinterlassene Chaos aufräumen. Sie brachte Struktur in die Vereinsführung. Mareike wurde die zweite Frau in unserem Büro in Zürich und machte den Kitchen Battle zu ihrer Aufgabe. Martin als Kommunikationsexperte sorgte mit der Firma, die er und seine Frau Monica betrieben, in vielen 100 Stunden Arbeit für eine gesunde Identität, einen Internetauftritt, der die Cuisine auf einen Schlag als ernstzunehmendes Hilfswerk profilierte. Monique wusste genau, auf welche Streitigkeiten sie sich mit mir einließ, wenn sie, fast schon pedantisch, die Abläufe der Cuisine analysierte und in Frage stellte. Ivo, erfahrener linker Unternehmer, Aktivist der Cuisine in San Josecito, ausgezeichneter Küchenchef und Gastgeber, stellte mir unbequeme Fragen und bot Lösungen. Sebastian betreut jetzt die Projekte in Afrika, im Kongo und in Kenia und ist und bleibt eine kritische Stimme im Vorstand. Eva, Gastgeberin mit Herzblut, verließ den Vorstand, als sie ihr eigenes Geschäft erweiterte und einfach keine Zeit mehr hatte für unsere Arbeit. Auf sie folgte Tobias, seit Jahren im Bereich Entwicklungszusammenarbeit tätig – und sie alle blieben angesichts meiner Tiraden relativ gelassen. Dafür bedanke ich mich. Ja, ich war drauf und dran, mit meinem Eigensinn meine eigene Idee zu torpedieren. Aber ich sah ein, dass es sinnlos war, den täglichen Groll zu pflegen. Und vieles ging einfacher ohne mich.

Glücklicherweise nahm mich mein Napo-Projekt so sehr in Anspruch, dass ich mich gar nicht lange ärgern konnte. So waren – ohne mein Zutun und ohne großes Aufsehen – meine Freunde in Zürich in der Lage, ihre eigenen Prioritäten zu definieren und umzusetzen. Die Csf konsolidierte sich unauffällig. Mein Hang zu spektakulären Aktionen und spontanem Handeln wurde freundlich geduldet. Das Napo-Projekt war bei Weitem das kostspieligste Unternehmen, das die Cuisine bisher gestartet hatte. Während ich in der Provinz Orellana meine eigenen Probleme zu knacken hatte, wurde in Zürich die Plattform, auf der ich tanzte, gehalten und ausgebaut. Der Spielraum, den man mir zugestand, war groß. Rückblickend war es das Beste, was passieren konnte. Die fünf pragmatischen Akteure rekonstruierten im Hintergrund den Rahmen, in dem sich die Cuisine bewegte. Sie schafften eine solide Basis mit neuen Fundraising-Tools, hielten den Kontakt mit den Mitgliedern des Vereins. Und nach einem Jahr hatte ich mich ganz und gar abgeregt. Erst jetzt bemerkte ich, mit welcher Geduld man mir den Rücken freigehalten hatte. Nicht nur das. Die vorher immer wieder knatternde und stotternde Maschine, die unsere Cuisine am Leben erhielt, hatte sich in ein ruhig funktionierendes Instrument verwandelt, das vielleicht etwas niedertouriger, dafür umso zuverlässiger Raum schuf für neue Projekte. Plötzlich fühlte es sich so an, als würde ein Fünfjahresplan entstehen. Stetiges, nicht sprunghaftes Wachstum erlaubt es, auch die ursprüngliche »Vision« mit kleinen Drehungen fein zu justieren. Alte Zöpfe, an denen ich krampfhaft festgehalten hätte, wurden gekappt. Ohne mich zu fragen, denn ich hätte Zeter und Mordio geschrien. Der ursprüngliche Funke, der notwendig war, um überhaupt starten zu können, ist nun einem beständigen Feuer gewichen, auf dem sich gut kochen lässt.

Eine andere Leistung, die der Vorstand in meiner Abwesenheit erbrachte, war es, unabhängig zu bleiben und dabei viele neue Mitglieder zu gewinnen. Das Fundraising, mir die unangenehmste aller Aufgaben, wurde professionalisiert. Stiftungsanträge mit dazugehörigem Infomaterial konnten mit gutem Gewissen verschickt werden und nicht wenige wurden und werden positiv beantwortet. Es kommen immer neue Geldgeber dazu, der größte und wichtigste ist die Gate Group, die unser Schulprojekt in Santa Rosa mitfinanziert und mitgestaltet. Unabhängig bleiben heißt, selbstbestimmt arbeiten zu können. Wenn nun gewisse Genossen aus den ersten kämpferischen Zeiten oder andere linkskonservative Kreise uns vorwerfen, wir würden die politischen Ziele der Csf verraten, weil wir Geld von der Wirtschaft nähmen, so haben sie Recht und Unrecht zugleich. Aber ein stringentes politisches Konzept hatte die Cuisine eigentlich nie. Und es ist uns gelungen, dass Geldgeber unsere Neutralität respektieren. Soziale Verantwortung kann man ohne ideologische Scheuklappen teilen. Dennoch, und das meine ich mit der erhalten gebliebenen Unabhängigkeit, arbeiten wir immer noch frei von übergeordneten Vorgaben. Wir müssen Rechenschaft ablegen über das, was wir tun. Wir mussten das auch zuvor, als wir nur uns selbst verantwortlich waren.

Eine NGO, die keine eigenen Mittel hat, ist auf Spenden und eigene Fundraisingaktionen angewiesen. Da gibt der Markt bestimmte Regelungen vor. Beliebt sind Spendensiegel – über die ich an anderer Stelle berichtet habe. In der Schweiz prüft die Zewo, selbst ein gemeinnütziger Verein, den Umgang von Nichtregierungsorganisationen mit Spendengeldern, ob eine saubere, staatlich geprüfte Buchhaltung gemacht wird, blickt auf den Aufwand für administrative Zwecke und begutachtet, wie viel Geld für Sammelaktionen eingesetzt wird – und mit welchem Resultat. Der Zertifizierungsprozess ist kompliziert, langwierig und aufwendig. Natürlich kostet er auch Geld. Je nach Größe und Jahreshaushalt einer zu prüfenden Organisation können dann gerne mal 10 000 Franken anfallen. Zudem veranstaltet die Zewo immer wieder kostenpflichtige Veranstaltungen, bei denen »informiert« wird, und macht eigene Kampagnen: »Spenden Sie richtig!« Richtig spenden tut man, wenn man an Stiftungen oder Hilfswerke spendet, die Zewo-zertifiziert sind. Eine kleine NGO, und die Cuisine ist eine kleine, kann sich dieses Siegel nicht leisten. Doch wie auch immer: Ich wollte dieses blöde Siegel haben. Weil sonst die Zugänge zu wichtigen Geldgebern versperrt sind. Praktisch alle staatlichen und ein wichtiger Teil der entscheidenden privaten Donatoren bestehen auf dem Zewo-Siegel. Es ist klar, dass die großen Dienste sich mit diesem Siegel schützen und dafür werben. Dank Zewo haben sie einen Kontrollmechanismus über die Geldflüsse geschaffen, der ihnen dient – und die anderen bleiben draußen. Ich bin nicht der Meinung, dass man Stiftungen und NGOs aus jeder Aufsicht entlassen sollte, glaube aber, dass diese Aufsicht nicht in den Händen der zu Beaufsichtigenden sein sollte. Wünschenswert wäre hier eine staatliche Kontrolle, aber in der Schweiz hat die Zewo das Monopol. In Deutschland gibt es verschiedene staatliche und nichtstaatliche Organisationen, die Spendensiegel vergeben. Auch sie stehen in der Kritik, zu hohe Gebühren zu verlangen, allerdings weit tiefere als in der Schweiz. Österreich ist das einzige Land im deutschsprachigen Raum, in dem das Österreichische Spendengütesiegel von der Kammer der Steuerberater und Wirtschaftsprüfer, einer Körperschaft des öffentlichen Rechts, vergeben wird. Die Kosten dafür sind kaum der Rede wert. Bei unter 100 000 Euro Spendeneinnahmen sind gerade mal 88 Euro pro Jahr fällig, werden mehr als 100 000 Euro gesammelt, sind es 234 Euro. Es geht also auch anders. In der Eidgenossenschaft ist es inzwischen so, dass immer mehr Gruppen oder Privatpersonen, die Projekte unterstützen, den Zewo-Mechanismus durchschaut haben und das Siegel links liegen lassen, wenn sie einen Einzahlungsschein für ein Hilfswerk ausführen.

Am Anfang war die Cuisine tatsächlich eine Vision. Die Vorstellung, mit meiner Ausbildung als Koch und meiner Erfahrung als »Weltbürger« etwas zu tun, was bei Bakunin »Philosophie der Tat« heißt. Ich wollte nicht länger darauf warten, bis sich irgendwo eine Nische öffnete, in die ich passen könnte, ich wollte mir diese Nische selbst schaffen. Die ersten Jahre waren folgerichtig eher eine »One Man Show«. Auf Werbetour für mein Vorhaben benutze ich gerne den Satz: »Wir von der Cuisine sind der Meinung …«. Wurde ich gefragt von welchem »Wir« ich spreche, war die Auskunft recht mager. Es gab zwar das Gründerteam, das mich unterstützte. Doch wenn es zu konkreten Aufgaben kam, hieß es gerne: »Das ist dein Kind, mach mal.«

Als das Schifflein langsam Fahrt aufgenommen hatte, waren wir eine kleine Gruppe von Aktivisten, die sich in den Projekten, die wir selbst planten und ausführten, allen voran das kleine Restaurant in San Josecito, entwickelte. Administration und Geldsuche blieben die ungeliebten Nebenaufgaben. So waren wir das kleine Piratenhilfswerk, das sich in den »guten Taten« selbst verwirklichte. Damit entstand eine erste Identität bei homogener Zusammensetzung. Die Aktivisten, die in Kolumbien Suppe kochten, kratzten das notwendige Kleingeld mit Aktionen und bei Freunden zusammen. Jeder verdiente sich sein Geld mit einem Hauptberuf, nur in meinem Fall war der Hauptberuf die Cuisine geworden. Erst als die Geschäftsführung quasi outgesourct wurde, begann das eigentliche Wachstum. Mit dem Kitchen Battle konnte eine solide regelmäßige Geldquelle erschlossen werden, gleichzeitig veränderte sich die Aufgabe des Vorstandes. Die Leitung des Vereins war weniger in Aktivitäten vor Ort eingebunden, sondern kümmerte sich um die Rahmenbedingungen. Ich steckte noch längere Zeit in den »alten« Mechanismen des »Selbst ist der Mann« fest. Bis ich aus dem Vorstand hinauskomplimentiert wurde. Der Verein wuchs so gewissermaßen aus der Pubertät heraus. Ich zappelte noch eine Weile in ihr herum. Aber als Leiter des Programms am Napo konnte ich dem Verein dienen, ohne mich um die eigentliche Konsolidierung kümmern zu müssen. Der Satz: »Das ist dein Kind« wurde nur noch im Zusammenhang mit meiner Aktivistentätigkeit im Dschungel benutzt. Ernährt wurde das Kind von Zürich aus.

In diesem dritten Abschnitt setzte sich die Cuisine aus der Summe der Fähigkeiten aller Beteiligten zusammen. Erst in dieser Zeit, die nicht ohne Auseinandersetzungen oder ganz normalen menschlichen Zwischenspielen ablief, kam die Kraft der Cuisine zum Tragen. So wie der Verein jetzt steht, ist er das Produkt einer ganzen Gruppe von Menschen – von den Besuchern der Kitchen Battles bis zum Vorstandsmitglied. Es gibt keinen Zampano mehr, es gibt eine Gemeinsamkeit.

Alles ist in Bewegung, alles im Fluss. Tom ist nach Portugal gezogen und hat sich dort ein Ferienresort aufgebaut, Ivo ist nach 13 Jahren im Vorstand zurückgetreten. Er ist Vater geworden, das zweite Kind ist unterwegs. Ivo zieht sich aber nicht aus der Cuisine zurück, sondern bleibt als Aktivist und Berater weiterhin dabei. Mein Wunsch, mich in dieser neuen Konstellation wieder vermehrt an der Weiterentwicklung zu beteiligen, hat mich bewogen, für diese frei gewordene Vorstandsposition zu kandidieren. An der Generalversammlung 2019 stellte ich mich zur Abstimmung und wurde wiedergewählt. Offenbar hat man mir meine Zicken vergeben und traut mir einen nützlichen Einfluss zu. Martin bleibt Präsident des Vorstands.

26 Entwicklungszusammenarbeit für wen?

Die Super-Bohrmeister ... Komplizen großangelegter Raubzüge ... Er befindet sich in Kafkas Schloss ... Die eigenen westlichen Ansätze .... Gastgeber haben dabei die Rolle des Chancengebers.

Ernesto Neto, der weiße brasilianische Künstler, hat vor ein paar Monaten einen sehr großen Ceibo – das ist ein Baum, der im Amazonasdschungel alle anderen überragt – in die Halle des Hauptbahnhofs Zürich hineingehäkelt. Aus Schnüren, Stricken, Seilen und Netzen. Etwas über zwei Millionen Franken kostete das Werk, das von der renommierten Fondation Beyeler präsentiert wurde. Kunstmäzene machten es möglich. Einen Monat lang war die Installation für die Reisenden sichtbar. Dann dematerialisierte sich das Ding, das »Raum schaffen soll, an dem mehr Umweltbewusstsein entsteht, mehr Spiritualität, mehr Liebe zur Natur.«

Neto ist ein arrivierter, weltweit bekannter Künstler mit vielen Ausstellungen in den USA und Europa. Er lebt in Rio de Janeiro. Als ich seinen Ceibo im Bahnhof sah, war ich baff. Er roch auch noch. Ich war beeindruckt. Aber ob er den vorbeihastenden Pendlern wirklich zu einem kritischen Bewusstsein bezüglich der Vorgänge im Regenwald verhalf, bleibt ungewiss. Hätte man nicht eher einen Bohrturm mit dem dazugehörigen Lärm in die Bahnhofshalle stellen sollen? Ein Loch hätte er bohren dürfen. Meinetwegen 10 000 Meter tief. Ja, so tief bohren sie, die Super-Bohrmeister. Und dann die Wirkung abwarten. Die Ästhetisierung des Dschungels ist zwar hübsch, doch dient sie der Wahrheitsfindung? Verschleiert sie nicht eher die Wirklichkeit?

Der Ceibo ist in der Kosmologie der Indigenen tatsächlich ein spiritueller Baum. Ist etwas vom Erlös des Werkes in die Verhütung weiterer Schäden im Regenwald geflossen? Oder haben wir es hier einmal mehr mit einem Akt von Kulturpiraterie zu tun? Und was verbindet so ein Werk mit der Entwicklungszusammenarbeit? Wird hier nicht etwa der spirituelle Geist einer anderen Welt importiert und wie alle anderen Rohstoffe, die unseren westlichen Wohlstand untermauern, zum Konsum freigegeben? Ich will da nicht päpstlicher sein als der Papst, will die Freude an der Kunst nicht trüben. Aber der Ceibo im Hauptbahnhof hat mich nachhaltig beschäftigt – und am Ende wäre es mir recht gewesen, wenn er von einer Gruppe Waorani mit Speeren und rotbemalten Füßen abgefackelt worden wäre.

Dieses Buch beschreibt meine jahrzehntelangen Erfahrungen mit der Wirklichkeit der internationalen Zusammenarbeit. Lange bevor ich mit der Cuisine begann, war ich, damals als sogenannter »mitausreisender Ehemann«, in diesem Umfeld präsent. Iris war fast zehn Jahre lang, unterstützt von der CIM, einer Unterabteilung der damaligen GTZ, heute GIZ, als Fachfrau für Radio und Fernsehen in Quito unterwegs. Ich habe die »Szene« der Entwicklungshelfer und deren Projekte in Ecuador aus eigenem Erleben kennengelernt.

Entwicklungszusammenarbeit ist notwendig. Die Angestellten der großen Dienste, die Freiwilligen der kleinen Organisationen, die Umweltschützer, Sozialarbeiter, Filmer, Techniker, Anthropologen und Austauschpolizisten und so weiter arbeiten in gutem Glauben daran, ihr Bestes zu geben. Und so verschieden die Motive der einzelnen Vertreter der sogenannten entwickelten Staaten auch sein mögen, ihre Ziele sind Weltverbesserungsversuche, die Anerkennung verdienen. Völlig unbestritten sind die Einsätze in der Katastrophenhilfe, der Schutz von Kriegs- und Konfliktopfern – auch diese finden im Rahmen der Entwicklungszusammenarbeit statt.

Humanitäre Hilfeleistungen ab einer gewissen Größenordnung können nur von finanziell bestgerüsteten Organisationen erbracht werden. Diese Aufgaben fallen der Staatengemeinschaft der Wohlhabenden zu. Aber Entwicklungszusammenarbeit, früher sprach man von Entwicklungshilfe, ist ein noch ganz anderes Feld. In dem Kritik erlaubt sein muss.

Warum eigentlich, frage ich, werden von den wirtschaftlich besser gestellten Mächten jährlich Milliarden in diese Sparte gesteckt? Und was wird unterstützt? Welche Pläne und Absichten stecken in den mit Steuergeldern bezahlten Förderprogrammen? Gibt es ein erkennbares System dahinter? Bei genauerem Hinsehen merkt man bald, dass wirtschaftliche Interessen dominieren. Nun könnte man grob vereinfachen und hier eine gut getarnte Variante des westlichen Imperialismus entdecken. Das wäre aber zu einfach. Einige der von Experten ausgearbeiteten Strategien haben andere Wurzeln. Trotzdem fließt der Löwenanteil der Mittel in Projekte mit wirtschaftlichem Hintergrund. »Frieden durch Wohlstand« lautet das Credo der kapitalistischen Entwicklungspolitik. Nur, wessen Wohlstand und wessen Frieden? Zunächst einmal werden die Zugänge zu den verfügbaren Rohstoffen, zu den Ressourcen, die unsere westlichen Märkte benötigen, erleichtert. Der Export von Öl, Zink, Kupfer, aber auch von Alpakawolle, Kakao, Mangos, Fischen – oder was auch immer in den Ländern produziert wird, die man früher Kolonien nannte – wird vereinfacht. Die eigentlichen »Besitzer« dieser Waren, die einheimischen Verkäufer, werden dadurch abhängig vom Export gebracht, da unter anderem die Preise von den Importeuren bestimmt werden. Soweit kann sich jemand, der sich für diese Mechanismen interessiert, über das Internet informieren. Die Abläufe sind einigermaßen transparent.

Einer der wichtigsten Akteure in diesem Zirkus ist die Weltbank. Bei ihr kann man sehen, wie sich die Rädchen drehen. Schnell wird ersichtlich, welche Vorstellungen von Entwicklungshilfe hinter den Investitionen und Krediten stehen. Die Ölpipeline in Ecuador transportiert das Rohöl schnell und mehr oder weniger sicher in die Häfen, eine privatisierte, kostenpflichtige, aber reibungslos funktionierende Wasserversorgung in La Paz ist sinnvoll. Solche Verbesserungen der Infrastruktur sind starke Anreize für globale Investoren. Die zuverlässigen Vernetzungen, die es braucht, um kalkulieren zu können, machen es einfacher, konkurrenzfähige Businesspläne zu erstellen und Profitraten zu errechnen. Beispiele von neu strukturierten und verbesserten Basisangeboten lassen sich in den Katalogen der Entwicklungszusammenarbeit hundertfach finden. Straßen, öffentlicher Verkehr, Staudämme, Hafenanlagen, Kraftwerke etc. Damit, heißt es, wird das Wirtschaftswachstum angekurbelt, sodass letztendlich alle davon profitieren. Alle? Schön wär's ... Die Schuldenfalle, in die im Makro- und Mikrokosmos, vom einfachen Bauern bis zum Finanzminister, die Herkunftsländer geraten, ist unübersehbar. Die großen Konzerne sind keine Wohltäter, sie sind daran interessiert, die neuen geschäftlichen Möglichkeiten in der Hand zu behalten. Produkte werden möglichst in rohem Zustand exportiert und in den Raffinerien und Industriewerken der »entwickelten« Welt verarbeitet und verfeinert. Zum Beispiel hat Ecuador viel zu wenig Raffineriekapazitäten, um sein Öl in Diesel und Benzin zu verwandeln. Mit riesigen Tankschiffen wird das Rohprodukt zu Raffinerien um die halbe Welt gefahren. Im Gegenzug importiert Ecuador seinen Bedarf an Treibstoffen. Damit die Rohölexporteure und die Treibstoffimporteure weniger Steuern bezahlen müssen, werden mit Hilfe von Entwicklungsexperten im Herkunftsland Gesetze erdacht und Steuererleichterungen festgelegt, um den Profit zu sichern. Kommt es hart auf hart, wird von einem Schiedsgericht, das der Weltbank untersteht, gegen dessen Entscheidung kein Einspruch möglich ist, eine Strafe verhängt. So musste Ecuador an den US-amerikanischen Ölkonzern Occidental Petroleum 1,1 Milliarden Dollar wegen entgangener Geschäfte bezahlen. Zwar wurde Oxy wegen betrügerischer Geschäftspraktiken die Förderlizenz in Ecuador entzogen und das Gericht erkannte an, dass Oxy gegen ecuadorianische Gesetze verstoßen habe, ging aber davon aus, dass die Firma durch den Staat benachteiligt wurde. Große undurchsichtige Regelwerke zwischen Handelszonen entstehen, zum Beispiel das Transatlanische Freihandelsabkommen TTIP. Diese Regeln zum Schutz von Investoren werden unter Ausschluss der Öffentlichkeit und ohne Widerspruchsmöglichkeiten ratifiziert. Wir werden alle, jetzt Klartext, im Westen zu Komplizen großangelegter Raubzüge in den Lieferantenländern gemacht. Da nutzt auch keine Entwicklungszusammenarbeit, zumal die am gleichen Strang zieht. Die gewaltigen Gewinner der ganzen Chose sind keinesfalls die Herkunftsländer. Deren naturgegebener Reichtum kommt auf den internationalen Schachermarkt. Ja, man darf von ausbeuterischen Machenschaften sprechen – legal und frei von moralischem Empfinden. Nur unter Druck wird Rücksicht zum Beispiel auf die Gesundheit oder die Umwelt genommen. Diesen Druck auszuüben, ist Sache der »Gutmenschen«, die dafür Hohn und Spott über sich ergehen lassen müssen.

Überall lässt sich Gewinn erwirtschaften, auch bei der »humanitären Hilfe«. An einem von ausländischen Experten bestimmten Standort wird ein modernes Hospital gebaut. Da genug Fachpersonal nicht vor Ort zu finden ist, führen Ärzte und Verwalter von auswärtigen Diensten den Betrieb. Natürlich kommen auch die Medikamente, die Röntgenapparate, Prothesen und Computertomografen nicht aus landeseigener Produktion. Hilfspersonal kann relativ rasch und einfach ausgebildet werden. Deren Löhne sind den Mindestlöhnen des »Gastlandes« angepasst. Die Abhängigkeit von den ausländischen Vorgesetzten, deren Löhne den Gepflogenheiten des »Herkunftslandes« entsprechen, ist programmiert. Das Know-how bleibt erstmal in deren Hand. Neben dem Wissen wird auch das Materialangebot, das ein Spital benötigt, von Entwicklungshelfern verwaltet. Bereits in der Planung werden die Verträge mit den Herstellern berücksichtigt. Investiertes Geld fließt dadurch ohne Umwege wieder zurück in die westliche Wirtschaft. Aber nicht in die Staatskassen, aus denen es entnommen wurde, sondern in die Tresore privater Unternehmer. Entwicklungshilfe?

Nein, hier wird geschickt und mit Gewinnabsicht eine Entwicklung gesteuert.

Sollte ein Herkunftsland eine eigene Industrie entwickeln, seine Produkte selbst verarbeiten, selbst auf den Markt bringen und den Gewinn daraus beziehen, könnte es aus der Abhängigkeit aussteigen. Aber das liegt nicht in der Absicht der »Geberländer«. Ein Entkommen der ausgebeuteten Länder, die sich im Würgegriff von legal abgeschirmten Märkten befinden, ist ohne eine neu zu definierende globale Ökonomie nicht denkbar. Es bleibt den Menschen nur die Flucht nach Norden, wo sie auf immer höher gebaute Grenzmauern stoßen und zu Tausenden im Meer ertrinken. In elenden Flüchtlingslagern gestrandet, werden sie als Wirtschaftsflüchtlinge beschimpft und so schnell wie möglich wieder abgeschoben. Sie wollen uns ja an die Brieftasche. Nachhaltig ist unsere Abwehr vor allem gegen Arme, die sich eine bessere Lebensgrundlage erhoffen. Bis 2027 will die Europäische Union die Grenzschutzpolizei Frontex mit weit mehr als elf Milliarden Euro weiter ausbauen.

Die Rufe nach einem »System Change« sind in den letzten Jahren lauter und unnachgiebiger geworden. Die Abläufe einer neoliberalen, systemtreuen, kapitalistischen Wertegemeinschaft sind mittlerweile dermaßen verschleiert, dass der Normalbürger keinen wirklichen Einblick mehr hat. Stößt er doch, mit Hirnschmalz und Durchhaltewillen bei seinen Recherchen, tief hinein in die Korridore der Macht, bleiben die entscheidenden Türen verschlossen. Er befindet sich in Kafkas Schloss.

Die Krisen- und Katastrophenhilfe der öffentlichen Hand muss beibehalten werden. Aber auch hier geht es um mehr als nur »Erste-Hilfe«-Dienstleistungen, die das schlechte Gewissen der saturierten Bürger der Industrieländer beruhigen.

Hilfe zu leisten in Notsituationen, ist ein menschlicher Charakterzug, den man als selbstverständlich voraussetzen kann. Wir sind alle zu Mitleid fähig. In Familien und kleinen Gemeinschaften ist gegenseitige Hilfe keine Frage. Und helfen kann jeder in jeder Lage. Ich kenne eine ältere Dame, die nach einer Afrikareise bestürzt war über die sanitären Anlagen in den ärmeren Stadtvierteln. Sie kam zurück und begann, völlig auf eigene Faust, öffentliche Toiletten mit Wassertanks, Waschbecken, Böden, Türen und dichten Dächern auszustatten. Keine teure Angelegenheit, aber arbeitsintensiv. Sie war sich nie zu schade, selbst Hand anzulegen. Hatte keine Angst, in die Slums zu gehen. Bis heute tut sie etwas, das ganz direkt Auswirkungen hat auf die Lebensqualität der Menschen in ärmsten Verhältnissen. Und sie tut es selbst.

Ich traf sie auf einem Kirchenbasar in einer Vorstadt von Zürich. Auf einem Tisch lagen Fotoalben, die ihre Arbeit und ihre Erfolge dokumentieren. Die ältere Dame, umringt von lachenden Kindern und jugendlichen Helfern. Gummihandschuhe, Schrubber und Besen als Werkzeug, aufgestapelte Ziegel, Bauholz, ein Eimer mit angerührtem Zement und Maurerkelle. Ort: Mathare Valley in Nairobi, ein riesiger Slum, vor dem heftig gewarnt wird. Man soll ihn als Weißer nicht betreten, Ausraubgarantie. Die Dame ist nicht wohlhabend, aber sie sammelt immer wieder Geld, um die bescheidenen Kosten für ihre Aktionen zu decken. Selbstverständlich bezieht sie keine Spesenvergütung, von Lohn gar nicht zu reden. Und ja – das ist eine wahre Geschichte.

Würde die Dame einen Antrag stellen bei der staatlichen schweizerischen Direktion für Entwicklung und Zusammenarbeit, der DEZA, würde sie mit Sicherheit keine Unterstützung bekommen. Die 3 000 Franken, die sie jeweils mitnimmt und mit denen sie sechs öffentliche Klos herrichtet, sind für die DEZA irrelevant. Die Summe lohnt den Verwaltungsaufwand nicht. Es kann gut sein, dass sie vom »Desk Officer Kenia« freundlich empfangen und belächelt wird. Dieser verdient nicht unter 10 000 Franken im Monat und plant Großes. Kleines nicht. Doch dass die nie verwirklichte Kanalisation im Mathare Valley ein untergegangenes Vorhaben einer der mächtigen Dienste ist, dass die Planungskosten dieser Kanalisation in die Hunderttausende gingen und eine erste Tranche an eine einheimische Baufirma bereits bezahlt wurde, weiß der »Desk Officer« ganz genau. Er weiß auch, dass diese erste Zahlung von ei-

ner halben Million in den Taschen der Stadtpolitiker und des Bau-
unternehmers verschwunden sind und noch kein einziger Spatenstich gemacht wurde. Er war, wenn überhaupt, nur ein einziges Mal
im Mathare Valley. Im weißen Toyota Landcruiser durchgefahren,
Klimaanlage voll aufgedreht, nicht ausgestiegen, weil zu gefährlich.
Ja – das ist eine fiktive Geschichte. Fiktiv ist die Annahme, dass die
diversen »Desk Officers« wenig Verständnis haben für Unternehmungen Einzelner, die Kontakte in der bedürftigen Fremde aufbauen. Fiktiv ist auch der Eindruck, dass Ignoranz und Arroganz
zum Handwerkszeug des Funktionärs im Hilfsgeschäft gehören.

Eines der traurigsten Kapitel, die großkotzige Verschleuderung
von Hilfsgeldern in Projekten, die nicht oder unvollständig reali-
siert werden, ist allerdings nicht fiktiv. Dazu kommen die Hunderte von Millionen Steuergeldern, die auf der hohen Kante liegen, reserviert für Hilfeleistungen, die nicht vergeben werden, weil
die »Desk Officers« Maßstäbe politischer und wirtschaftlicher Natur setzen, die verhindern, dass diese Gelder eingesetzt werden können. Einzelinitiativen oder neu gegründete kleine Organisationen
werden nur dann unterstützt, wenn die Initianten einen »Desk Officer« als Vetter, einen Status als Politiker oder Skirennfahrer oder
andere gesellschaftliche Referenzen vorweisen können. So grenzt es
fast an ein Wunder, dass viele kleine bis winzige Aktionen doch
durchgeführt werden. Mit hochgekrempelten Ärmeln. Das Potential, das in der Empathie schlummert, ist enorm. Und wird weder er- noch anerkannt. Im Gegenteil. Nicht selten habe ich gehört, wenn um Hilfe gebeten wurde: Das kommt nicht in Frage, da
könnte ja jeder kommen.

Nach den letzten 15 Jahren mit dem »eigenen« kleinen Hilfswerk kann ich feststellen, dass die Barrieren, mit denen die Entwicklungsdienste ihre Pfründe zu schützen wissen, aus sehr hartem
Holz sind. Neue unkonventionelle Ansätze wie die der Cuisine sans
frontières haben kaum Chancen, unterstützt zu werden. Schon gar
nicht, wenn sie von außen an die Hierarchie herangetragen werden – was nicht in die Programme passt, wird erstmal abgeschmet-

tert. Die Absagebriefe sind normiert. Ich habe ganze Schuhschachteln davon.

Die großen Organisationen beziehen Betriebskapital aus staatlichen Kassen. Dazu kommen Spendengelder, die sie mit Bettelbriefen, Straßenaktionen und Benefizveranstaltungen akquirieren. Sie verwalten auch Liegenschaften, legen Überschüsse in zinstragenden Fonds an und verlieren bei Börsenschwankungen so auch mal ein paar Millionen. Daneben verhungert manche gute Idee, ohne im Einsatz geprüft zu werden, bereits wenige Monate nach dem hoffnungsvollen Start.

Man kann mir natürlich vorwerfen, ich sei einfach grün vor Neid und würde nicht kapieren, dass man nicht jeden Furz unterstützen könne. Doch die zunehmende Kritik an den Programmen der großen Dienste und ihrer internationalen Zusammenarbeit lässt sich nicht einfach ignorieren. Einmal mehr: Es ist unsere Pflicht, eine Balance zu schaffen. Die Unterstützung, die viele Länder der Welt erfahren müssen, ist eine berechtigte Entschädigung für begangene Raubzüge, für die Vernichtung der Umwelt, für die rücksichtslose Ausbeutung von Böden und Wäldern, für die Knechtung von Kindern an schrecklichen Arbeitsplätzen. Wenn diese Aufgabe von instrumentalisierten »Hilfsorganisationen« unter Umgehung demokratischer Spielregeln übernommen wird, wird die Kritik an den entstehenden Kosten nicht verstummen. Ich unterstelle den verantwortlichen Gremien und Vorständen, die für diese Programme zuständig sind, sich zu wenig um die wahren Bedürfnisse und zu viel um die eigenen, westlichen, wirtschaftlichen Ansätze zu kümmern.

Ein Wechsel im System, eine Offenheit gegenüber neuen Wegen für alle Hilfsdienste ist möglich. Es darf nicht sein, dass Hilfe von Gewinnabsichten gelenkt wird. Es müssen stattdessen neue, nicht von Eigeninteressen geleitete Grundlagen gesucht werden. Noch sieht die Wirklichkeit anders aus. Von der hohen Warte des »Wer zahlt, befiehlt« herab werden die kulturellen und sozialen Wirklichkeiten vieler Gesellschaften mit Füßen getreten. Entwicklungspolitik ist so imperialistisch wie eh und je.

Es wäre ein wichtiger Schritt, den aus Empathie und echter Sorge entstehenden Initiativen mehr Platz zu geben. Hilfsbereitschaft ist keine akademische Tugend, sie ist in jeder Frau, jedem Mann und jedem Kind vorhanden – ein faszinierendes Potential, das bisher vor allem bei Spendenaufrufen genutzt wird. Aus eigener Erfahrung mit Freiwilligen, die bereit sind, Monate ihres Lebens für sinnvolle Hilfsprojekte einzusetzen, weiß ich, dass dieses Potential von den professionellen »Helfern« kaum beachtet wird. Hier besteht Handlungsbedarf. Unsere Gesellschaft ist in der Lage, riesige bewaffnete Einheiten zu verwalten, die Milliarden verschlingen und uns eine Pseudosicherheit bescheren, in der die Rüstungsindustrie selbst die größte Gefahr ist. Aber unsere Gesellschaft ist unfähig, die Einsatzbereitschaft, die Bereitwilligkeit, Gutes zu tun, zu koordinieren und als »gute Waffe« einzusetzen. Ist es denn utopisch, an die Kraft gemeinsamer Anstrengungen zu glauben, die alle zu einer besseren Welt beitragen können? Ich glaube nicht. Es müssen nur die Voraussetzungen stimmen. Diese zu schaffen, ist die Aufgabe von Entwicklungszusammenarbeit.

Noch einmal will ich hier kurz zur Rolle der Cuisine zurückkommen. Die Gastgeberidee ist der Ansatz, nach dem wir agieren. Die Gastgeber haben dabei die Rolle des Chancengebers. Mit ihrer Einladung schaffen sie einen neutralen gesellschaftlichen Begegnungsraum für verschiedene Personen und Gruppen. Sie ermöglichen dadurch Formen des Austauschs, fördern das Entstehen gemeinsamer Impulse. Eigene Lösungen können angedacht und gefunden werden. Zusätzlich übernehmen die Gastgeber die Rolle des Beschützers. Sie haben die Verantwortung für ihre Gäste, sind zuständig für bestimmte Regeln, Normen und Werte, die einen respektvollen und sicheren Ablauf zwischen den Gästen gewährleisten. Sie fungieren als Vermittler zwischen den Gästen und erleichtern dadurch die Kommunikation und den Gedankenaustausch zwischen den verschiedenen Gruppen. Eine vorgegebene Struktur leitet die Gäste durch die Veranstaltung. Diese – unauffällige – Moderation ist wichtig, um die Veranstaltung zu einem Ziel zu führen. Die

Gastgeber haben auch die Rolle des Schenkenden. Das Geschenk des einen gemeinschaftsfördernden Moments kann, je nach Charakter der Veranstaltung, wertvolle und langfristige gesellschaftliche Auswirkungen entwickeln.

In den letzten Jahren hat sich dieses Basiskonzept nicht verändert. Da wir aber in eine bestehende Situation eingebettet und sowohl Teil des Problems als auch Teil einer möglichen Lösung sind, haben wir weitere Aufgaben mit in das Konzept aufgenommen. Kochen und Essen ist immer der erste Türöffner. Türöffner für wen – das ist die große Frage. Nachdem unsere erfolgreichen Versuche, die »Armen« dazu zu bringen, für uns fast oder ganz gratis zu arbeiten und ihnen Grund und Boden, Wasser und Rohstoffe ohne Gegenleistungen abzunehmen, weitgehend gelungen sind, liegt jetzt eine Diagnose vor. Der Kolonialismus, der Imperialismus und der Raubtierkapitalismus sind Krankheiten, die nie geheilt worden sind. Und das Fieber steigt. Leider sind wir Patienten aus den entwickelten Ländern pathologisch begriffsstutzig. Die eigene Krankheit erscheint nicht auf dem Bildschirm … Damit dies geschieht, müsste man genau jenen zuhören, die man ausgeraubt und entmündigt hat. Da sind wir, trotz besseren Wissens, erstaunlich beratungsresistent. Doch die Devise heißt: nicht aufgeben. Gemeinsames Denken ist gefragt. Werte können nur erhalten werden, wenn sie als solche respektiert werden. Dialoge, die mit dem Satz anfangen: »Würden Sie mir bitte mal den Wasserkrug reichen?«, sind zumindest ein Anfang.

Tischgespräche!

27 Heute und Morgen

Das Seil schwankt hin und her ... Im »befriedeten« Kolumbien ... Bier, Schnaps und allumfassende Parolen .... Gold, Kupfer, Holz, Palmöl, Fischereirechte ...Vielleicht stammt er ja von meinem Großvater.

»Ja, mach nur einen Plan!/Sei nur ein großes Licht!/Und mach dann noch 'nen zweiten Plan/Gehn tun sie beide nicht./Denn für dieses Leben/Ist der Mensch nicht schlecht genug./Doch sein höhres Streben/Ist ein schöner Zug./Ja; renn nur nach dem Glück/doch renne nicht zu sehr!/Denn alle rennen nach dem Glück/Das Glück rennt hinterher.« So schrieb es Bertolt Brecht 1928 in seiner »Ballade von der Unzulänglichkeit menschlichen Planens« ...

15 Jahre sind vergangen seit jenem Abend im Herbstnebel von Biel mit Wurst und Schnaps. Ich erinnere mich an meinen guten Freund Olaf Zander, ein anarchistischer Philosoph, Antiquar, Gesellschaftskritiker und Sammler von Gedanken. Als ich ihm bei einem Besuch in Berlin von dem Konzept der Cuisine erzählte, zitierte er die »Ballade von der Unzulänglichkeit«, zündete sich eine Selbstgedrehte an und grinste. Der alte Hausbesetzer, Straßenkämpfer und Träumer für eine gerechtere Welt holte mich damit aus meinem Wolkenkuckucksheim herunter. Damit hatte er aber meinen Widerspruchsgeist geweckt. »Dann muss halt der dritte, vierte ... x-te Plan ausgedacht werden.« Olaf ist leider vor zwei Jahren gestorben. Doch seine Kommentare, her-

ausfordernd, kritisch und oft humorvoll, begleiteten den Aufbau der Cuisine.

Zweifellos wurden für die Umsetzung der »Gastgeber der Hoffnung« viele Pläne gestrickt. Jeder neue Standort, jeder neue Anlauf fand unter anderen Voraussetzungen statt. Nicht alles ist gelungen. Ich rede in diesen Erinnerungen nicht von den gescheiterten Projekten, nicht von denen, die bereits in den Anfängen steckengeblieben sind. Die Absicht, bereits nach drei Jahren eine Gastgeberplattform an die lokalen Partner zu übergeben war sehr ambitiös. Kurze Auftritte hatten trotzdem einen Nachhall. Die Grundidee wurde mit der Zeit angepasst. Der Versuch, tief verfeindete Gruppen an unsere Gästetafeln zu bitten, gelang nur selten. Im Calabash in Kenia aber gelang ein solcher Drahtseilakt. Das Seil schwankt zwar immer noch hin und her, aber das, was entstanden ist, steuert seinen Teil zum Friedensprozess bei.

Winnie Koech, die heutige Managerin des Calabash, bei der Arbeit (Casper Hedberg)

Zu verdanken hat die Cuisine diesen Erfolg nicht nur den Muzungus aus den Reihen der Cuisine. Frauen und Männer, die dort in der Küche, hinter der Bar und im Restaurant arbeiten, tragen das Pro-

jekt. Winnie Koech war von Anfang an dabei. Sie ist jetzt Geschäftsführerin des Calabash, pflegt die Kontakte zu den lokalen Chiefs,
und seit es eine Webpage gibt, gelingt es auch vermehrt, Gäste zu
empfangen, die früher auf der A1 Gas gegeben haben, um die gefährliche Zone möglichst schnell hinter sich zu bringen. Die Straße
ist mittlerweile neu asphaltiert. Rolf lebt immer noch im Nordwesten Kenias. Er fährt ab und zu im Calabash vorbei und ist Ratgeber
für seine Freunde. Katough, der in Zürich sein winterliches Küchenpraktikum absolviert hat, ist für Speis und Trank verantwortlich,
doch seine Präsenz geht weit über diese Aufgabe hinaus. Winnie und
Katough kennen ihre »Pappenheimer« – viel besser als wir. Das Personal des Calabash rekrutiert sich aus der nächsten Umgebung. Aus
dem Dorf Orwa, aus Kainuk, aus Lomut, aus Marich-Pass. Immer
noch gibt es einen kleinen Zuschuss aus der Zürcher Kasse, etwa
wenn es um Neuanschaffungen geht oder wenn die Kämpfe wieder aufflackern und die Gäste fernbleiben. Die Löhne müssen ja bezahlt werden. Ständig werden neue Ideen entwickelt. Etwa ein Ausflugsprogramm zum Turkwell-Staudamm. Oder Tanzvorführungen
mit Pokot und Turkana. Winnie fährt nach Nairobi, um Reisebüros zu kontaktieren, die mit ihren Kunden nach Norden unterwegs
sind. Sebastian vom Vorstand, der Csf-Pate von Calabash, schreibt
200 Agenturen in aller Welt an. Nach acht Jahren ist der Gasthof im
Busch nicht mehr wegzudenken.

150 Kilometer im Norden, im Turkana County, ist Öl gefunden worden. Wer weiß, vielleicht wird sich hier nicht der übliche Kreislauf mit Umweltzerstörung und Landnahme durch die
multinationalen Konzerne wiederholen. Die Zeiten haben sich geändert. Die Umweltschützer schauen 2019 genauer hin als noch
vor 15 Jahren. Die Stämme der dort lebenden Hirten müssen mit
in die großen Businesspläne einbezogen werden. Zum Vorteil aller Beteiligten. Das Calabash bietet den neutralen Ort, an dem
man sich zusammensetzen und an gemeinsamen Lösungen arbeiten kann. Die Cuisine wird das Calabash weiter begleiten. Gerade
jetzt planen wir, wieder ein Team von Freiwilligen hinzuschicken,

für die es eine Chance ist, in die kenianische Wirklichkeit einzutauchen. Und umgekehrt: Winnie hat die Schweiz besucht und einen Kitchen-Battle besucht – sie ist eine moderne Afrikanerin, die reisend Eindrücke in Europa sammelt. Auch das ist ein Resultat des Calabash. Nicht nur dort ist ein stabiles Team entstanden, es gibt auch bei uns in der Schweiz eine Gruppe von Unterstützern. Und es ist unsere Aufgabe, die weitere Entwicklung in Afrika zu steuern. Calabash steht noch nicht zu 100 Prozent auf eigenen Füßen, aber es läuft.

San Josecito hat es schwer. Die kleine Friedensgemeinschaft in Urabá steckt nach wie vor in der Falle. Die Friedensverträge mit den FARC von 2016 haben keine Ruhe gebracht. Die eigentlichen Gewinner sind die paramilitärischen Verbände. Es geht immer noch um Land. Kleinbauern der Gemeinde werden bedroht und vertrieben. Bewaffnete umschleichen das Dörfchen. Das ist keine ungewöhnliche Situation im »befriedeten« Kolumbien.

San Josecito wird seit Jahren von internationaler Hilfe, von privaten NGOs mitgetragen. Von der Cuisine war Margrith Nagel letztes Jahr auf einen kurzen Besuch dort. Ja, die Küche und das Restaurant sind noch in Betrieb. Man wünscht sich, dass wir noch einmal kommen. Weniger um zu kochen, sie suchen vielmehr den Schulterschluss mit den Ausländern, weil sie den Schutz einer internationalen Öffentlichkeit brauchen. Gehört eine solche Aufgabe zu den Kernkompetenzen der Cuisine? Ich meine, ja! Das Miteinander, das in San Josecito Soldarität demonstriert, verhindert die winzige Zeitungsmeldung, die uns irgendwann darüber informiert, dass die Friedensgemeinschaft in Urabá aufgelöst wurde. San Josecito ist ein Hoffnungsträger. Und der Aufhänger für die Csf-Beteiligung bleibt das Gastgebertum. Vielleicht sind die »Volontarios« für einmal keine Köche, aber sie werden in der Küche arbeiten, mit den Kindern Gugelhopf backen und mit den Erwachsenen bei Reis und Bohnen Gedanken austauschen. Vor allem aber werden sie die Wahrheit kennenlernen, die sich hinter den Zeitungsnachrichten verbirgt.

Am Río Napo ist alles im Fluss. Die Gemeindewahlen im April 2019 haben die etablierten administrativen Mannschaften durcheinandergewirbelt. Einmal alle vier Jahre zeigt es sich, ob die Stimmberechtigten die lokalpolitische Landschaft erhalten oder umgestalten möchten. Die Wahlkampagnen, die sich zum Teil darauf beschränken, ganze Dorfgemeinschaften mit Bier, Schnaps und allumfassenden Parolen zu betäuben, haben nicht verhindern können, dass die allgemeine Unzufriedenheit sich Luft gemacht hat. Schlagwörter ohne Inhalt, Versprechungen ohne Zukunft wurden abgestraft. Neue Leute sollen jetzt das Ruder ergreifen. Im Dschungel weiß man, wer hinter den Amtsinhabern steht, wessen Meinung von wem bezahlt worden ist. Dass diejenigen, die ihr Geld den »Volksvertretern« zuschießen, auch das Sagen haben, ist den Kichwa, den Cofan, den Waorani und den Secoyas bekannt. In Puerto Francisco de Orellana, vulgo Coca, hat darum ein unabhängiger Kandidat die Wahl gewonnen, von dem man weiß, dass er seinen Wahlkampf nicht mit Spenden, sondern aus der eigenen Tasche finanziert hat. Padre Goldáraz ist misstrauisch. »Der Mann ist der Donald Trump von Orellana.« Doch im Gegensatz zu Trump, der mit geerbtem Geld sein Imperium immer wieder in den Fast-Bankrott getrieben hat, ist Ricardo Ramirez ein Geschäftsmann der Self-Made-Sorte. Er hat ganz unten angefangen und sich fleißig hochgearbeitet. Sein Geld verdient er mit Vermietungen von Wohneinheiten, die aus Schiffscontainern zusammengebaut werden. Damit rüstet er die Ölcamps aus. Von denen gibt es immerhin so viele, dass der Hilfsarbeiter von einst Millionär geworden ist. Nebenbei hat er sich einen Namen als Philanthrop gemacht, unterhält eine Stiftung, welche die einfachen, armen Leute ohne großen Papierkrieg unterstützt, wenn der Opa einen Rollstuhl braucht oder die kleine Schreinerwerkstatt abgebrannt ist. So hat er sich in seiner nächsten Umgebung als Wohltäter etabliert, ist in Coca eine beliebte Figur des öffentlichen Lebens, die den Ruf hat, immer ansprechbar zu sein. Auch für mich ist er wichtig geworden und die ersten Gespräche nach seinem Amtsantritt waren erfreulich. Ohne seine Unterstützung wäre meine Aufgabe am Napo sehr viel schwieriger. Der zweite wichtige Mann, mit dem wir zu tun haben, ist Juan Orellana. Er ist der Nachfolger von Franklin Cox.

Tiputini, so wird prophezeit, ist das neue Coca. Seine Bedeutung beruht auf der schnell voranschreitenden Ausweitung der Förderkapazitäten am Napo. Rund 400 neue Bohrplattformen entstehen im Kanton Aguarico und darum herum. Dessen Hauptstadt wird als neues logistisches Zentrum der Ölindustrie ausgebaut. Das bringt, wenn es richtig und einwohnerfreundlich aufgezogen wird, mehr als nur wirtschaftliche Vorteile. Juan Orellana weiß, wovon er spricht, wenn er die Möglichkeiten und die Probleme benennt. Er gehört zu der Generation der Mestizos, die im Dschungel geboren wurden. Unabhängig ist er nicht, seine Partei ist die »Pachakutik«, die, 1996 gegründet, die Interessen der indigenen Bevölkerung Ecuadors vertritt.

Bis zu den Kommunalwahlen 2019 bestimmte die Pachakutik – mit Guadalupe Llori als Präsidentin der Provinz Orellana – maßgeblich die politische Stoßrichtung. Diverse Korruptionsskandale und der selbstherrliche Führungsstil von Guadalupe, die fröhlich eigene und amtliche Interessen vermischte, führten nach neunjährigem Mandat zu einer massiven Niederlage. Außer in Tiputini hat die Partei heute kaum mehr etwas zu sagen. Da sich die Pachakutik immer mit den Zielen Umweltschutz, indigene Lebensräume, Kultur, Autonomie identifiziert hat, sind die Manager bei Petroamazonas und Repsol nicht glücklich über diese Laus, die ihnen in Tiputini in den Pelz gesetzt wurde. Und Juan Orellana ist bereit, den Kampf aufzunehmen. Auch ich habe mich mit ihm getroffen. Er ist unserer Schule in Santa Rosa durchaus zugeneigt. Aber, und damit hat er recht, »ich bin müde geworden, auf internationale Hilfsaktionen zu bauen. Nur zu oft mussten wir erleben, wie hochfliegende Pläne sich am Ende als Papiertiger entpuppt haben. Wir müssen das Heft selbst in die Hand nehmen«. Da kann ich nicht widersprechen. Es ist an mir, an uns von der Csf, ihm das Gegenteil zu beweisen.

Die Außenpolitik des Landes hat unter Präsident Moreno leider andere Schwerpunkte gesetzt. Jetzt ist der Ausverkauf der Bodenschätze und die dazugehörige Verknüpfung mit multinationalen Konzernen Programm. Moreno und seine »Movimiento País« haben in den ersten zwei Jahren ihrer Amtszeit mehr ausländische Kredite aufgenommen als Ecuador in der gesamten Ägide Correa. Und wieder spielt die Weltbank mit. Dabei geht es nicht nur um Öl. Es geht um Gold, Kupfer, Holz, Palmöl, Fischereirechte etc. Ganz nebenbei wird bald auch der amerikanische Luftwaffenstützpunkt in Manta, der von Correa geschlossen wurde, wieder an die USA zurückgegeben. Die Mehrwertsteuer soll von zwölf auf 14 Prozent angehoben werden. Mit dieser Erhöhung werden die Preise weiter steigen, was vor allen den kleinen Unternehmern Kunden abspenstig macht. Bereits heute ist Ecuador eines der teuersten Länder Südamerikas.

Eigentlich sollte ich darüber glücklich sein, dass die Pachakutik den Kanton Aguarico, Tiputini – und damit auch Santa Rosa – unter ihre Fittiche nimmt. Nachdem das Personal der Partei nach der Wahlniederlage auf die Straße gesetzt wurde, kommen jetzt einige der kompetentesten Berater von Guadalupe, die im Hintergrund weiter die Fäden zieht, nach Aguarico. Ehrgeizige ökologische und kommunaltouristische Projekte stehen auf der Agenda von Pachakutik. Darunter ein umfangreiches, millionenschweres Umwelt- und Tourismusvorhaben, das mit der Hilfe von Mäzenen aus den Arabischen Emiraten aufgegleist werden soll. Eine Art Reservat im Reservat, ein perfekter Lehr- und Vergnügungspark mit echten Indianern, lebendigen Tieren und einem Forschungszentrum der Superlative. Dschungeldisneyland?

Unsere Schule in Santa Rosa steht nun unversehens im Zentrum der Pachakutik-Bastion. Es wird schwierig werden, sich da herauszuhalten. So oder so sind die Machtverhältnisse wieder einmal zum Zerreißen gespannt. Ex-Präsident Correa will nicht stillhalten. Eine neue Kraft, die Fraktion der von Moreno Enttäuschten, hat sich in einer Bewegung formiert. Die »Correistas« sind im Aufwind. Die RC, die Revolución Ciudadana, weist Moreno in die Schranken. Er hat kaum mehr Zustimmung in der Bevölkerung. Mit der langen Landestradition »den Präsidenten zum Teufel jagen« ist es durchaus möglich, dass er bald in seinem Appartement in Panama in der Hängematte liegt. Kommt Correa zurück? Als Caudillo? Halb hoffe ich's, halb befürchte ich's.

Gibt es einen Paradigmenwechsel in der Arbeit der Cuisine? Die Frage stelle ich mir selbst. Stimmt das, was wir tun, noch mit den ursprünglichen Leitlinien überein? Ausbildung gut und schön, aber wo bleibt die Friedensförderung, die Versöhnungsarbeit mit Wurst und Brot? Die ersten Projekte waren klar in konfliktreichen Situationen und Gebieten umgesetzt worden. In den letzten fünf Jahren sind viele 1000 Franken nach Ecuador an den Napo geschickt worden. Längerfristig verhindert oder zumindest entschärft der Einsatz für einen kommunalen Tourismus, an dem wir beteiligt sind, den Absturz der indigenen Völker in Armut und Bedeutungslosigkeit. Zahlreiche Animositäten in den Dörfern, die unter der »Teile und Herrsche«-Diplomatie der Industrie entstanden sind, können durch die Arbeit in und mit den Gemeinden abgefedert werden. Alle merken, dass sie am gleichen Strick ziehen müssen. Ohne subversiv agieren zu müssen, mit Festen und Kochkursen, kann eine Identität gefördert werden. Das unterstützen wir. Eine Schule für Gastronomie und Hotelerie ist kein revolutionäres Unternehmen. Sollte es dereinst gelingen, verschiedene Lodges mit Schülern aus dem »Fogon« zu betreiben, wird – aus reinem Geschäftsinteresse – eine eigene Vorgehensweise notwendig. Ohne Frage geht es dabei immer auch um die Erhaltung der Naturreservate, der Fauna und Flora. Es ist ein Unterschied, ob verarmte Indigene wütend eine Straße blockieren und voller Verzweiflung etwas zu erreichen versuchen, was keinen Gegenvorschlag enthält, oder ob Vertreter einer geschlossenen Gruppe mit klaren Absichten und Visionen sich kritisch mit der Arbeit der Petroleros auseinandersetzten. Das eine bringt Polizei und Militär in die Dörfer, das andere kann Verantwortliche an einen Verhandlungstisch bringen. Der Konflikt am Napo ist kein Krieg, aber er braucht annehmbare Lösungen für beide Seiten. Dazu gehören Tischgespräche.

Wenn die Cuisine sans frontières in den nächsten Jahren mit neuen Projektentwicklungen weiteragiert, wird auch die Ausgangslage jedes Mal neu beurteilt werden müssen. Flüchtlingshilfe ist eine der wichtigen Fragestellungen. Ich war und bin der Meinung, dass wir keine Nothilfe an Grenzübergängen oder anderen exponierten Stellen leisten sollten. Da sind andere Mechanismen gefragt. Doch unsere Arbeit zu Hause – im Bundesverfahrenszentrum Juch in Zürich – hat gezeigt, dass gerade in den Sammelstellen ein hohes Konfliktpotential vorhanden ist, das mit gemeinsamen Essen, gekocht mit den Asylbewerbern zusammen unter der Leitung der Cuisine, vermindert werden kann. Aber verstößt die Csf-Präsenz in einer der seit 70 Jahren existierenden palästinensischen Flüchtlingsstädte im Libanon denn gegen unsere Leitlinien? Diese Städte, in denen vertriebene Familien zum Teil jahrzehntelang ohne Arbeit und ohne Chance auf Rückkehr in die Heimat festsitzen. In die in den letzten Jahren Tausende von Flüchtlingen aus dem Bürgerkrieg im Nachbarland dazugekommen sind. Im griechischen Thessaloniki leben Hunderte heimatlose Menschen aus Syrien auf der Straße. Die Cuisine ist dort Teil eines Nothilfeprojektes, bei dem griechische und europäische Aktivisten eine Mahlzeit pro Tag zubereiten und verteilen. Also doch Nothilfe? Ich werde wütend, wenn ich sehe, wie winzige NGOs praktisch dazu gezwungen werden, Aufgaben zu erfüllen, die von den europäischen Verantwortlichen mit zynischer Arroganz einfach nicht beachtet werden. Private Seenotretter im Mittelmeer werden mit absurden Strafen belegt, ihre Schiffe beschlagnahmt, während die mit Steuergeldern gekauften Kriegsschiffe internationales Seerecht ignorieren und ungeheuer viele Menschen ertrinken, die aus den Ländern zu entkommen suchen, in denen sie keine Zukunft sehen und mit Kampffliegern aus ihren Städten hinausgebombt werden. Nach wie vor glaube ich, und das wissen auch die Experten, dass die Zusammenarbeit vor Ort die einzige Möglichkeit ist, diese von Armut und Gewalt ausgelösten Migrationsbewegungen in den Griff zu bekommen. Was für Mittel und Wege dazu nötig sind, ist neu zu überdenken. Wir konnten

jetzt erstmals einen nennenswerten Geldbetrag für neue Projekt-
evaluationen bereitstellen. Ostjerusalem ist im Gespräch, das Nigerdelta oder der ewig unruhige Balkan.

»Entwicklungshilfe« ist zu Recht ein Unwort geworden. Es sug-
geriert immer noch, dass der Reiche dem Armen großzügig und
freiwillig, und weil er ein Menschenfreund ist, hilft. Schon längst
weiß man, dass die Gaben der Reichen nur partiell dazu dienen,
den Ländern zu helfen, einen eigenen, selbstbestimmten Weg ein-
zuschlagen. Viel zu selten ist öffentlich aufgerechnet worden, welche Summen gegeben und welche im Gegenzug verdient worden
sind. Unser Wohlstand, es kann nicht oft genug gesagt werden, ba-
siert auch im Jahr 2019 noch auf der Arbeit und den Rohstoffen
der Dritten Welt oder aber der »Beuteländer«, von denen ich sprechen würde. Von denen nämlich kommt die Beute, die wir brauchen, um unsere Scheißhäuser mit Trinkwasser zu spülen. Das muss
an den Stammtischen genauso gesagt werden wie an den Hochschu-
len. Wir sind nicht die guten Samariter, die dem nickenden Sonn-
tagschulnegerlein einen Batzen geben, damit er sich gefälligst Präser-
vative kauft, damit sich »die da in Afrika nicht weiter vermehren wie
die Karnickel!« Wir dürfen nicht Gläubiger dieser Länder sein, denen wir mit hinterhältigen Krediten die Luft abschnüren, in denen
wir händereibend an alle Opponenten Waffen verkaufen, deren Re-
gierungen wir nach Gusto mit oder ohne Gewalt stürzen. Wir sind
die Schuldner, die eine Schuld zu bezahlen haben. Solange das nicht
in jeden Kopf, Mann, Frau, Kind, endlich eingedrungen ist, werden
weiter Flüchtlinge zu uns kommen, die auch täglich drei Mahlzeiten und ein Auto haben und sich nicht auf immer als zweit-, dritt-,
viertklassige Menschen behandeln lassen wollen. Diese Aufgaben
und Einsichten zu ignorieren, ist klassische Vogel-Strauß-mit-Kopf-
im-Sand-Mentalität. Ewig soll sie wachsen, unsere Adam Smithsche
Marktwirtschaft. Nein! Internationale Zusammenarbeit darf nicht
von erwiesenermaßen menschenverachtenden und seit vielen, vielen
Jahrzehnten von Profitgier gesteuerten Menschen und Institutionen
weiter zum Nachteil der Beuteländer betrieben werden.

Es ist übrigens typisch für unseren geistigen Zustand, dass wir uns nicht darüber einigen können, von wem das gleich folgende Zitat ist. Die einen sagen, es sei von Sitting Bull, dem Sioux Häuptling, die anderen sagen: eine Weissagung der Cree. Das genügt dann schon, dass man nicht den Inhalt, sondern die Herkunft des Satzes diskutiert – vielleicht stammt er ja von meinem Großvater:

»Erst wenn der letzte Baum gerodet, der letzte Fluss vergiftet, der letzte Fisch gefangen ist, werdet ihr merken, dass man Geld nicht essen kann.«

28 Kochen ist Politik

In der kulinarischen Fremde ... Großmutters Backofen ... Beim Anblick einer Packung Teigwaren in Tränen ausbrechen ... Erste Brombeere! Donnerwetter! ... Ei, Jungfer Gans, ihr könnt sprechen!

Ganz viele Buchstaben – und immer wieder war vom Kochen die Rede. Und kein einziges Rezept? Kein einziger Hinweis darauf, was gekocht wurde in all den Weltgegenden, in denen die Cuisine sich herumtreibt? Da fehlt doch das Wesentliche! Der Eintopf aus Bohnen und Mais aus Kenia, die Pansensuppe aus San Josecito, der im Blatt gegarte Fisch vom Amazonas oder die eingelegten Pilze aus den Wäldern um Tschernobyl. Es ist wahr, jeder Ort hat seine eigene kulinarische Spezifik.

Als wir in San Josecito ganz zu Anfang mit unseren eigenen Küchenerfahrungen Gerichte anbieten wollten, stellten wir fest, dass weder Spaghetti Bolognese noch Kartoffelpuffer, unsere eigenen Lieblingsgerichte, den Geschmack der Dorfbewohner begeistern konnten. Wir waren als Botschafter einer internationalen Küche nicht gefragt. Die Essgewohnheiten der Einheimischen waren anders und fest eingefügt in deren tägliches Leben. Auch wenn ich noch so genau zu wissen meine, was gut, gesund und schmackhaft ist, so kann ich doch meine Vorlieben nicht einfach auf Menschen übertragen, die eine eigene Vorstellung haben von den essbaren Dingen, die ihnen Glück und Zufriedenheit bescheren. Welter-

Uchumanka, die traditionelle Suppe mit Wels, weißem Kakao, Ei und Chili (z.V.g.)

fahren und weitgereist sein bedeutet auch, dass man ganze Länder an ihren Geschmäckern erkennen kann. Wer denkt bei Spaghetti nicht an Italien, bei Knödel nicht an Bayern oder Österreich, bei der guten Wurst nicht an Deutschland oder beim Couscous nicht an den letzten Ferienaufenthalt in Marokko. Dabei geht es den meisten nicht anders als mir: Bin ich nämlich in der kulinarischen Fremde, überkommt mich früher oder später die Lust auf ein Stück Greyerzer Käse, eine goldgelbe Rösti mit einem Spiegelei oder ein Stück Zwetschgenkuchen. Das Heimweh lässt sich eben auch mit dem erlesensten Gericht der kaiserlich-chinesischen Hofküche nicht befriedigen. Essen ist Heimat, Erinnerung und in jedem Fall verknüpft mit einer existentiellen Befriedigung, die unvergleichlich ist.

Was nicht isst, stirbt. Für jeden Menschen, ja für jedes Lebewesen ist die Nahrung Grundbedingung. Und somit auch für alles, was sich aus diesem Leben ergibt. Sei es die Relativitätstheorie oder ein Rosenbusch. Ohne Nahrung kein Leben. Die Theorie, dass die Entwicklung der menschlichen Spezies ganz eng mit dem, was zubereitet und gegessen wurde, zusammenhängt ist längst keine Spekulation mehr. Vor etwa 1,8 Millionen Jahren begann der Homo erectus aufrecht zu gehen und mit dem Feuer herumzuspielen. Er kochte oder briet sein Essen. Die Evolution des Menschen wurde durch die so zubereitete, leichter verdauliche Nahrung geprägt. Das Hirn entwickelte sich schneller. Der leichteren Verdaulichkeit gekochter Lebensmittel verdanken wir unsere Denkmaschine in ihrer heutigen Form. Werkzeuge zur Jagd, später für die Landwirtschaft entstanden, parallel begleitet von Methoden zur Haltbarmachung von Lebensmitteln, die es erlaubten, Vorräte zu halten. Zu den sechs Sinnen, die uns mitgegeben worden sind, gehören Riechen und Schmecken. Damit werden unsere Essgewohnheiten bis heute bestimmt. Erstaunlicherweise haben sich die küchentechnischen Tätigkeiten, die im Verlaufe der Jahrtausende unsere Entwicklung begleitet haben, nicht wirklich verändert. »Salz, Fett, Säure, Hitze« heißt ein erstaunliches Kochbuch von Samin Nosrat, das gerade viel Erfolg hat. Mit diesen vier Elementen wird gekocht. Seit jeher. Überall, wo Menschen leben, entstanden eigene Varianten. Aus dem, was die Umwelt uns anbietet, was in Wäldern und Wiesen sprießt, was in Flüssen schwimmt, in der Erde wächst oder durch die Luft fliegt. Das Angebot ist unendlich und mit der Zeit erkannten wir, was essbar ist, was wie schmeckt und was man mit diesem Angebot machen kann. Kulinarische Welten sind kreiert worden, angepasst an lokale Bedürfnisse und Gegebenheiten. Eskimos, die praktisch nur Fleisch essen, holen sich ihr Vitamin C aus der Haut des Narwals, ayurvedische, vegetarische Essgewohnheiten passen sich den Götterwelten an. Essen heilt Krankheiten, löst Glücksgefühle aus, und das Weihnachtsgebäck aus Großmutters Backofen ist Liebesbeweis und Geheimnis zugleich.

Küchenkultur ist unpolitisch. Es gibt keine kommunistischen Eintöpfe, keine Naziwurst. Der liberale Bratfisch existiert so wenig wie anarchistische Fritten. Am ehesten lassen sich noch Klassenunterschiede in den Töpfen der Köche ausmachen. Aber die Hühnersuppe vom Bauernhof ist derjenigen vom Herrenhaus gleich. Was heute von den Küchenpäpsten gelehrt wird, regional, saisonal und biologisch, ist weder neu noch originell. Aber es ist, und da klingelt das Warnglöckchen, tatsächlich von gesellschaftlicher und kultureller Relevanz. Die Nahrungsmittelindustrie ist zum Moloch geworden. Vorgefertigte, maschinell produzierte Lebensmittel beherrschen den Markt. Werbung gaukelt uns artifizielle Genüsse vor, und die allgegenwärtigen Schnellgerichte sind dabei, ganze Geschmacksuniversen auf ein einziges zu reduzieren.

Nicht nur dass der Durchschnittsbewohner in unseren Städten heute offenbar Kochen als Zeitverschwendung empfindet, er ist offenbar bereit Dinge zu essen, von deren Herkunft und Zusammensetzung er keine Ahnung hat. Keine Ahnung haben will. Generationen von Heranwachsenden haben kein Gefühl mehr für Nahrung. Der blöde Spruch von der Milch aus dem Tetrapak geht einher mit dem Strom aus der Steckdose. Nun, eine Kuh hat man vielleicht mal gesehen, zumindest im Computer, aber der ganze Rest ist unbekannt. Wer weiß denn noch, wie die Blüten einer Kartoffelstaude aussehen? Simple Dinge, dass Nudeln aus Weizen, Hamburger aus Rindern und Marmelade aus Früchten gemacht werden, finden sich nicht mehr auf den allgegenwärtigen Bildschirmen.

Und so hat Kochen zu Hause an Bedeutung verloren. Es gibt zu wenig Zeit, um sich ausführlich mit Einkaufen zu beschäftigen und sich an den Herd zu stellen. Abwaschen, Ofen putzen und was alles noch dazugehört, sind gering geschätzte Dienstmädchentätigkeiten. Wer kein begeisterter Hobbykoch ist, geht ins Restaurant oder in ein Fast-Food-Kettenlokal. Dabei allerdings legt man gut und gerne Geld hin. Im Gegenzug ist ein Trend aufgekommen, sich außerordentlich kritisch mit dem Essen auseinanderzusetzen, ohne allerdings dabei selbst wirklich urteilen zu können. Tausende von selbsternannten Ernährungsspezialisten bestürmen uns – mal mit esoterischen, mal medizinisch neuen Erkenntnissen. Sie können zwar keine drei Apfelsorten auseinanderhalten, aber die Vorteile von »Nahrungsergänzungsmitteln« haben sie im Kopf. Nicht auf der Zunge, dort schmecken diese schlank, schön und gesundmachenden bunten Pillen nämlich nach Arsch und Friederich. Energieriegel werden geschoben, Powerdrinks getrunken. Was übrigbleibt, ist eine verwirrende Vielzahl von Empfehlungen. Zugleich legt sich ein konturloses Netz von Allergien, Unverträglichkeiten und eingebildeten Krankheiten über unsere Esstische mit dem Resultat, dass sich professionelle Gastgeber die Haare raufen. Da, zumindest in unseren Breitengraden, niemand mehr unter Mangelerscheinungen, geschweige denn Hunger zu leiden hat, konzentrieren sich die Ernährungshysteriker vor allem auf sich selbst und ihre wohlstandsbedingten Zipperlein, denen sie in Fitnessstudios und Spürmichselbst-Workshops huldigen. Ganz ernsthaft werden all diese angelesenen Erkenntnisse zum Axiom erhoben. Widerspruch ist zwecklos. Breitseiten werden abgefeuert auf Landwirte und Köche, derweil aus Indien importierte Bio-Flohsamen die eingedickte Verdauung wieder in die Gänge bringen sollen. Jetzt könnte man diese bauchnabelbetrachtende Szene einfach ignorieren, sich ohne schlechtes Gewissen seinem Hackbraten, Kartoffelstock und grünen Bohnen widmen, wenn es hinter dem ganzen Getöse nicht ein paar bitte Wahrheiten gäbe, die sich nicht wegdiskutieren lassen. Der Umgang mit unseren Nutztieren schreit zum Himmel. Was den Hühnern, Schweinen, Rindern und Schafen angetan wird, ist menschenunwürdig. Wie die Böden zu Tode gedüngt, Sortenvielfalt ausradiert und die Meere überfischt werden, ist zum Verzweifeln. Wenn in diesem Buch immer wieder von der Rohstoffwirtschaft die Rede ist – die Nahrungsmittelfabriken stehen an Gier und Verantwortungslosigkeit den Ausbeutern der fossilen Energieträger in nichts nach.

Es gibt Gegenbewegungen. Nicht nur die der Allergiker und Vegetarier. Die Slow-Food-Vereinigung, die ganze Bewegung zu organischer Landwirtschaft, tierfreundlicher Nutztierhaltung und nachhaltiger Fischerei stehen für ein rasch wachsendes Bewusstsein. Militante Veganer sind nur die Speerspitze der durchaus vernünftigen Tierschützer. Eingebildete Hysteriker, die beim Anblick einer Packung Teigwaren in Tränen ausbrechen, schießen vielleicht über das Ziel hinaus – ganz unrecht haben sie leider nicht. Durch die industrielle Produktion sind unsere Ernährungsgewohnheiten aus dem Ruder gelaufen. Nicht nur Übergewicht ist eine Folge davon, es gibt viele Anzeichen für ernährungsbedingte Krankheiten, die sich direkt auf die skrupellosen Anbaumethoden der Agrarwirtschaft zurückführen lassen. Dagegen sind allerlei Kräutlein gewachsen. Man muss sie nur zu pflücken wissen. Da hapert es aber mit der Allgemeinbildung. Sich sein Essen selbst zuzubereiten, ist eine der möglichen Lösungen. Kostet Zeit, kostet Geld. Wenn man nicht kocht, kann man auch nicht viel zum Kochen sagen. Wer nicht in der Lage ist, einzukaufen und die Ware, die er nach Hause nimmt, selbst zu beurteilen, ist im Prinzip ein Opfer der industriellen Agrarwirtschaft. Opfer im wahrsten Sinne des Wortes. Es grimmt der Bauch, die Lust rührt sich nicht mehr, und wenn der Zahn fault, liegt es an der überzuckerten Limonade.

Es ist ab und zu in Ordnung, sich beim Sternekoch ein Lifestylemenü zu gönnen. Wenn man es sich leisten kann. Aber Zeit und Geld kann man auch in einen Besuch auf dem Markt investieren. Es gibt genügend Biomärkte. Überall, nicht nur in Europa, auch in Lateinamerika, in Asien, in Afrika. Einkaufen bei kleinen Produzenten ist eine gute Gelegenheit, direkten – positiven – Einfluss auf die eigene Lebensqualität zu nehmen.

Es gibt neben dem entwicklungspolitischen Leitwort »Lebensmittelsicherheit« auch den etwas differenzierteren Begriff »Lebensmittelsouveränität«. Das heißt nichts anderes, als die Nahrungsmittelkette enger um sich zu schließen. Und schon rückt das Regionale nicht als Verkaufsargument, sondern als tatsächliche Grundlage der eigenen Versorgung in den Vordergrund. Dabei erlebt man, was auf einen selbst zugeschnitten ist. Die Stangenbohne im eigenen Gemüsegarten hat die gleiche Luft geatmet wie man selbst. Das kann nicht falsch sein.

Kochen ist eine meditative Tätigkeit. Im Grunde ist es eine Reihe einfacher Tätigkeiten, die in ihrer Summe zu aufregenden Resultaten führen. Es gibt ein vorher: Ausdenken, planen, einkaufen, vorbereiten, rüsten, schnippeln, würzen, tüfteln, den Tisch decken, anrichten. Ein mittendrin: die Tür öffnen, begrüßen, Mantel abnehmen, einschenken, anstoßen, Platz nehmen, verteilen, ah und oh machen, darüber erzählen, zuhören, fragen, nachschenken, Kaffee machen. Ein danach: Abräumen, abwaschen, letztes Glas trinken, aus dem Fenster schauen …

Ein Ei kochen ist keine Hexerei. Es schälen auch nicht, mit der Gabel zerkleinern, gelingt immer. Eine Prise Salz dazu, ein paar Tropfen Sonnenblumenöl und einige Tropfen Zitronensaft, fertig ist der Brotaufstrich. Auch Brotbacken ist möglich. Keiner muss Profi sein. Doch sich selbst eine Mahlzeit zu bereiten, den Tisch zu decken, eine Flasche Wein zu öffnen und sich dann mit der Familie oder mit Gästen hinzusetzen, ist kaum zu übertreffen. Falls dann Gesprächsstoff fehlen sollte, liegt er vor euch in Tellern, in Schüsseln oder steckt auf Spießen. Viel Zeit braucht es nicht, bis sich eigene »Spezialitäten« herausbilden und die Freude an der eigenen Fantasie gute Laune macht.

Kochen als Kunst zu verstehen, bleibt jedem selbst überlassen. Die winzige Gemeinschaft der Extremfeinschmecker, die in den »Küchen und Lebensart«-Sparten der illustrierten Medien eine seltsam laute Rolle spielen, sind zu vernachlässigen. Vermehrt wird heutzutage das hohe Lied der Einfachheit gesungen. Handwerk gehört dazu, Wissen um Geschmäcker, Konsistenzen, Wirkungen. Erlernen von Zubereitungsarten, Garmethoden, Fermentationseffekten. Ein Käse ist an sich bereits Kunsthandwerk. Zwar gibt es auch bei einigen Köchen Geheimnisse – doch im Allgemeinen sind die Rezepturen von Speisen jedermann zugänglich.

Franz Keller, der Autor von »Vom Einfachen das Beste«, hat sich seine Sporen in den besten Häusern erkocht, bevor er selbst in den Olymp der Kochkünstler aufgestiegen ist. Heute ist er Bauer, Rinder- und Schweinezüchter, Buchautor und ein glücklicher Mensch. Sein Buchtitel ist zugleich das Motto seiner Küche. Auf Industriebrachen pflanzen Gärtnergemeinschaften gemeinsam Gemüse und Früchte an. Wenn da die erste reife Brombeere geerntet werden kann, herrscht große Aufregung. Erste Brombeere! Donnerwetter! Ich glaube, dass die sich gerade ausbreitende neue kulinarische Verbundenheit mit der Natur und deren Kreisläufen einen positiven Effekt hat auf unser Zusammenleben und verstehe mich und unsere Cuisine sans frontieres als Teil dieser Bewegung. Dass es sich um eine Bewegung handelt, beweist sich bereits dadurch, dass alles, was mit Ernährung zusammenhängt, auf breiter Front in unsere Wirklichkeit drängt. Die Cuisine hat sich den Aspekt der Gastfreundschaft herausgesucht.

Im April 2019 wurde ich zu einem Symposium in Santiago de Chile eingeladen. Die Csf hat mit dem Social Gastronomy Movement, einer internationalen Organisation, Kontakt und ein gemeinsames Projekt in Zürich ist beabsichtigt. Das SGM, so nennt sich die Gruppe, die sich rasend schnell der diversen Plattformen im Netz bedient und mich dabei alt aussehen lässt, ist selbst eines der Ergebnisse der neuen Kommunikationswege. Die Inhalte sind zwar altbekannt, und doch umflort sie ein aufrührerischer Geist. In den vier Jahren ihrer Existenz hat das SGM bereits ein Netzwerk aufgebaut, das einen schwindeln lässt. Kreuz und quer durch politische oder ideologische Landschaften werden Verbindungen geschaffen, die sich einer gemeinsamen Idee verpflichten.

Während landauf, landab der Ruf nach einem Systemwechsel immer lauter wird, haben die sich Gründer des SGM auf einen gangbaren Weg gemacht. Dahinter stehen zwei Köche, der Brasilianer David Hertz und der Schweizer Patrick Honauer. In ihrem Herzen haben sie gleichermaßen Platz für die Industriekapitäne des Davoser Wirtschaftsforums wie für eine alternative Gemüsekooperative oder eine gastronomische Bewegung in den Gefängnissen Englands. Sie haben eine umfangreiche Agenda. Dazu gehört ihre sozialgastronomische Weltkarte, auf der Verbindungslinien zwischen den einzelnen Projekten in Asien, Europa, Amerika und Afrika hin und her gezogen werden. »What if change started with food?«, ist ihre zentrale Frage. Diese Frage verbindet Kontinente, Gäste, Produzenten, Gastgeber, Köche und Winzer und wird selbstbewusst mit »Yes!« beantwortet.

»Das Geschick der Nationen hängt von ihren Lebensmitteln ab«, sagte der Gastrosoph Jean Anthelme Brillat-Savarin bereits im 19. Jahrhundert. In Zeiten der globalisierten Welt geht es weit über die Nationen hinaus. Foodfestivals schenken dem Bohnenzüchter aus den Anden und dem Streetfoodkoch in Mumbay mit seinem frittierten Blumenkohl Aufmerksamkeit und fördern Können und Träume. Wer sich einmal vertieft in die Unendlichkeit der gastronomischen Welt, wird herausfinden, dass alles denkbar Mögliche in den Pfannen und auf den Herdfeuern längst schon stattfindet. Der Erhalt einer einzigen Kartoffelsorte, einer Hühnerrasse oder einer Getreideart stellt, in ihrer positiven Wirkung, alle Produkte der Rüstungsindustrie in den Schatten. Die hohe Kunst des Brotbackens, des Wurstmachens, des Bierbrauens steht moralisch, ethisch und spirituell weit über jeder noch so präzisen Langstreckenrakete, für die es nur eine einzige Einsatzmöglichkeit gibt, nämlich alles plattzumachen. Ich war begeistert von den Leuten, die ich bei diesem Symposium in Chile getroffen hatte. Und fand mich in meinem Denken bestätigt.

2008 wurde in Ecuador per Volksabstimmung eine neue Verfassung angenommen. Darin enthalten ist eine Klausel die das »Sumak Kawsay« (das »Gute Leben«) als Ziel der Arbeit des Staates definiert. Übersetzt heißt es da: »Das Land wird nicht nur Brot, sondern das schöne, gute Leben geben.« In der Tradition der Andenvölker bezieht sich dieses Prinzip auf »materielle, soziale und spirituelle Zufriedenheit für alle Mitglieder der Gemeinschaft, jedoch nicht auf Kosten anderer Mitglieder und nicht auf Kosten der natürlichen Lebensgrundlagen. Ein Zusammenleben in Vielfalt und Harmonie mit der Natur«. So steht es in der Präambel der ecuadorianischen Verfassung. Dass dabei dem Essen, der Essensbeschaffung, der Jagd, der Landwirtschaft Respekt entgegengebracht wird, versteht sich von selbst. Rituale wie Erntedankfeste sind ebenso damit verknüpft wie die Kenntnisse der Pflanzen und Tiere, des Bodens und der Gewässer. Respekt vor dem Bestehenden ist der reine Gegensatz zur Hybris der kolonialen Gesellschaft. Nicht wir machen uns die Erde untertan, wir sind die Untertanen der Erde.

Das Prinzip des »Sumak Kawsay« ist in ähnlicher Form auch in Indien und Afrika bei alten hochentwickelten Zivilisationen anzutreffen. Der zumeist weiße Eroberer bezeichnet diese Gesellschaften gerne als Naturvölker und behandelt sie dann auch so wie abzuerntende Kohlköpfe. Da Land- und Immobilienbesitz, Geldwirtschaft, endlose Profitmaximierung oder wirtschaftliche Monopole jedwelcher Provenienz nicht zum Konzept des »Guten Lebens« passen, schreit der bürgerliche Popanz in Mitteleuropa erschreckt auf. Kommunismus, Anarchie, der real existierende Sozialismus und der Butzemann würden unsere schöne Existenz ausradieren. »Falsche Matrix«, rufen die Matrixfälscher, denen die Felle des Wirtschaftswachstums davonzuschwimmen drohen.

Zur Cuisine: Sie ist keine Einzelerscheinung, auch keine Eintagsfliege – das wurde mir in den Gesprächen mit den Mitgliedern des SGM in Santiago bewusst. Und gerne reihen wir uns ein in die Front der Aktivisten. Es gibt einem doch ein gutes Gefühl, wenn man, vor dem Kochherd stehend, eine Mahlzeit zubereitet zur Freude von sich selbst und seinen Gästen. Ein gutes Gefühl, damit auf einfachste Art Teil einer politischen Aktion zu sein, die ihren Teil dazu beiträgt, die Welt schöner, besser, freundlicher und lebenswerter zu machen.

Wenn ich nun behaupte, mein Verhalten wie auch meine Konsumgewohnheiten seien sieben Tage in der Woche einwandfrei, glaubt mir das keiner. Ich selbst schon gar nicht. Da schlagen heimliche Gelüste immer wieder zu, etwa beim Kauf eines Schokoriegels oder am Bratwurststand des Hauptbahnhofs. Der Ketchup auf den Fritten macht mich jedoch nicht zum Umweltkriminellen. Wer sich aber ganz und gar lossagt vom eigenen Nachdenken darüber, woher die Dinge kommen und wohin sie gehen, wird nicht glücklicher. Auch nicht im neuen Maserati. Uns wird in den Kolumnen der Medien gerne lang und breit erklärt, woher die Winde wehen. Dem eigenen Verstand traut hier offenbar keiner. Wenn ich der Gebrauchsanweisung meiner elektrischen Zahnbürste glaube, ist die Handhabung dieser kleinen Maschine von allerlei Bedrohungen begleitet. Kochen ist auch gefährlich. Wer hat sich noch nie die Finger verbrannt?

Frühmorgens in der Küche (Casper Hedberg)

Küchenhelden sind selten. Auf den unvergessenen Zwerg Nase möchte ich kurz hinweisen. Er ist Hauptfigur und Namensgeber eines Märchens von Wilhelm Hauff, das ich wärmstens zur Lektüre empfehle: Ein hübscher, aber nichtsnutziger Bub wird durch die strenge, aber gerechte Schule einer Hexe getrieben, wo er neben Putzen auch das Kochen erlernt. Endlich wieder frei findet er sich in seinem Heimatstädtchen, ist aber, oh böser Zauber, in einen missgestalteten, langnasigen Zwerg verwandelt worden. Keiner will ihn haben, bis er endlich im Schloss eine Anstellung findet. Als Küchengehilfe. Bald wird der Küchenmeister auf ihn aufmerksam. Er wird zum Leibkoch des Königs. Dann aber, bei einem Abendessen, bei dem der Nachbarskönig zu Gast ist, fällt er in Ungnade, weil ihm das Kräutlein »Niesmitlust« nicht bekannt war und der Nachbarskönig den gastgebenden Königskollegen deswegen verspottet. Dafür soll der Küchenzwerg geköpft werden. Es sei denn, er würde die Scharte am kommenden Abend auswetzen und die Pastete mit dem besagten Kräutlein würzen. Er geht auf den Markt und denkt über das ungerechte Leben nach. Weil er am nächsten Tag halt doch kochen muss, kauft er eine Gans. Auf dem Heimweg schnattert sie und fragt ihn, warum er so traurig sei. »Ei, Jungfer Gans, ihr könnt sprechen!«, staunt der Zwerg und klagt ihr sein Leid, dass er nämlich morgen sterben müsse, weil er das Kräutlein Niesmitlust nicht kenne und nicht finden könne. Da hat er aber Glück gehabt. Die Gans ist eine verzauberte Königstochter und weiß – glückliche Fügung –, unter welchem Baum besagtes Kräutlein zu finden ist. Nachdem er den Pastetentest am nächsten Tag mit Bravour besteht, sind alle fröhlich. Gans und Zwerg, beide entzaubert, werden ein wunderbares Paar, mit je einem halben Königreich beschenkt und feiern durch bis heute.

So erkennt der geneigte Leser, wie sich aus tiefster Verzagtheit eine schillernde Zukunft erkochen lässt.

Womit wir am Ende dieses Kapitels außer einem Brotaufstrich immer noch nichts zum Verzehr Geeignetes erfahren haben. Vielleicht doch noch eine Spezialität zum Besten geben? Okay: Eine Scheibe frisches Brot mit Butter bestreichen, Käse drauflegen, abbeißen.

Woher kommt das Brot? Der Käse? Die Butter? Ach, ist das alles kompliziert! Vom Schinken gar nicht zu sprechen.

Schlusswort

Dieses Buch widme ich Iris Disse. Ohne sie wären weder die Cuisine noch dieser Text entstanden. Meine große Liebe, Lebensgefährtin und Ratgeberin hat die Vision eines unabhängigen und gemeinnützigen Hilfswerks bedingungslos mitgetragen. Wir beide teilen seit mehr als 30 Jahren unser Leben. Die Cuisine ist ein Resultat unserer gemeinsamen Zeit und Erfahrung.

Danke.

Viele Menschen haben die Cuisine möglich gemacht. Dass ein sich entwickelndes und funktionierendes Hilfswerk entstehend konnte, ist das Resultat einer kollektiven Anstrengung. Sie ist der »spirit« aller Freunde, die an unserem Ziel, sozialer Gastgeber in anderen Welten zu sein, arbeiten. Das gilt für die Köche an den Kitchen Battles so gut wie für die Helfer der Cuisine zu Hause und in den Projekten sowie für die Unterstützer, die mit Geld- und Sachspenden zum Gelingen gastgeberischer Präsenz in Krisengebieten beitragen. Sie alle beweisen, dass uneigennütziges Handeln kein leeres Gerede, sondern gelebtes Leben ist. Durch ihre Teilnahme am »Projekt Cuisine« vertrauen sie darauf, dass es möglich ist, auch in schwierigen Zeiten an die Zukunft zu glauben.

Danke.

Ich habe dieses Buch geschrieben im Wissen um meine eigenen Unzulänglichkeiten. Seit 15 Jahren steht die Cuisine im Zentrum meines Lebens. Mein Bericht erhebt keinen Anspruch auf Vollständigkeit: Allfällige Ungenauigkeiten oder Verwechslungen sind mein Fehler. Man kann uns und unsere Projekte im Internet ansehen:

www.cuisinesansfrontieres.ch

256 Seiten
ISBN 978-3-86489-263-9
Auch als E-Book erhältlich

Ulrike Herrmann

DEUTSCHLAND,
EIN WIRTSCHAFTS
MÄRCHEN

Warum es kein Wunder ist,
dass wir reich geworden sind

WESTEND

Wie die Deutschen wirklich reich wurden

Deutschland ist reich, aber die gängigen Erklärungen sind falsch.
So soll Ludwig Erhard der »Vater« des Wirtschaftswunders gewesen
sein – in Wahrheit war er ein unfähiger Ökonom, ein Profiteur im
Dritten Reich und ein Lügner. Die Bundesbank war angeblich die
unbestechliche »Hüterin der D-Mark« – tatsächlich hat sie Millionen
in die Arbeitslosigkeit geschickt und die deutsche Einheit fast
ruiniert. »Soziale Marktwirtschaft« klingt nach sozialem Ausgleich,
doch begünstigt werden die Reichen. Auch die permanenten
Exportüberschüsse haben Deutschland nicht voran gebracht,
sondern geschadet. Umgekehrt werden echte Erfolge nicht gesehen:
Die Wiedervereinigung war angeblich wahnsinnig teuer. Tatsächlich
hat sie keinen einzigen Cent gekostet. Es ist Zeit, sich von den
Legenden zu verabschieden. Sonst verpassen wir unsere Zukunft.

256 Seiten
ISBN 978-3-86489-269-1
Auch als E-Book erhältlich

Timo Reuter
Warten
Eine verlernte Kunst

WESTEND

Warten als Gegenmodell zur permanenten Beschleunigung

Just in time, alles sofort und immer in Bewegung – es ist höchste
Zeit für eine neue Kultur des Wartens, die sich dem Rausch der
Beschleunigung widersetzt! Warten gilt als uncool. Wer warten
muss ist arm und arm dran. Privilegiert sind diejenigen, die sofort
an der Reihe sind und alles sofort bekommen: Materielles sowieso,
aber auch Immaterielles wie Bekümmerung, Pflege und Liebe. Die
Digitalisierung unser Kommunikation und unseres Lebens spiegelt
uns eine Welt des immer machbaren und unmittelbaren vor. Doch
um welchen Preis? Wer nicht warten kann, dem geht die Geduld
verloren – und die Vorfreude. Denn sie ist das Glück des Wartenden.
Timo Reuter betrachtet das Warten als Sandkorn im Getriebe
der pausenlosen Verwertungsmaschinerie. Und als Möglichkeit,
uns neue Freiräume zu öffnen. Er untersucht den politischen
Gehalt des Wartens, sein subversives Potenzial und die
beglückende Kraft des Nichtstuns.